다문화주의
다문화교육
이데올로기
민주주의

다문화주의
다문화교육
이데올로기
민주주의

진시원
오승호
송승아
변진언
고은이
공저

dm 동문사

서 문

다문화주의(multiculturalism)는 일반적으로 문화다양성에 대한 인정과 문화 간 공존과 평화를 추구하는 이데올로기로 이해되고 있다. 평화주의와 민주주의 그리고 다원주의 사고를 기초로 깔고, 그 위에서 인종, 민족, 언어, 종교, 문화를 초월한 보편적인 인권을 추구하는 이데올로기로 인식되고 있는 것이다.

이 말은 다문화주의가 문화 간 갈등과 충돌을 예방하고 극복하는 동시에 문화 간 공존을 통해 궁극적인 평화를 추구하는 이데올로기라는 점을 의미한다. 그리고 다문화주의에서 말하는 '문화'는 단순히 문화 자체만을 지칭하는 것이 아니라 인종, 민족, 언어, 종교 등을 포괄하는 넓은 내포를 지닌다는 점을 의미한다.

그러나 다문화주의가 진정 문화 간 갈등이 아닌 문화 간 공존을 추구하는 이데올로기인지에 대한 근본적인 질문을 포함하여, 다문화주의가 무엇인지에 대한 논의는 상당히 복잡다단하다. 다문화주의의 정의에 대한 학문적인 합의가 학계에 명확하게 존재하지 않는다는 말이다.

예컨대, 다문화주의의 정치성은 다문화주의가 진정 문화 간 공존과 평화를 추구하는지 의심케 한다. 다문화주의의 정치성은 다문화주의가 추진되는 지리적 공간에서 발생한다. 지리적 공간이 마을 단위이든 도시 단위이든 아니면 국가 단위이든 간에 이질적인 문화들이 함께 거주하는 상황은 주류 다수집단과 소수집단 간의 정치적 이해의 차이와 충돌을 야기한다. 다문화정책은 동화주의나 분리주의 혹은 다원주의나 상대주의 정책으로 표출되는데, 이들 정책이 모두 문화 간 공존과 평화를 추구하는 정책인지 아니면 역으로 문화 간 갈등과 충돌을 야기하는 정책인지는 재고할 필요가 있다. 예컨대, 동화주의적 다문화주의와 분리주의적 다문화주의는 공동체 내의 문화 간 공존과 평화를 가져오는 것이 아니라 오히려 문화 간 갈등과 충돌을 야기하는 성격이 존재한다.

그렇다면 다문화주의가 문화 간 공존과 평화를 추구하는 이데올로기라는 일반적인 정의는 쉽게 동의를 얻기 어렵다. 그런데도 다문화주의에 대한 대다수의 담론은 다문화주의를 문화 간 공존과 평화를 추구하는 이데올로기로 일말의 회의감 없이 가르치고 있다. 이런 상황은 옳은 상황도 아니고 바른 상황도 아니다. 그렇다면 다문화주의란 무엇인가? 다문화주의에 대한 좀 더 정확한 정의를 시도해야 한다는 주장은 바로 이 지점에서 설득력을 확보한다.

다문화주의는 다문화 현상이 먼저 발생한 다음 뒤따라 등장한 이데올로기이다. 다문화 현상은 이질적인 인종, 민족, 언어, 종교, 문화가 서로 섞이면서 갈등하거나 충돌하는 현상 혹은 평화롭게 공존하는 현상을 모두 지칭한다. 다문화주의는 다문화 현상이 먼저 발생한 후에 그에 대한 공동체의 대응 차원에서 나온 이데올로기인 것이다.

그래서 다문화주의를 제대로 이해하기 위해서는 우선적으로 다문화주의에 대한 '역사적인 접근'이 필요하다. 다문화주의에 대한 역사적 접근의 필요성은 다문화주의가 역사성을 지니고 있다는 단순한 사실에서 확인된다. 다문화주의를 이해하기 위해서는 역사적으로 형성되고 지금도 형성되고 있는 다문화 현상을 역사적으로 파악하는 노력이 선행되어야 하는 것이다.

지구적 차원에서 바라보면, 다문화 현상은 역사적으로 몇 번의 큰 흐름을 거쳐 진행되어 왔다. 따라서 다문화주의를 제대로 이해하기 위해서는 다문화 현상이 역사적으로 몇 번의 큰 흐름을 거쳐 왔으며 그 흐름마다 어떤 특징을 드러냈는지 그리고 과거의 다문화 현상과 지금의 다문화 현상은 어떠한 차이를 보이고 있는지 등에 대한 역사적인 연구가 필요하다. 또 다문화주의에 대한 역사적 접근은 나라마다 다문화주의와 다문화정책이 역사적으로 어떻게 변화해 왔는지를 살펴보는 노력도 포함한다. 이 책은 다문화주의에 대한 이러한 역사적 접근을 시도하고 있다.

하지만 다문화주의에 대한 연구는 역사적 접근만 필요한 것이 아니다. 다문화주의에 대한 '이론적 접근'도 필요하다. 다문화주의는 일반적으로는 문화 간 공존과 평화를 추구하는 이데올로기로 인식되고 있지만, 구체적으로 살펴보면 동화주의적 다문화주의, 분리주의적 다문화주의, 다원주의적 다문화주의, 상대주의적 다문화주의 등 다양한 유형의 다문화주의가 존재한다. 그리고 이들 다양한 유형의 다문화주의는 추구하는 목표와 내용에 있어서 서로 적지 않은 차이를 드러낸다. 예컨대, 동화주의적 다문화주의를 추구하는 공동체와 분리주의적 다문화주의를 추구하는 공동체는 서로 다른 다문화주의의 목표와 내용을 추구한다. 동화주의적 다문화주의는 문화 간 동화를 목표로 하지만, 분리주의적 다문화주의는 문화 간 분리를 목표로 한다.

또 다문화주의는 어떤 민주주의, 어떤 이데올로기와 결합하느냐에 따라 그 목표와 내용이 달라진다. 다문화주의는 이데올로기 유형과 민주주의 유형에 따라 그 목표와 내용이 적지 않게 달라지는 것이다. 따라서 다문화주의와 이데올로기의 관계 그리고 다문화주의와 민주주의의 관계에 대한 이론적 접근도 필요하다. 예컨대, 자유주의 이데올로기와 공동체주의 이데올로기 그리고 공화주의 이데올로기는 서로 다른 목표와 내용을 지닌 다문화주의를 지향한다. 그리고 자유민주주의와 공화민주주의, 사회민주주의, 다수결민주주의, 합의민주주의 등 다양한 유형의 민주주의 역시 서로 다른 목표와 내용의 다문화주의를 추구한다.

이처럼 다문화주의에 대한 역사적인 접근과 이론적인 접근도 중요하지만, 다문화주의가 특정 공동체에서 현재 어떤 특징과 문제를 지니고 있으며 어떻게 하면 더 좋게 개선될 수 있을지에 대해 천착하는 노력도 필요하다. 다문화주의에 대한 '현재적 접근'은 특정 공동체가 추구하는 다문화주의의 현황과 문제점 및 개선방안을 탐구하는 연구인 것이다.

이외에도 다문화주의를 제대로 이해하기 위해서는 다문화주의에 대한 '교육적인 접근'도 필요하다. 다문화주의는 그것의 제대로 된 실현을 위해 공동체 내의 교육을 동반해야 한다. 다문화교육을 수행하지 않는 국가 공동체를 찾아보기 어려운 것이 오늘날 다문화화된 국제사회의 모습이다. 따라서 다문화교육이 무엇인지 그리고 어떤 교육체계와 내용을 가지고 교육에 임해야 하는지를 살펴보는 작업이 필요하다.

이 책은 다문화주의에 대한 역사적인 접근과 이론적인 접근 그리고 현재적인 접근과 교육적인 접근을 통합적으로 시도한다. 다문화주의에 대한 역사적인 접근을 통해 다문화 현상과 다문화주의의 역사적인 발전과정을 추적하고, 다문화주의에 대한 이론적 접근을 통해 여러 유형의 이데올로기와 민주주의가 지니는 다문화주의와의 관계를 설명한다. 그리고 다문화주의에 대한 현재적 설명을 통해서는 우리나라 다문화주의와 다문화교육 그리고 다문화정책의 특징과 문제점 및 개선방안을 살펴보고, 다문화주의에 대한 교육적인 접근을 통해서는 다문화교육이 무엇이고, 한국 다문화교육의 현황과 문제 및 개선방안이 무엇인지를 논의한다.

이 책은 이러한 작업을 수행하기 위해 3부로 구성되었다. 1부는 다문화주의와 다문화교육에 대한 개괄적인 설명을 시도한다. 다문화주의와 다문화교육이 무엇인지를 설명하기 위해 필요한 지식을 정리해서 제공하는 것이다. 2부는 다문화주의와 이데올로기의 관계 그리고 다문화주의와 민주주의의 관계를 천착한다. 다양한 유형의 이데올로기와 민주주의가 다문화주의와 결합되면 어떠한 특징과 장단점을 지닌 다문화주의가 되는지를 구체적으로 추적한다. 3부에서는 우리나라의 다문화주의, 다문화교육, 다문화정책의 현황과 특징, 문제점과 개선방안을 하나씩 살펴본다.

이 책이 다문화주의와 다문화교육, 다문화정책에 대한 보다 심도 깊은 이해를 제공하는 데 기여했으면 하는 바람이다.

2020년 4월

금정산 부산대학교 연구실에서
저자들을 대표하여 진시원

차 례

서 문 _ 5

Part 01 다문화주의와 다문화교육

Chapter 01 다문화주의 _ 15

1 다문화 현상의 역사적 발전과정 16
2 다문화주의의 역사와 국가별 사례 23
3 다문화주의 관련 개념 35
4 다문화주의의 정의, 정책, 유형 42
5 다문화주의의 정치성과 경제성 48
6 다문화주의와 국가 정체성 54
7 다문화주의의 문제 58
8 다문화주의 실현방안 60
참고문헌 68

Chapter 02 다문화교육 _ 71

1 다문화교육의 정의 71
2 다문화교육의 목표와 기능 75
3 다문화교육의 유형 78
4 다문화교육의 재정의 84
5 다문화교육의 원칙 87
6 다문화교육의 국가별 사례: 미국, 캐나다, 호주 92
7 다문화교육에 대한 비판 101
8 다문화교육 실현방안 106
참고문헌 114

Part 02 다문화주의, 이데올로기, 민주주의

Chapter 03 다문화주의와 이데올로기 _ 119

1 서론 120
2 이데올로기와 다문화주의 122
3 다문화주의 정책 124
4 다문화주의에 대한 이데올로기적 접근 128
5 결론 166
참고문헌 169

Chapter 04 다문화주의와 민주주의 _ 173

1 서론 174
2 민주주의 유형 176
3 다문화주의와 민주주의의 관계 199
4 결론 214
참고문헌 223

Part 03 한국의 다문화주의, 다문화교육, 다문화정책

Chapter 05 한국의 다문화주의 _ 227

1 서론 228
2 한국 다문화주의 담론의 문제점 229
3 결론 248
참고문헌 253

Chapter 06 한국의 다문화교육 _ 255

1 서론 256
2 한국 다문화교육 이론의 문제점 258
3 한국 다문화교육 현실의 문제점 270
4 미래를 위한 제언 281
5 결론 290
참고문헌 291

Chapter 07 한국의 다문화정책 _ 295

1 서론 295
2 다문화정책에 대한 이론적 논의 298
3 한국의 다문화 사회화 정도 308
4 한국 다문화정책의 현황과 문제점 312
5 한국의 다문화정책에 대한 제언 331
참고문헌 338

01
PART

다문화주의와 다문화교육

1장 다문화주의

2장 다문화교육

01 CHAPTER

다문화주의

진시원 · 고은이

1 다문화 현상의 역사적 발전과정
2 다문화주의의 역사와 국가별 사례
3 다문화주의 관련 개념
4 다문화주의의 정의, 정책, 유형
5 다문화주의의 정치성과 경제성
6 다문화주의와 국가 정체성
7 다문화주의의 문제
8 다문화주의 실현방안

이 글은 다문화주의가 무엇인지에 대한 설명글이다. 다문화주의는 일반적으로 특정 공동체 내에서 문화 간 공존과 평화를 추구하는 이데올로기를 의미한다. 하지만 이러한 정의는 맞기도 하고 틀리기도 하다. 이 글은 다문화주의가 어떤 목표와 기능을 추구하느냐에 따라 다문화주의의 정의도 달라진다는 점을 설명한다. 예컨대, 동화주의적 다문화주의와 분리주의적 다문화주의는 서로 다른 의미를 지닌다. 동화주의적 다문화주의는 소수문화의 주류문화에 대한 동화를 통해서 문화 간 공존과 평화를 추구하는 다문화주의이지만, 분리주의적 다문화주의는 주류문화로부터 소수문화의 자치나 분리 독립을 통해 문화 간 공존과 평화를 추구한다. 분리주의적 다문화주의가 특정 공동체의 결속과 존속을 추구하는 것이 아니라 그 공동체의 분리를 추구한다는 점은 분리주의적 다문화주의가 단순하게 특정 공동체 내의 문화 간 공존과 평화를 추구하는 이데올로기가 아님을 의미한다. 다문화주의를 단순하게 특정 공동체 내의 문화 간 공존과 평화를 추구하는 이데올로기라고 정의하는 것은 부족하고 부적절한 것이다.

이 글은 다문화주의를 설명하기 위해 먼저 다양한 문화가 특정 공간에서 서로 섞이는 다문화 현상의 역사적 발전과정을 설명하고, 다문화주의의 역사와 국가별 사례를 살펴본 다음, 다문화주의와 관련된 주요 개념들을 소개한다. 또한 이 글은 다문화주의의 정의와 정책, 유형을 살펴보고, 다문화주의가 지니는 정치성과 경제성을 검토한 후 다문화주의가 국가 공동체가 지니는 기존의 정체성을 약화하고 훼손하는지 여부를 짚어본다. 마지막으로 이 글에서는 다문화주의가 야기하는 다양한 문제들을 다문화주의의 역설과 딜레마를 중심으로 설명하고, 다문화주의를 어떻게 하면 잘 실현할 수 있는지 민주주의와 인권의 중요성을 중심으로 검토한다.

1 다문화 현상의 역사적 발전과정

다양한 문화가 특정 공간에서 서로 섞이는 다문화 현상은 역사적으로 크게 네 가지 정도의 흐름을 거쳐 형성되어 왔다. 첫 번째는 15세기와 16세기 신대륙 발견 이후 장기간 동안 유럽 국가들의 식민지 개척과 새로운 국가건설 과정에서 진행된 유럽 이주민들과 원주민 간의 다문화 현상이다. 이러한 다문화 현상은 스페인, 포르

투갈, 영국, 프랑스 등 유럽계 이주민들이 아메리카 대륙이나 오세아니아 지역에서 건설한 새로운 국가들에서 특히 두드러지게 발생하였다. 두 번째는 19세기 이후 제국주의 국가들이 식민지를 개척하면서 제국주의 국가와 식민지 국가의 주민들 간에 발생한 다문화 현상이다. 세 번째는 1960년대 이후 유럽이나 미국, 캐나다, 호주 등 선진국 지역에서 노동력 부족문제를 해결하기 위해 과거 식민지 지역이나 중국, 인도와 같은 인구가 많은 국가들로부터 상당수의 이민을 수용하면서 발생한 다문화 현상이다. 그리고 마지막 네 번째는 가장 최근의 현상으로 20세기 후반 이후 세계화가 가속화되면서 노동자, 이민자, 국제결혼자, 유학생, 관광객, 난민과 망명자 등 지구적 차원의 인구이동이 활성화되면서 발생한 다문화 현상이다.

다문화 현상은 이렇듯 역사적으로 지구적 차원의 인구이동이 가져온 결과물이라 할 수 있다. 그런데 다문화 현상을 야기한 국제적 인구이동은 종교적 이동, 강제적 이동, 경제적 이동, 정치적 이동, 일시적 이동 등으로 그 유형을 구분해 볼 수 있다. 종교적 이동은 유럽 각국의 종교인들, 즉 영국 성공회, 독일 루터파, 프랑스 캘빈파, 로만 가톨릭 신앙인들이 아메리카 대륙으로 이주한 것 등이 대표적인 사례이다. 강제적 이동은 노예 이동, 즉 아프리카 흑인의 아메리카 대륙으로의 반자의적인 이동이 대표적인 사례이다. 경제적 이동은 일자리나 임금격차를 찾아서 노동자가 이동하는 것을 의미하며, 정치적 이동은 독재와 내전 등으로 인한 인권남용과 침해에 대응하여 발생하는 정치적 난민이 대표 사례이다. 일시적 이동은 여행객이나 유학생 등의 이동을 의미한다.

그런데 최근에 특히 문제가 되고 있는 것은 경제적 이동(노동자 이동)과 정치적 이동(난민 이동)의 증가이다. 먼저 경제적 이동은 국가 간 경제발전, 소득과 임금 격차, 개도국의 높은 출산율과 많은 인구, 선진국의 고령화와 저출산 현상 그리고 선진국의 해외 우수 두뇌 유치 전략 등이 맞물리면서 발생하고 있는 현상으로, 거시적으로 보면 지구적 차원에서 노동력을 균형 있게 분배함으로써 효율적인 자본축적의 방식으로 기능하고 있다. 다시 말해, 경제 세계화는 경제영역의 지배권이 기존의 국민국가라는 한정된 영역을 벗어나 전체 지구촌으로 확장되면서 세계를 하나의 시장으로 만들어가는 현상으로, 지구적 차원에서 자본축적이 최적의 상태에서 수행되도록 자본과 노동의 국가 간 경계를 무너뜨리고 자본과 노동시장을 새롭게 재편하는 과정인 것이다. 이러한 상황에서 국가 별 인구격차와 경제발전 정도, 임금 격차에 따라 개도국에서 선진국으로 노동자의 이동이 이루어지게 되고, 이러한 이동은 다문화 현상의 급속한 팽창을 가져온다.

국제적 차원의 인구 이동은 16세기 이후 자본주의 체제가 성립되면서 꾸준히 지속되어 온 현상이지만, 급속히 활성화된 것은 1990년대 초 냉전체제가 붕괴하고 전 지구적 차원의 자본주의 체제가 성립된 이후라고 볼 수 있다. 이제 지구촌 대다수의 국가에서 외국인 이주민이 없는 곳을 찾아보기는 쉽지 않다. 예컨대, 유엔경제사회국(United Nations Department of Economics and Social Affairs)이 발간한 『International Migrants Stock 2019』에 따르면 2019년 기준으로 세계적으로 약 2억 7,200만 명의 이주민이 존재한다. 이런 숫자는 전체 지구촌 인구의 3.5% 정도가 이주민이라는 것을 의미한다. 또한 이 자료에 의하면 이주민 중 강제적 이동 즉 난민(refugee)과 망명 신청자(asylum-seeker) 숫자는 계속 늘어나고 있다(United

Nations DESA 2019). 그런데 유엔의 이런 정보는 각국의 공식적인 통계에 기초한 것이기 때문에 공식 통계에 잡히지 않는 부분을 고려하면 실제 이주민 숫자는 더욱 많을 것으로 추정된다.

유엔난민기구가 발간한 『Global Trends Report 2017』에 따르면 2016년 기준 전 세계 강제 이주민은 6,560만 명에 달하는데, 이는 세계인구 113명 당 1명이 강제 이주민이라는 점을 의미한다. 또한 보고서에 따르면 매 3초마다 세계 인구 중 한 명이 자신의 익숙하고 정든 집을 떠나 낯선 타지에서 살고 있다고 한다. 『Global Trends Report 2018』에 따르면 2017년 기준 강제로 자신의 거주지와 집을 떠난 사람의 수는 약 7,080만 명에 이른다. 이는 20년 전에 비해 두 배 정도 늘어난 수치인데 이들은 세 가지 유형으로 분류할 수 있다. 첫째는 '난민'으로, 보고서에 따르면 2018년 세계 난민 수는 2,590만 명에 달한다. 둘째는 '망명 신청자'로 전 세계적으로 350만 명에 달한다. 셋째는 '국내 실향민'인데 이들은 고향을 떠나 자국의 다른 지역에 피신 중인 사람들로 세계적으로 4,130만 명에 달한다.

그런데 문제가 심각한 것은 이러한 다양한 유형의 인구이동, 즉 이주민과 난민, 망명신청자, 국내 실향민 등이 20세기 후반 이후 더 급속하고 서로 복합적으로 발생하면서 다양한 문화 간의 평화와 공존을 추구하는 다문화주의의 목표를 실현하기가 더욱 어려워지고 있다는 점이다. 예컨대, 경제 세계화가 심화·확대되고 국가 간 혹은 지역 내 경제통합이 심화되면서 일자리나 임금격차를 찾아 나선 노동자 이동은 더욱 활성화되고 있으며, 시리아 난민처럼 정치적 내전의 피해자인 난민이 자국을 떠나 인권보호를 중시하는 다른 국가나 지역으로 이동하는 현상은 급속히 늘어나고 있다. 그리고 이러한 노동자 이동과 난민 이동은 서로 다른 인종, 민족, 종교, 언어, 문화가 특정 공동체에서 서로 복잡하게 갈등적으로 얽히는 다문화 현상을 더욱 급속도로 만들어내고 있다.

특히 기독교와 이슬람교처럼 오랜 기간 서로 이질적이고 경쟁적이며 배타적인 정체성 관계를 가져 온 종교가 특정 공동체에 함께 거주하게 되면서, 다문화 현상은 평화와 공존이 아니라 긴장과 위험을 더욱 배가시키는 요인으로 자리잡고 있다. 21세기 들어 경제적 이동과 정치적 이동이 급속도로 확대되면서, 다문화 현상은 이제 지구촌 상당수의 국가가 회피하기 어려운 현상이 된 것이다. 다문화 현상은 지구적 현상이며 되돌리기 어려운 현상으로 자리 잡은 것이다.

그런데 다문화 현상이 촉발하고 있는 도전과 문제의 핵심은 지구적 차원의 다문화 현상이 근대(modern) 국제 사회의 구조적 특징이자 운영원리인 nation-state(국민국가, 민족국가) 체제의 변화와 약화 및 붕괴 가능성을 야기하고 있다는 점이다.

근대 nation-state는 1648년 베스트팔렌 조약 이후의 산물이다. '영토'와 '주권'과 '국민'을 구성요소로 하는 근대 nation-state의 역사는 370여 년의 역사를 지닌 역사적 구성물이라는 의미이다. 근대 시기를 관통하면서 nation-state는 자신의 명확한 영토를 획정하고 그 안에서 배타적이고 독점적인 주권을 행사하며 공동체 의식으로 무장한 국민을 만들어왔다. 특히 다문화 현상과 관련해서 주목해야 할 점은 nation-state가 동원해 온 공동체 의식과 nationalism(민족주의, 국민주의, 국가주의)이다. 근대 nation-state는 단일 민족이나 단일 인종으로 국가를 건설한 경우 하나의 혈연관계를 강조하는 '민족주의'를 동원해서 국민들의 공동체 의식을 강화해왔다. 그리고 근대 nation-state가 다문화 국가일 경우, 즉 둘 이상의 인종이나 민족이 섞여서 국가를 만든 경우, 국민 모두가 인종, 민족, 언어, 종교 등의 차이를 떠나 하나의 '국민'이라는 의식을 만들어내려는 '국민주의' 이데올로기를 통해 국민들의 공동체 의식을 강화해 왔다. 근대 nation-state는 '영토'라는 지리적인 실체와 '주권'이라는 가상의 권리 그리고 '공동체 의식'이라는 심리적인 의식이 결합되어 370여 년의 세월 동안 형성되고 유지되어 온 국제 사회의 구조적 특징이자 운영원리인 것이다.

그런데 20세기 후반 이후 지구적 차원의 인구이동이 급속히 증가하면서 기존의 nation-state 안에 뿌리내리고 있던 '국민'이라는 정체성에 근본적인 변화가 발생하게 되었다. 지구적 차원에서 급증한 인구이동은 nation-state가 유지해 온 기존의 국민과 인구 구성에 이질적인 변화를 야기하면서, 기존에 유지되어 온 nation-state의 공동체 의식을 약화시키거나 붕괴시키는 만만찮은 도전을 촉발하고 있는 것이다. 국가의 구성요소 중 영토와 주권은 상당 부분 변화 없이 기존 그대로 유지되고 있지만, '국민'이라는 구성요소는 새로운 인구의 유출입이 늘어나면서 근본적인 변화와 도전에 직면하게 된 것, 이것이 지구적 차원의 인구 이동이 가져온 근대 nation-state 체제에 대한 거대한 도전의 실체이다. 이제 nation-state는 다문화 현상의 확대와 다문화 사회의 도래로 인해 자신의 국민들이 기존에 지녀온 정체성을 새롭게 재조정해야 하는 post nation-state 시대의 과제를 부여받고 있는 것이다.

이처럼 20세기 후반 이후 발생한 지구적 차원의 급속한 인구이동이 야기하고 있는 새로운 '국민 정체성 만들기' 요구에 대해, 현재 존재하는 200여 개의 nation-state가 잘 대응할 것인지 아니면 대응에 실패할 것인지의 여부는 nation-state의 생존 여부뿐 아니라 소속 국민들의 삶의 질과 안전에도 직접적인 영향을 미친다. 다문화 현상이 야기하는 이와 같은 도전에 제대로 대응하지 못할 경우 nation-state는 기존의 공동체 의식이 무너지면서 국민들의 삶의 질과 안전이 위협받고 국가의 존재 자체도 위협받는 상황으로 내몰릴 수 있는 것이다. 예컨대, 새로 유입된 이질적인 이주민으로 인해 문화적 충돌과 폭동, 테러 등이 발생할 경우, 국민들의 공동체 의식은 무너지고 국민의 삶과 안전이 위협받으며 국가의 존립 자체가 위협받는 상황이 도래할 수도 있다.

다문화주의는 이러한 다문화 현상에 대응하기 위해 등장하였다. 그리고 다문화주의는 나라마다 그 역사와 발전 정도가 다르다. 다문화 현상을 먼저 경험한 나라들은 다문화주의를 먼저 고민하기 시작하였고, 이후 지구적 차원의 인구이동이 더욱 가속화되고 지구촌이 하나의 다문화 사회가 되어가면서 다문화주의는 점차 세계 전역으로 확산되어가고 있다. 다문화 현상은 오래 된 현상이지만 다문화주의 이데올로기와 다문화정책이 본격적으로 등장한 것은 1970년대 이후의 일이라고 할 수 있다. 예를 들어 문화 간 공존과 평화를 추구하는 이데올로기라는 현대적 의미의 다문화주의는 1970년대 이후 캐나다를 시발로 시작되었으며 이후 오세아니아와 유럽, 미국 등을 거쳐 세계 전역으로 확산되었다(이용승, 2010: 18). 우리나라의 경우에도 2000년대 들어 특히 2006년 이후 다문화주의 담론과 정책의 필요성이 급부상했다.

2 다문화주의의 역사와 국가별 사례

1) 다문화주의의 역사

다문화주의라는 용어는 1957년 다민족으로 이루어진 스위스에서 처음 사용되었고, 1970년대 캐나다, 미국을 거쳐 빠르게 확산되었다. 2000년대 이후 아시아 지역까지 다문화주의가 시대적 흐름으로 자리 잡게 되어, 2002년 대만, 2006년 일본과 우리나라 역시 다문화주의를 국가정책으로 채택하게 되었다.

이렇듯 전 세계적으로 다문화주의가 확산된 사회적 배경으로는 20세기 직후 세계적으로 경제발전과 자본·노동의 이동이 현실화되면서 문화적 차이를 넘어 사회통합을 이루어내야 하는 nation-state 체제의 변화를 들 수 있다. 또한 저출산과 고령화로 인한 노동력 부족과 이주노동자의 유입, 민주주의의 확산으로 인한 인권의식의 고양 등을 들 수 있다. 신자유주의 경제성장의 결과로 노동력 부족을 겪던 선진국과 빈곤과 실업에 시달리던 개발도상국 간의 노동력의 이동이 본격화되면서 이주노동자의 문제가 각국에 등장하게 된 것이다(조원탁 외, 2014: 19).

역사적으로 대부분의 공동체들은 타문화와 접촉함으로서 발생한 소수문화에 대해서 기존 주류문화에의 동화, 흡수 또는 배척을 시도하며, 간혹 '다름'을 용인해주기도 했으나, 대부분은 소수문화가 기존의 문화에 적응해야 했다(조현상, 2009). 이에 따라 nation-state 전통이 강한 서유럽은 주류문화에의 동화를 강조하였다. 예를 들어, 프랑스의 경우 19세기 중반부터 이민자들을 받아들여 이민자들이 주류집단화 되는 것을 목표로 하는 일방적인 형태의 사회통합을 주장하였다. 특히 1974년 프랑스 이민정책에 관한 법안을 통해 이민을 엄격하게 제한하고, 공화주의적 전통으로 이들의 문화적 다양성을 희석시키고 융합시키는 경향을 두드러지게 드러내었다. 즉, 공화국의 시민 모두는 동일한 권리와 의무를 갖기 때문에 여기에 민족적, 인종적 차이, 문화적 관습은 사라지는 것이다. 이러한 문화적 전통은 2010년 10월 테러방지와 여성인권 향상을 취지로 한 공공장소에서의 부르카금지법이 통과된 사례를 통해서도 알 수 있다.

이렇듯 동화주의 정책은 소수집단이 주류집단의 문화를 받아들여 흡수되고, '국민'이라는 정체성을 습득하여 그들과 유사해지는 점진적 변화를 목표로 하며, 이는 소수집단의 순응과 자문화의 특성을 포기하는 것을 전제로 한다. 그러나 이러한 일방적 동화에 대한 소수집단의 반발 그리고 소수집단의 사회적 영향력이 점차 증가하는 상황 속에서 기존의 동화주의가 사회적 갈등을 해결하기에는 여러 한계를 안고 있었다. 세계화 추세로 소수문화가 양적으로 확대되고 이들이 기존 주류 집단의 편입을 거부하면서 문화적 정체성 유지를 주장하게 된 것이다.

다문화주의는 이러한 동화주의의 한계를 극복하기 위해 등장하였다. 그리고 nation-state 전통이 강했던 서유럽 국가와는 달리 처음부터 다민족·다인종으로 건국된 캐나다, 미국, 호주와 같은 국가들은 다문화주의를 적극적으로 받아들이게 된다.

오늘날 다문화주의는 이념, 태도, 철학, 이론을 의미하지만, 처음에는 정책을 기술하는 용어였다. 그렇다고 다문화주의가 정부 중심의 하향식 정책만을 의미하는 것은 아니다. 다문화주의는 아래로부터 시작된 사회적 필요에 근거한 변화의 욕구로서 구체적 실천 과정이기도 했다. 그래서 사회구조 및 정부정책들과 관련되어 다문화주의는 국가마다 다양한 양상으로 나타났다. 캐나다에서의 퀘벡 주민들의 연방 자치권 논쟁, 호주에서의 아시아 이민자 수용 문제가 그 예라 할 수 있다.

이렇게 다문화주의에 기초한 국가별 다문화정책들은 각국이 처한 정치경제적 이해관계와 밀접한 관련을 맺는다. 소수문화를 보호하고 육성하는 차원이 아니라 문화적 갈등을 봉합하고 사회통합을 이루기 위해서였기 때문이다. 특히 다문화주의라는 용어가 전 세계적으로 확산되는 데 큰 영향력을 끼친 미국은 흑인, 히스패닉, 아시아 이민자 등으로 다양하게 구성되어 있으나, 여전히 인구구성 및 사회적 권력 측면에서 유럽계 백인들이 주류를 이루는 시기는 오랫동안 지속되었다. 그러다 상대적으로 유럽계 백인들의 사회적 영향력이 감소하고 소수집단들의 사회적 요구들이 표면화되는 시기가 오자 공동체 유지에 대한 대안으로 다문화주의를 적극 받아들이게 된다. 미국과 캐나다의 다문화주의는 1990년대 이후 유럽에도 영향을 끼쳐 프랑스와 독일의 경우 다문화 관련 국가 기구를 창설하는 등 정책 수립에 활용되었다.

그러나 다문화주의는 기본적으로 세계 여러 나라에서 공통적으로 적용되기는 힘들다. 각국의 상황이 다르고 현실에 적용할 수 있는 각국 정부의 정책적 유연성이 요구되기 때문이다. 사회통합의 이데올로기로서 다문화주의가 제시되었지만 모든 구성원들, 모든 집단들을 아우르기는 현실적으로 힘들다. 그래도 김범수(2007)는 다문화주의의 확립을 위한 필수 요소를 다음과 같이 제시하고 있다. 첫째, 문화적 다양성의 상징적 인정, 둘째, 법적인 인정과 다문화적인 공공정책 수립, 셋째, 소수집단의 정치적 참여 보장, 넷째, 일상생활에서의 배려이다.

캐나다의 테일러(Taylor 1992)는 다문화주의를 '인정의 정치(the politics of recognition)'라고 지칭하면서 기존의 주류집단이 모든 면에서 소수집단의 동등한 가치를 보장하고 더 나아가 소수집단의 문화유지와 존속에 적극적 조치를 취하는 것이라고 하였다. '인정'이란 소수집단의 존재 자체에 대한 인정이자, 법적 권리 투쟁을 포함하는데, 이를 통해 많은 소수집단의 응집을 가능하게 하였다. '국민 만들기'의 과정에서 배제된 소수집단들이 그들만의 독특한 정체성을 갖고 그들만의 문화를 유지하면서 주류집단과 함께 공존하는 것이다.

Nation-state의 대부분은 하나의 국가와 단일민족으로 상징되는 공통적인 국민 정체성에 기반을 두고 있다. 그러나 20세기까지 중심 이데올로기로서의 단일문화주의는 20세기 직후의 세계화 현상과 경제발전으로 인한 노동력의 이동으로 nation-state 체제에 변화를 가져온다. 물론 캐나다, 미국과 같이 다민족·다인종으로 이루어진 국가도 있었지만, 이들은 처음부터 문화적 차이를 넘어 사회통합을 이루어내야 하는 문제를 안고 있었고, 다문화정책을 통해 동일한 가치를 지향하고자 하였다. 하지만 문화적 행위에 대해 정치적 타협을 하고자 했던 시도들은 완벽할 수 없었고, 여러 사회문제들을 촉발시켰다. 다문화주의는 정부의 정책과 정치적 과정의 문제보다는 사회적으로 수용 가능한가라는 구성원들의 일상적 삶의 문제와 맞닿아 있기 때문이다. 또한 문화적 다양성을 인정하고자 하는 제도적 장치들이 공동체의 정치적 통합으로 이어지지는 않는다.

다문화주의에 대해서 계속적으로 늘어나는 소수집단의 권리 투쟁이 오히려 다른 경쟁 집단을 유발하여 다문화주의에 악영향을 미칠 수 있다. 예를 들어, 미국의 적극적 차별시정조치가 주류집단인 백인에 대한 역차별이라는 것이다. 또한 다문화주의를 도덕적 태도의 문제로 인식하게 되면서 다문화주의가 정치적으로 올바르다는 인식을 심게 되어 다문화주의에 반대하는 사람은 인종주의자라는 위험한 평가로 이어지기도 한다. 오히려 이러한 점들이 정치적 보수주의와 과거처럼 민족적 결속과 함께 사회통합이 이루어져야 한다는 다문화주의의 퇴조를 촉진했다(안지현, 2007).

다문화 사회의 도래는 선택의 문제가 아니라 역사발전의 과정으로 필연에 가깝다. 하지만 사회적 요구와 정책적 필요에 의해 성급하게 통합을 논하는 것은 많은 위험요소를 내포하고 있다. 이는 여러 나라의 사회문제를 유발하고 다문화주의의 퇴조로 귀결될 수 있다. 다문화주의의 이념 하에 어떻게 자연스럽게 타자를 포용하고 타집단을 용인할 수 있는 공동체로 나아갈 것인가라는 것은 시대적 과제이다.

2) 다문화주의의 국가별 사례: 미국, 호주, 캐나다

캐나다, 미국, 호주와 같이 다민족·다인종으로 건국된 국가들은 처음부터 다문화주의를 적극적으로 받아들였다. 다문화주의의 목표는 다양한 문화를 보존하고 문화적 다양성이 초래하는 갈등요소를 배제하고 국가가 제어하는 것이다(신병현, 2003: 115).

미국은 다인종, 다민족이 뒤섞여 건국된 국가로 애초에 동화주의 성격이 강했다. 식민지 운영과 관련하여 노동력이 많이 필요했고, 곧 유럽인과 아프리카 노예들이 유입되기 시작했다. 이민자들로 구성된 '이민의 나라'였던 초기 미국은 극단적 인종차별주의에 기초하여 유럽 출신 백인들은 타국 이민자들을 불신했다. 그들은 백인들의 국가로서의 미국을 전제한 단일문화를 강조했다. 그 예로 1882년에 제정된 중국인 배척법(Chinese Exclusion Act)은 캘리포니아 금 채굴과 횡단철도 건설에 있어 처음에는 중국인을 필요로 했으나 경쟁이 치열해지자 임금이 낮은 중국인에 대한 반감이 작용하여 만들어졌다. 또한 1920년대까지 독일에서 온 이민자들도 자국어를 사용한다는 이유와 1차 세계대전 당시 전쟁을 일으킨 국가로서 배척을 받기도 했다. 여기에는 이민을 규제하기 위해 이민자의 숫자를 제한하는 조치가 동반되었다.

1967년 '이민 및 국적법'의 개정으로 국가별로 이민자 수를 제한하던 조치를 폐지하고 동양계에 대한 차별 이민이 없어짐으로써 미국 내 인구 구조상의 변화가 나타났다. 이는 곧 아시아계와 히스패닉계의 대규모 유입으로 이어졌다. 실제 2017년 7월 미국 통계국(U.S. Census Bureau)에 의하면 미국 내 인종별 구성비는 백인계 60.7%, 히스패닉 및 라틴계 18.1%, 흑인 및 아프리카계 13.4%, 아시아인이 5.8%이다. 1990년대까지만 해도 74.8%를 차지했던 백인계가 2007년에는 66.3%로 감소되었고, 2050년에는 50.1%로 전망될 정도로 주류집단인 백인계의 상대적 감소가 두드러지는 것이다.

1960년대까지 미국이 추구하는 이념은 용광로 이론을 바탕으로 한 동화주의로, 출신국가의 문화를 용광로에 녹여 '미국적인' 문화를 형성한다고 보았다. 실제 미국은 다른 다민족 국가와 달리 하나의 언어를 사용하였고, 동일한 정치, 경제 체제를 유지하는 높은 사회통합력을 보였다. 여기에는 '아메리칸 드림(American Dream)'이라는 동일한 목표를 공유했던 이민자들에게 있어 미국인으로서 정체성은 거부의 대상이 아니라 수용의 대상이었고, 풍부한 영토와 자원은 경제적 갈등이 발생할 수 있는 여지를 차단한 것이 크게 작용했다. 물론 백인 중심으로 구성된 주류문화의 사회적 권력도 여전히 유지되고 있었다. 즉, 이 시기의 미국의 다문화주의는 유럽계 백인 주류문화에 다양한 인종적 배경을 가진 문화를 흡수하는 것을 의미했으며, 백인문화를 토대로 미국인으로서의 정체성, 애국심 등이 강조되었고, 여전히 소수집단에 대한 문화적 차별과 편견은 지속되었다. 이러한 단일문화주의에 맞서 등장한 것이 바로 시민권 운동이었다.

미국 다문화주의는 1960년대 아프리카계 미국인들 중심으로 전개된 시민권 운동이 토대가 되었다. 흑인민권운동을 계기로 미국사회의 사회적 약자와 소수집단이 차별과 억압에 대해 인식하기 시작한 것이다. 그 결과 제정된 1964년 민권법(the Civil Rights Act)은 선거(정치), 고용(경제), 공공장소(사회)에서의 흑백차별 폐지를 담고 있다. 시민권 운동은 흑인, 여성, 장애인, 소수집단의 인권의식 함양, 각 집단들의 문화적 자부심을 고취시켰다. 이들은 각 집단들의 문화를 인정하고 존중해야 한다고 주장하는 분리주의적 입장을 가졌다. 이는 1965년 고용, 교육에서의 차별철폐를 중심으로 한 '적극적 차별시정 조치(Affirmative Action)'의 제정으로 이어졌다. 미 의회의 입법과 법원의 판례를 통해 점차 발전하면서 취업, 대학입학 등에 있어 흑인, 여성, 장애인 등 사회경제적 약자에 대한 할당제를 적극적으로 시행하여 실질적 평등을 달성하고자 하였다. 이른바 다원주의에 근거한 '샐러드 보울(salad bowl)'이론으로 각각의 집단들의 정체성을 인정하고 공존하자는 실천적 개념으로서 다문화주의가 등장한 것이다. 물론 이는 역차별 논란과 같은 사회적 갈등을 야기하기도 하여 최근에는 캘리포니아 주를 시작으로 소수자를 우대하는 정책을 폐지하고자 하는 시도들도 점차 확대되고 있다.

이렇듯 미국은 1960년대를 거치면서 차별을 철폐하는 통합주의 정책을 통해 1980년대에 이르러 다양한 집단들의 문화적 정체성을 인정하는 다문화정책을 수립하게 된다. 사회의 각 분야에서도 구체적인 실천방안에 대한 논의가 있었는데, 1980년대 많은 대학교에서 소수자의 문화에 대한 강좌를 개설한 것 등을 들 수 있다. 하지만 일각에서는 미국의 전통과 정체성 훼손을 이유로 다문화주의를 비판하는 움직임이 발생하였다. 그 이면에는 보수주의자들을 중심으로 최근의 다문화주의에 대해서 불법 이민자들의 증가로 인한 반(反)이민 정서와 함께 미국 사회에 동화할 수 없을 정도로 성장해버린 이민자들의 의해 미국 사회가 동화될 것이라는 주류 사회의 불안감이 내포되어 있다. 2001년 9.11 테러와 장기적 경제불황, 2007년 금융위기를 겪으며 외국인에게 부여되는 사회보장제도를 축소했으며, 이민정책을 강화하면서 다문화주의가 후퇴하고 있다는 주장도 있다.

우리는 보통 다민족·다인종 사회라고 하면 미국을 떠올리지만, 절대적인 이민자의 수가 아니라 인구 구성의 측면에서는 캐나다가 다민족·다인종 사회라는 표현이 더욱 어울린다. 캐나다는 실제 150개가 넘는 국가에서 모인 이민자들로 구성된, 세계에서 가장 다양한 민족적 배경을 가지고 있다. 캐나다는 1971년 '사회의 다양성 유지와 평등'이라는 다문화주의의 지향점을 담은 다문화주의 조례(Multiculturalism Act)를 통해 최초로 관련 법안을 공식화한 국가로

원주민, 이주민, 소수민족 공존의 측면에서 가장 앞섰다고 볼 수 있다. 하지만 처음부터 그들의 권리를 보장하고자 한 것은 아니었다. 1960년대 전까지만 해도 캐나다는 백인 위주의 정착지 건설을 목표로 인종차별적인 정책들을 시행하였다. 다수의 프랑스계를 견제하기 위해 영국계 이주민이 대거 정착한 이후, 캐나다는 영국계와 프랑스계의 지속적 갈등과 긴장을 유지하면서 주류문화가 형성되었다. 이에 건국 초기부터 식민지 통합에 있어 각 사회집단들의 이해관계 조절을 고민하면서 백인 주류문화를 중심으로 원주민들을 동화시키기 위한 강제적 정책들을 시행하게 되었다. 또한 프랑스계 퀘벡 주의 분리운동을 저지하고자 하는 조치들은 영국계와 프랑스계의 갈등을 초래하여, 퀘벡 주민들은 자치권 인정을 요구하기 시작하였다. 이러한 캐나다 사회의 여러 갈등을 해결하기 위한 방법으로 등장한 것이 바로 다문화주의였다.

캐나다는 제2차 대전까지만 해도 백인우호적인 이민정책으로 배타적이고 폐쇄적인 사회 분위기를 가지고 있었다. 아시아인에 대한 차별적인 입법조치를 행하기도 하였고, 1885년에는 중국인 이주민들에게 투표권조차 부여하지 않는 법안이 통과되기도 하였다. 1930년대 대공황을 겪으면서 많은 캐나다인들은 이민자들로 인해 실업률이 급증한다고 생각하여 폐쇄적 이민정책을 지지하였다. 그러나 1960년대부터 경제성장에 따른 노동력 부족으로 유럽 이민자와 난민, 아시아계 이민자들을 적극적으로 받아들이면서 문화적 공존을 지향하는 방향으로 정책이 변화하였다. 프랑스계와 영국계의 지속적 갈등을 봉합하기 위해서 1970년에 '공식어법령(Official Language Act)'를 제정하고 영어, 프랑스어를 공식어로 지정하여 퀘벡주의 문화적 자치를 인정하는 조치를 취하기도 하였다. 1977년에는 인권법(Canadian Human Rights Act)을 제정하여 차별금지를 제도화하였고, 1985년 '다문화법(The Multicultural Act)'을 통해 각 공동체들이 문화적 유산을 보존할 수 있는 자유를 명문화하고 그에 대한 조치로 '다문화주의 시민권부'를 따로 두기도 하였다.

이후 1988년에는 세계 최초로 '캐나다 다문화주의에 관한 법(The Canadian Multiculturalism Act)'을 통해 다문화정책을 법제화하여 각종 차별 금지와 고용평등을 위한 조치에 노력하고 있다. 이 법은 캐나다인들의 인종적·국가적·민족적 출신 및 피부색과 종교적 다양성을 캐나다 사회의 기본적 특성으로 인정하고, 캐나다 정부는 모든 캐나다인의 평등을 보장하고 다문화 유산을 보호하기 위해 다문화정책을 추진한다고 명시하였다. 특히 사회통합을 목적으로 한 민족집단 간 상호교류를 촉진하고 공용어 습득을 장려하고, 문화적 장애를 타파하자는 구체적인 실천목표를 제시한 것이 특기할 만하다. 실제 이 법에 근거하여 이민자들이 많이 거주하던 온타리오 주를 비롯한 4개 주들은 인종차별 철폐 캠페인, 소수민족 우대 정책, 다양한 문화유산의 보존과 증진과 같은 구체적인 다문화 프로그램을 시작하였다.

이렇듯 캐나다의 다문화주의는 초기에는 프랑스계와 영국계의 갈등을 봉합하기 위해 시작하였지만, 결과적으로는 유색인종까지 확장되어 서로 나누어져 각각의 다양성을 존중하고 조화가 되는 캐나다식 '모자이크(mosaic)'정책을 구축하게 된다.

향후 캐나다의 다문화주의의 방향에 있어 퀘벡은 하나의 변수이다. 다문화주의에 대한 반발은 퀘벡 주가 가장 두드러진다. 프랑스계를 통합하기 위한 수많은 시도들이 있었으나, 다문화주의로 인해 프랑스계 또한 기존의 주류집단적 위치에서 소수집단들과 동일한 위치가 되었다는 자조적인 분위기로 인해 비판적 입장을 취하고 있는 것이다. 반면, 진보주의자들은 다문화주의가 일상생활 속 실질적인 인종차별을 없애지 못하고 있고, 여전히 백인 위주의 주류문화는 존속하고 있다고 본다. 정치적인 의회구성에 있어 소수집단의 진출이 미약하고 여전히 경제적 불평등 또한 존재하기 때문이다. 캐나다의 다문화주의가 추구하고 있는 이념은 현실과 간극이 존재하고, 다문화주의가 야기하는 사회적 문제들은 완전히 해결되지는 못했으나, 캐나다 사회는 여전히 고민하고 발전하기 위해 노력하고 있다.

호주는 18~19세기 영국인 죄수들의 이주를 시작으로 19세기 중반까지 금광 개발을 계기로 하여 다양한 민족들이 영국, 아일랜드, 유럽대륙, 중국 등지에서 이주하여 형성되었다. 호주는 1901년 영국으로부터 독립하였고, 오랫동안 영국계 백인 위주의 백호주의를 국가정책의 기본으로 삼았다. 백호주의란 '호주를 영국같이 유지하기(White Australia policy)'인 것으로 중국과 인도 등 아시아계 노동자의 유입을 막는 인종차별적 정책을 말한다. 백호주의는 유색인종을 차별적으로 배제하고 백인사회에 동화시키려는 적극적 통제정책이었다. 백호주의는 1972년 노동당 정부가 공식적으로 폐기하기 전까지 호주 이민정책의 근간을 이루었다. 백호주의를 토대로 호주는 초창기 영국계 이민자들을 장려했으나 시간이 지나면서 지속적 경제성장을 위해 남유럽계, 비유럽 출신 난민을 수용하기 시작하였고, 1966년 이민문호를 대폭 개방하게 되었다.

1970년대 이후 다문화주의로 방향을 선회하는데, 그 이유는 아시아 국가와의 협력 필요성 증대와 더불어 이주노동자의 급증, 이민자집단과 백인들과의 갈등이었다. 1973년 호주는 다문화 사회를 선언하면서, 당시 이민부 장관은 과거의 민족적 차별은 철폐되었고, 동화주의의 종말을 고하는 국가 이념을 제시하였다. 다문화주의가 정부의 공식입장이 된 것은 1978년 갈밸리 보고서(The Galbally Report)를 채택하면서부터이다. '다양성 속의 통합(unity-in diversity)'을 이념으로 이민자 정착 지원, 영어교육, 이민지원센터 등 소수집단에 대한 지원 프로그램을 본격적으로 실시하였다. 이렇듯 이민자들이 호주 사회에 적응할 수 있도록 기회의 평등을 위한 다양한 정책을 실시하였다(신재주, 2010: 22).

그러나 캐나다의 다문화주의와 달리 호주에서는 호주 사회의 통합이라는 관점에서만 접근하다보니 원주민 차별문제로 대표되는 사회적 불만이 2004년 에보리진 족의 폭동사건으로 폭발하기도 하였다. 공동체적 화합을 지향하는 호주의 다문화주의는 여전히 원주민 문제가 숙제로 남아있는 것이다.

호주 사회에서는 다문화주의가 과연 사회통합에 도움이 되는가와 관련하여 첨예한 대립이 존재한다. 노동당 및 진보 정당들은 다문화주의를 채택하는 데 앞장서면서 그 이념을 지지하고 있으나, 1996년 이후 집권한 보수 및 우익 성향 정치인들은 다문화주의에 반감을 보이면서 다문화주의가 사회적 연대를 침해하고, 국가 정체성 위기를 가져온다고 본다. 2007년 하워드 총리는 다문화주의를 철회한다고 밝히면서 개각을 통해 이민부 부처명에서 '다문화'를 삭제하는 조치를 취하기도 하였다. 하워드 총리는 다문화주의 대신 사회통합 개념이 대체되어야 한다고 보았다. 호주의 다문화주의는 이민자를 주류문화에 통합시키는 정책으로 바뀌게 된 것이다. 이후 집권한 노동당 정부는 다문화주의의 기조를 유지하면서 이민자들의 주류 사회 참여를 독려하고, 그로 인한 단점을 보완하는 방식을 추구하겠다고 밝혔다(이현아, 최순영, 2012: 357).

이러한 변화는 세계화에 따른 호주 경제구조의 변화와 연관이 있는데, 제조업, 농업 등에서 심각한 위기를 경험하면서 이민자 집단에 대한 혐오와 다문화주의에 대한 반동이 일어난 것이다. 이용승(2003)은 호주의 다문화주의 도입은 국민적 합의의 결과가 아닌 국내외의 환경의 변화에 따른 수동적 도입이었다고 보고, 역사적 맥락과 사회집단 간 권력관계를 고려하지 않고 문화의 공존만을 주장하는 형식적인 평등에 기초한 다문화주의의 도입은 한계를 가질 수밖에 없다고 하였다. 따라서 호주 사회에서 다문화정책에 반대하는 집단들과 어떻게 소통하고, 정의와 실질적 평등에 기초한 다문화주의를 어떻게 추구할지 지켜볼 필요가 있다.

3 다문화주의 관련 개념

다문화 현상이 지구적 차원에서 확산되면서 이와 관련한 다양한 용어들이 등장하고 사용되고 있다. 먼저 디아스포라(diaspora)는 원래 팔레스타인 밖의 유대인 집단을 의미했지만 이제는 고국을 떠나 사는 사람들의 집단을 의미하는 용어로 자리 잡았다. 그리고 게토(getto)는 원래 유대인 격리 구역을 의미했지만, 지금은 도시의 과밀 인구 지역에서 특정 인종이나 민족이 함께 몰려 살고 있는 지역을 의미한다. 그리고 이미 광범위하게 알려진 개념이지만 용광로(melting pot) 모델과 샐러드 보울(salad bowl) 모델도 중요한 용어이다. 용광로 모델은 동화주의적 다문화주의에 가까운 용어라면 샐러드 보울 모델은 다원주의적 다문화주의에 가까운 용어이다.

원거리 민족주의(long distance nationalism)라는 용어도 등장했다. 원거리 민족주의는 다양한 인종과 민족이 원래 자신들이 거주하던 지리적 공간을 벗어나 다른 지리적 공간으로 이주하여 몰려 살기 시작하면서, 종족적이고 인종적이며 민족적인 연계를 세계적으로 확산해 나가는 현상을 의미하는데(Anderson 1992), 이와 유사한 용어로는 산개한 민족주의(scattered nationalism)가 있다. 이렇듯 지구적 차원의 인구이동은 다양한 인종과 민족과 종족이 서로 이동하고 섞이면서도 자신들끼리 새로운 지리적 공간에 모여 살면서 디아스포라나 게토를 만들어내고, 원거리 민족주의나 산개한 민족주의를 만들어내고 있는 것이다.

이러한 현상은 탈민족주의(post nationalism)와 재민족주의(re-nationalism)로도 표현되고 있다. 이주민이 자신이 소속되어 있는 인종이나 민족이 다수 거주하는 조국을 벗어나 다른 국가에서 소수 이주민이 되는 현상은 탈민족주의를 의미하지만, 소수 이주자들이 새로운 국가에서 같은 인종이나 민족끼리 몰려 사는 현상은 재민족주의를 의미한다. 예컨대, 한국인이 한국을 떠나 이민 가는 것은 탈민족주의 현상이며, 한국인이 미국 특정 지역에 몰려 사는 것은 재민족주의 현상인 것이다. 작금의 국제 사회는 지구적 차원에서 인구이동이 급증하면서 탈민족주의와 재민족주의 현상이 서로 공존하면서도 경쟁하고 있는 상황이다.

그런데 지구적 차원의 인구이동과 관련해서 '다문화주의'라는 용어가 주로 사용되고 있는 것은 사실이지만, 다문화주의 이외에도 다양한 용어들이 사용되고 있다. 초문화주의(transculturalism)와 문화상호주의(interculturalism)가 바로 그것이다. 이들 용어는 다문화주의와 비교하면 유사점과 차이점을 지닌다(Portera, 2008: 484-486).

먼저, 다문화주의는 다문화 현상과 관련하여 다양한 문화가 공존하는 '상태'에 관심을 둔다. 다양한 문화가 존재하는 상태에 대한 서술적인 성격을 강하게 지닌 용어가 바로 다문화주의인 것이다. 다문화주의는 다양한 문화 간의 공존을 추구하고 문화다양성을 강조한다. 다문화주의는 문화 상대주의(cultural relativism)와 문화 다원주의(cultural pluralism)에 인식론적 기초를 두고 있다. 문화 상대주의와 문화 다원주의는 모든 문화는 스스로의 독특한 구조와 가치 체계를 지니고 있기 때문에 개별 문화는 모두 소중하다고 보는 이데올로기이다. 하지만 문화 상대주의는 문화 간의 도덕적인 판단기준을 세우기 어렵다고 주장하는 반면, 문화 다원주의는 합리적이고 이성적인 판단을 중시하며 개별 문화가 모두 소중하지만 인권이나 민주주의 같은 보편적 규범에 의해 문화 간에 도덕적 판단 기준을 세울 수 있다고 본다. 예컨대, 문화 상대주의는 여성의 인권을 침해하는 특정 문화에 대해 도덕적 판단을 유보하고 거부하지만, 문화 다원주의는 합리적이고 이성적이며 인류 보편적인 가치를 통해 여성의 인권을 침해하는 특정 문화에 대해 도덕적으로 비판하고 개선을 촉구하는 입장을 지닌다.

어쨌든 여기서 중요한 점은 다문화주의가 '문화 간 차이'를 주목하고 중시한다는 점이다. 즉, 다문화주의의 문제점은 다양한 문화 간의 차이를 너무 강조하여 문화 간 차이를 변화 없이 고정된 것이며 그래서 문화 간 통합이나 융합이 쉽지 않다는 식으로 문화 간 관계를 이해하는 한계를 지닌다. 다문화주의는 문화 간 공존과 평화를 추구하지만, 문화 간 차이를 너무 강조한 나머지 문화 간 통합과 융합에 대한 기대를 갖지 않는다는 것이다.

초문화주의(transculturalism)는 다문화 현상과 관련하여 문화 간 차이보다는 문화 간 공통성과 보편성을 강조하는 이데올로기이다. 인식론적으로 문화 보편주의(cultural universalism)에 기초해 있으며, 인간의 이성과 윤리, 인권, 민주주의 같은 시공과 문화적 차이를 초월하여 존재하는 인류의 보편적 가치와 보편성을 강조한다. 예컨대, 인간이기에 지니고 추구하는 자유, 평등, 박애, 평화, 정의, 인간의 존엄성 등과 같은 보편적 개념에 기초한 사해동포주의나 세계시민성 등이 실재적으로 존재한다고 보는 것이 초문화주의이다.

따라서 초문화주의에 기초한 교육은 인간이 보편적으로 지닌 자유, 평등, 박애, 평화, 정의, 인권 등에 기초한 교육이 가능하다고 본다. 그러나 초문화주의는 문화의 변화나 발전 혹은 퇴행을 제대로 이해하기 어려운 한계를 지닌다. 보편주의 입장에 서있는 초문화주의 시각에서 바라보면 문화는 변화하지 않고 정체되어 있는 것으로 이해하기 쉽다. 또 초문화주의 입장에서는 보편주의적 인식론으로 인해 문화 간 차이와 이질감은 큰 문제나 고민거리도 아니며 주된 관심사도 아니다. 이 결과 초문화주의는 보편적 문화에 대한 소수 문화의 동화주의 관점을 드러내기도 하고, 문화 간 차이를 무시하는 몰문화주의(aculturalism) 성향을 드러내기도 한다. 이렇게 본다면 초문화주의적 입장은 극단적인 경우 문화 제국주의로 표출될 가능성도 존재한다. 자신의 문화만이 인류의 보편성을 지니고 있다는 유럽중심주의 시각과 서구 제국주의 시각이 바로 초문화주의적 시각이라고 볼 수 있다. 결국 문화 보편주의와 문화 제국주의, 몰문화주의, 동화주의적 다문화주의는 서로 일맥상통하는 인식론적 공통분모를 지니고 있다고 이해할 수 있다.

문화상호주의(interculturalism)는 다문화 현상과 관련해서 문화 간 상호작용과 문화 간 상호주관성(inter-subjectivity), 문화 간 관계(cultural relations)를 강조하는 이데올로기이다. 문화상호주의는 인식론적으로는 문화 보편주의와 문화 상대주의라는 양 극단의 한 가운데 존재하는 것으로 이해할 수 있다. 즉, 문화상호주의는 문화가 고정적이라고 이해하지도 않으며, 문화가 서로 상대적이라고 이해하지도 않는다. 문화상호주의는 서로의 상화작용을 통해 주체와 객체의 정체성과 이해관계가 변화할 수 있다는 사회 구성주의(social constructivism) 인식론을 지닌다. 사회 구성주의 시각에 따르면 문화는 고정적인 불변의 것이 아니라 문화 간 상화작용을 통해 서로 역동적으로 변화해가는 것으로 이해된다. 문화상호주의는 문화 간 차이가 사회통합을 저해하고 방해하는 부정적인 요인이 아니라고 본다. 오히려 문화상호주의는 문화 간 차이와 이들 간의 구성주의적 상호작용이 사회발전을 위해 필요하다는 입장을 견지한다. 다문화주의가 특정 공동체 내에서 문화 간 차이를 인정하고 그 토대 위에서 문화 다양성과 문화 간 공존과 평화를 강조하는 이데올로기라면, 문화상호주의는 다양한 문화들이 서로 소통하고 상호작용함으로써 더 좋고 긍정적인 문화를 만들 수 있고 이를 통해 사회공동체도 발전할 수 있다는 점을 강조하는 이데올로기인 것이다.

이러한 인식론적 특징을 지닌 문화상호주의는 특히 교육적인 측면에서 의미가 크고 유용하다. 다양한 문화가 존재하는 공동체에서 다문화주의처럼 문화 간 차이를 인정하고 문화 간 공존과 평화를 강조하는 것도 중요하지만, 다양한 문화가 서로 상호주관적인 상호작용을 통해 서로 좋은 방향으로 수렴해 갈 수 있다는 인식은 교육적 측면에서 상당히 희망적인 기대를 갖게 해주기 때문이다. 다문화 사회에서 문화상호주의적인 접근은 아주 유용한 교육 인식론이자 방법론인 것이다(Hill, 2007: 250).

다문화주의와 문화상호주의를 잘 구분해서 이해하기 위해서는 민족과 인종을 바라보는 사회 구성주의(social constructivism) 시각과 실재론(realism) 시각을 구분하는 것이 필요하다. 사회 구성주의 시각은 다양한 민족이나 인종 간의 지속적인 상호주관적 작용을 통해 민족이나 인종 '의식' 및 '정체성'이 점차 변화하고 바뀔 수 있다고 생각한다. 사회 구성주의 시각에서 바라보면 민족이나 인종 정체성은 고정불변의 것이 아니라, 특정 공동체 내 사람들 간 그리고 다른 공동체 사람들과의 상호주관적 작용을 통해 새롭게 형성되고 변화하는 속성을 지닌 것으로 이해된다(Hofstee, 2009: 59). 즉, 민족이나 인종이 혈연이라는 불변의 실체에 기초하여 영원불변의 속성을 지니는 것이 아니라, 서로 다른 민족과 인종이 특정 공동체 내에서 긴밀하게 상호작용하면서 서로 변화할 수 있는 속성을 지닌다는 것이다. 예컨대, 미국에 이주한 다양한 민족이나 인종이 원래의 혈연적인 정체성만을 고집하며 사는 것이 아니라, 미국의 헌법 가치를 공유하고 기존의 미국인들과 상호작용하고 미국인으로서 새로운 정체성을 지니게 된다는 것이다. 한국계 미국인이지만 한국인이라는 혈연적 정체성을 고정적으로 가지고 있는 것이 아니라 미국인으로서의 정체성을 지니게 된다는 것이다. 한국계 미국인이 한국 주재 미국대사로 부임할 경우 그는 한국의 국익을 대변하는 것이 아니라 미국의 국익을 대변하는 사람이 되는 것이다.

반면 민족이나 인종에 대한 실재론적 접근은 개인의 정체성을 규정하는 데 있어서 혈연공동체뿐 아니라 공동의 조상, 역사, 종교, 언어, 신체적 특징 등과 같은 객관적인 실체를 강조한다. 실재론적 시각에서 보면 개인의 정체성은 잘 변하지 않는 속성을 지닌 것으로 이해된다. 이렇게 본다면 문화 간 '차이'를 강조하는 다문화주의가 실재론적 인식론에 기초한 이데올로기라면, 문화 간 소통과 상호작용을 통해 문화의 변화 가능성을 강조하는 문화상호주의는 사회 구성주의적 인식론에 기초한 이데올로기라고 볼 수 있다.

그러므로 문화 간 공존과 평화를 제대로 실현하기 위해서는 다문화주의, 초문화주의, 문화상호주의 시각의 좋은 측면들만을 잘 결합하는 태도가 필요하다. 문화 간 공존과 평화를 추구하는 것은 다문화주의의 좋은 측면이지만, 문화 간 차이를 너무 강조하고 문화 간 차이를 변화 불가능한 것으로 이해하는 것은 다문화주의의 좋지 않은 측면이다. 다양한 문화가 공통적으로 지니는 자유, 평등, 박애, 평화, 정의, 인권 등과 같은 인류 보편의 가치를 강조하는 것은 초문화주의의 좋은 측면이지만, 다양한 문화 간 차별, 갈등, 충돌, 증오, 혐오 등과 같은 부정적인 측면을 너무 간과하는 것은 초문화주의의 좋지 않은 측면이다. 또 문화 간 상호작용과 대화를 통해 다양한 문화들의 정체성이 긍정적인 방향으로 변해가는 측면을 강조하는 것은 문화상호주의의 좋은 측면이지만, 혈연이나 종교, 언어, 외모 등과 같이 변화하지 않는 고정적인 문화적 속성을 너무 간과하는 것은 문화상호주의의 좋지 않은 측면이다. 결국 문화 간 공존과 평화를 제대로 실현하기 위해서는 다문화주의와 초문화주의 그리고 문화상호주의의 좋은 측면만을 잘 결합하여 추구하는 노력이 필요하다. 좋은 다문화주의에는 다문화주의 자체의 내용뿐 아니라 초문화주의와 문화상호주의의 좋은 측면도 함께 포함해야 하는 것이다.

4 다문화주의의 정의, 정책, 유형

1) 다문화주의의 정의와 정책

다문화주의는 이미 살펴본 대로 문화 간 공존과 평화를 추구하는 이데올로기 혹은 한 나라에 여러 문화가 평화롭게 공존하는 것을 추구하는 이데올로기이다. 하나의 국가에 거주하는 다양한 인종, 민족, 문화 간의 관용과 공존과 평화를 추구하고 이를 증진하려는 이데올로기 혹은 다양한 문화 집단의 언어와 문화 같은 정체성들을 그대로 하나의 국가체제 안에 평화적으로 공존시키려는 이데올로기가 바로 다문화주의인 것이다(조정남, 2007: 14).

이러한 다문화주의를 실현하기 위해 공동체가 정치적 과정을 통해 실현방안과 목표를 구체화한 것이 바로 다문화주의 정책이다. 다문화주의 정책은 일반적으로 소수집단의 공동체와 자치를 인정하고 이들의 내부 결속과 정체성을 존속하고 강화하는 각종 활동을 인정하는 정책을 의미한다(심승환, 2009: 129). 그러나 이러한 시각은 주류집단의 인식에 기초한 주장이다. 다문화주의 정책은 주류집단과 소수집단의 시각에 따라 그 정의와 내용과 목표가 달라지기 때문이다. 주류집단은 다수집단과 소수집단이 서로 갈등과 충돌 없이 공존하는 것을 통해 전체 공동체의 결속과 존속과 번영을 추구한다. 주류집단의 다문화정책은 소수집단이 전체 공동체에 불안정을 야기하기 않고 잘 안착하여 전체 공동체의 결속을 유지하는 데 가장 큰 목적을 가진다. 이렇게 본다면 주류집단의 다문화주의 정책은 기본적으로 문화 간 갈등 관리나 갈등 해소 성격을 지니는 것으로 볼 수 있다.

반면, 소수집단은 기본적으로 자신들의 정체성을 잘 유지하면서 새로운 공동체에 잘 적응하고 새로운 공동체가 제공하는 기회를 잘 활용하고자 한다. 하지만 새로운 공동체가 소수집단의 정체성을 부정하고 동화를 강요하거나 주류집단과 소수집단 간의 차별, 혐오, 불평등이 심화될 경우, 소수집단은 이러한 부조리한 상황을 극복하기 위해 노력하게 된다. 이 경우 소수집단의 다문화정책은 문화 간 평화와 공존이 아니라 문화 간 차별과 혐오 해소 그리고 불평등 구조개선과 자치나 분리 독립 등으로 표출되게 된다. 특히, 소수집단이 외부에서 새로 이주해 들어온 경우가 아니라 nation-state 형성 단계부터 주류집단과 공존해 온 경우, 이러한 소수집단은 분리주의적 다문화주의 정책을 추구하기 쉽다. 예컨대, 캐나다의 퀘벡(Quebec) 주(州)나 스페인의 바스크(Basque) 지역 등이 그렇다. 결국 다문화주의 정책은 주류집단이 보기에는 공동체의 결속과 존속과 번영을 추구하는 정책이어야 하지만, 소수집단이 보기에는 자신들의 정체성을 유지하고 필요한 경우 자치와 분리 독립까지 추구할 수 있는 정책이어야 하는 것이다. 다문화정책은 이렇듯 객관적이고 균형감 있는 정책이 아니라 주류집단과 소수집단 간의 이해관계가 서로 경합하는 상당히 정치적이고 당파적인 성격을 지닌다.

2) 다문화주의 유형

다문화주의는 상대주의적 다문화주의(relativist multiculturalism)와 다원주의적 다문화주의(pluralist multiculturalism) 그리고 동화주의적 다문화주의와 분리주의적 다문화주의로 구분할 수 있다(Hill, 2007: 251; Crowder, 2008: 248). 정책으로 본다면 상대주의적 다문화정책과 다원주의적 다문화정책, 동화주의적 다문화정책과 분리주의적 다문화정책으로 분류할 수 있다.

상대주의적 다문화주의는 절대적인 진리나 가치를 거부하며 모든 문화는 특정 공동체의 역사적이고 사회적인 맥락 속에서 만들어진 자체적인 가치와 규범을 지니고 있기 때문에, 문화 간 가치와 규범의 비교나 우열 가리기는 불가능하고 바람직하지도 않다는 입장을 지닌다. 상대주의적 다문화주의는 문화의 독자성과 특수성을 인정한다는 점에서는 긍정적이지만, 자유와 평등, 인권, 민주주의와 같은 보편적인 가치 역시 상대주의 시각에서 바라보는 문제를 지니고 있다. 자유, 평등, 인권, 민주주의 가치를 비교·평가하는데 있어서 문화 간 차이와 우열관계를 고려하지 않는 좋지 않은 측면을 지니고 있는 것이다.

반면, 다원주의적 다문화주의는 다원주의적 사고에 기초해서 문화 다양성을 긍정하고 추구한다는 점에서 상대주의적 다문화주의와 인식을 같이 하지만, 이성과 합리성에 기초해서 문화 간 차이와 우열 관계를 구분할 수 있다고 생각한다는 점에서 상대주의적 다문화주의와 차이가 있다. 다원주의적 다문화주의 시각에서 바라보면 여성을 차별하고 소수자를 혐오하는 문화는 좋은 문화가 아니다. 다원주의적 다문화주의는 자유, 평등, 인권, 민주주의를 추구하고 실현하는 데 있어서 문화 간 차이와 우열관계가 존재한다는 점을 인정한다는 점에서 상대주의적 다문화주의와 명확한 차이를 드러낸다.

상대주의적 다문화주의와 다원주의적 다문화주의의 차이는 문화를 어떻게 바라보는가에 따라서도 드러난다. 문화를 이해하는 시각은 크게 두 가지로, 문화 다원주의(cultural pluralism)와 문화 상대주의(cultural relativism)가 바로 그것이다. 크라우더(Crowder, 2008: 248-251)는 문화 상대주의와 문화 다원주의를 비교해서 잘 설명하고 있다. 우선 문화 상대주의는 가치와 윤리에 있어서 보편률을 인정하지 않고 거부한다. 가치나 윤리를 문화에 따라 상대적이라고 인식하는 것이다. 문화 상대주의는 모든 문화는 내재적으로 자체적인 도덕 기준과 권위를 지니고 있기 때문에 가치와 윤리의 영역에서 서로 다른 문화를 비교하고 우위를 판가름하는 것은 불가능하고 거부해야 한다고 주장한다. 문화 상대주의는 서로 다른 문화가 서로 존중하고 공존하는 평화주의적 시각을 지닌다는 점에서는 긍정적이지만, 문화의 이름으로 공동체 구성원 개개인에게 가해지는 억압이나 폭력이 정당화될 수 있다는 점에서는 상당히 부정적이다.

반면, 문화 다원주의는 윤리적 보편률을 인정하며 문화 상대주의를 거부한다. 문화 다원주의는 문화 다양성을 중시하지만 문화를 서로 비교할 수 있고 우위를 정할 수 있다고 생각한다. 즉, 문화 다원주의는 이성과 합리주의에 기초해서 인간이 공통적으로 지니는 보편적인 가치들을 기준으로 문화 간 우위를 판별할 수 있다고 주장한다. 또 문화 다원주의는 다양한 가치와 다양한 선(goods)이 존재한다고 생각한다. 일원론(monism)을 거부하는 것이다. 문화 다원주의는 일원론적 시각, 즉 하나의 가치나 윤리를 절대시 하는 순간 문화 간 갈등과 충돌은 회피하기 어렵다고 본다. 다원주의는 다원적인 가치와 다원적인 선의 존재를 인정하고 이들 다양한 가치와 선이 서로 동등하고 독립적이라는 점을 강조하는 것이다. 다원주의의 이러한 합리주의적 전통을 염두에 두면, 합리성과 이성으로 문화를 비교하고 서로의 장단점을 파악할 수 있다는 문화 다원주의의 입장을 이해하는 것은 그리 어려운 일이 아니다. 문화 다원주의는 문화 상대주의와 달리 문화의 이름으로 개인에게 가해지는 비윤리적이고 반이성적인 억압이나 폭력을 거부할 수 있는 것이다.

동화주의적 다문화주의의 역사는 오래되었다. 우선 근대 nation-state의 건설과정에서 중앙정부가 동화주의를 강력하게 추진한 것이 동화주의적 다문화주의의 역사적 기원이다. 구체적으로 살펴보면, 동화주의적 다문화주의는 1648년 베스트팔렌 조약 이후 nation-state의 주권이 점차 강화되고 프랑스 혁명 이후 유럽 전역에서 민족주의가 확산되면서 각국의 중앙정부에 의해서 강하게 도입되고 추진되었다. 동화주의적 다문화주의는 국민들의 공동체 의식을 강화하는 핵심 정책 수단이었다. 이후 제2차 세계대전이 종료하고 신생 독립국들이 국제 사회에 대거 등장하면서 이들 신생국에서 다시 동화주의적 다문화주의가 강하게 추진되었다(김창근, 2009: 31-32). 몇 백 년 전이건 아니면 몇 십 년 전이건 간에 nation-state가 건설과정에서 중앙정부가 국민들의 일체감과 정체성의 통일을 추구해 온 것이다. 단일민족 국가인 경우에 중앙정부는 혈연 공동체를 강조하는 민족주의(nationalism)를 동원해서 국민의 일체감과 정체성의 동질성을 추구했다면, 다민족 국가인 경우에 중앙정부는 국민주의(nationalism)나 애국주의를 동원하여 인족이나 민족적 차이를 벗어나 '하나의 국민'이라는 공동의 정체성을 양성하는 데 적극 나선 것이다. 다민족 국가에서 국민주의와 애국주의를 동원하는 과정은 역사교육과 사회과교육을 강화하는 과정에 다름 아니었다. 그런데 역사교육과 사회과교육을 통해 동화주의적 다문화주의 정책이 강화되는 과정은 소수 집단의 시각에서는 자신들에 대한 주류집단의 억압과 배제와 차별로 인식되었다. 다민족 국가의 경우 nation-state를 건설하는 과정에서 소수집단의 문화 다양성을 보존하고 증진시키는 데 있어 중앙정부의 관심과 배려가 부족했던 것이다. 민족주의와 국민주의를 동원하여 역사교육과 사회과교육을 강화하는 과정에서 주류집단의 역사, 종교, 언어, 문화 등이 그 나라의 표준으로 굳어진 반면, 다른 소수집단의 역사, 종교, 언어, 문화는 배제되고 소외되고 소멸되는 과정이 일방적으로 강요된 것이다. 결국 동화주의적 다문화주의에 대한 소수집단의 오랜 반발은 분리주의적 다문화주의가 등장한 핵심 배경이다. 분리주의적 다문화주의는 동화주의적 다문화주의에 반작용의 산물인 것이다.

분리주의적 다문화주의는 주류 다수집단과의 차이를 강조하고 자신이 속한 소수집단의 독특한 문화와 정체성을 중시하며 이것을 독립적으로 보존하는 것에 관심이 많다. 분리주의적 다문화주의는 기존 공동체 내의 차별과 혐오와 불평등을 근본적으로 해소하기 위해 주류집단으로부터 소수집단의 자치(autonomy)나 영토적 분리 독립을 추구하는 다문화주의이다. 분리주의적 다문화주의는 기본적으로 소수집단의 다문화주의인 것이다. 반면 동화주의적 다문화주의는 소수집단의 분리주의 움직임에 반대하고 국가 공동의 정체성을 형성하고 국가 공동체의 하나 된 결속과 존속을 중시한다. 동화주의적 다문화주의는 주류집단의 다문화주의인 것이다. 이렇듯 분리주의적 다문화주의와 동화주의적 다문화주의는 서로 양극단에서 있는 다문화주의의 유형이다.

5 다문화주의의 정치성과 경제성

1) 다문화주의 정치성

다문화주의는 가치중립적인 비당파적인 이데올로기가 아니라 그것 자체가 상당히 정치적이며 경제적인 목적을 지닌 이데올로기이다. 다문화주의는 그것이 추구하는 목적, 즉 문화 간 공존과 평화를 추구한다는 점에서 표면적으로는 상당히 객관적이고 가치중립적이며 보편적 규범 같은 이데올로기로 보일 수 있지만, 다문화주의가 동화주의나 분리주의, 상대주의나 다원주의정책을 통해 추진된다는 점에서 다분히 당파적이며 편파적인 본질과 실체를 지닌다.

동화주의적 다문화주의와 분리주의적 다문화주의는 가치중립적 비당파적인 이데올로기가 아니라 다분히 당파적이고 편파적인 이데올로기이다. 동화주의적 다문화주의는 주류집단의 이해관계를 우선적으로 반영하는 이데올로기인 반면, 분리주의적 다문화주의는 소수집단의 이해관계를 우선적으로 반영하는 이데올로기이기 때문이다. 소수집단을 주류집단에 동화시키려는 주류집단과 주류집단으로부터 자신의 정체성과 자율성을 확보하기 위해 자치와 분리를 추구하는 소수집단은 서로 명백히 정치적이며 당파적이며 편파적이다.

예컨대, 다문화주의는 새로운 nation-state를 건설하거나 기존의 nation-state를 더욱 공고히 하려는 이데올로기로 작동한다. 다문화주의가 nation-state를 새로 만들거나 더욱 공고화하는 이중의 기능을 수행하는 것이다(김창근, 2009: 26). 첫째, 동화주의적 다문화주의는 정체성이 동질적인 '국민 만들기(nation building)'에 다름 아니다. 기존의 단일민족 국가에 이질적인 소수집단이 들어오는 경우, 주류집단은 소수집단을 동화하려고 한다. 이 경우 동화주의적 다문화주의는 인종적이고 민족적인 이질감을 극복하고 공동의 정체성을 지닌 하나의 '국민 만들기'에 나서는 것이다. 예컨대, 국제결혼을 통해 이주한 여성과 태어난 코시안(Kosian)에게 한국의 문화와 언어와 역사교육을 강하게 관철시키면서 주류 다수집단인 한민족의 정체성을 지닌 대한민국 국민으로 이들을 동화시키려는 노력이 바로 그것이다. 둘째, 분리주의적 다문화주의는 새로운 '국가 만들기(nation building)'에 다름 아니다. 예컨대, 중국의 티베트 자치구나 신장위구르 자치구, 캐나다의 퀘벡 주의 분리 독립 움직임은 소수문화집단이 주류집단으로부터 독립해서 자신들만의 새로운 국가 만들기를 추구하는 사례이다.

상대주의적 다문화주의와 다원주의적 다문화주의도 마찬가지이다. 이들 다문화주의 유형도 객관적이거나 가치중립적이지 않으며 오히려 당파적이고 편파적이며 정치적이다. 상대주의적 다문화주의는 모든 문화는 동등하게 소중하다는 인식에 기초해 있다. 문화간 우열을 가릴 수 없으며, 문화를 평가하는 하나의 보편타당한 판단기준을 세우기도 어렵다는 것이 상대주의적 다문화주의의 인식론이다. 그런데 상대주의적 다문화주의의 이러한 인식론은 주류집단이 아닌 소수집단에게 유리하다. 소수집단은 상대주의적 다문화주의의 인식론과 실천에 힘입어 주류집단의 동화주의적 압력에서 벗어날 수 있으며, 자유, 평등, 박애, 인권과 같은 인류 보편적 가치를 강요받는 처지로부터도 벗어날 수 있다. 상대주의적 다문화주의는 다수집단에게 불리하고 소수집단에게 유리한 이데올로기인 것이다.

다원주의적 다문화주의는 이미 살펴본 것처럼 이성과 합리성에 기초해 문화를 판단하고 좋고 나쁨을 평가할 수 있다고 믿는 이데올로기이다. 인간의 이성과 합리성을 신뢰하고 인류의 보편적 가치가 어느 문화에도 적용되고 실현되어야 한다고 믿는 이데올로기인 것이다. 예컨대, 여성과 노동자와 아동의 인권을 존중해야 한다는 점은 이성과 합리성에 기초해서 판단할 때 일말의 회의감도 찾기 어려운 인류 보편의 가치이기 때문에, 모든 문화가 이러한 가치를 존중해야 하고 문화적 예외는 용납될 수 없다고 생각한다. 다원주의적 다문화주의는 이런 점에서 자유, 평등, 박애, 인권, 민주주의와 같은 인류 보편적 가치가 지구 공동체에 확산되고 공고화되는 데 기여해 온 이데올로기이다. 하지만 자유, 평등, 박애, 인권, 민주주의라는 보편 가치와 서로 배치되는 문화를 향유해 온 집단은 다원주의적 다문화주의에 반발할 수밖에 없다. 특히 자유, 평등, 박애, 인권, 민주주의 가치는 유럽과 미국, 캐나다, 호주 등 서구가 주도해 온 가치라는 점에서 서구문화와 역사적으로 갈등해 온 이슬람문화나 유교문화 집단이 바라보기에 서구 중심주의의 또 다른 모습으로 이해될 수 있다. 자유, 평등, 박애, 인권, 민주주의 가치를 제국주의 시대에 팽배했던 백인의 책무(white man's burden)나 오리엔탈리즘(orientalism)의 재판으로 이해할 소지가 이슬람문화나 유교문화 집단에게는 존재한다는 것이다. 예컨대, 이슬람문화 집단이 여성의 인권문제를 지적하는 서구 기독교문화 집단에게 반발하는 것과 중국이나 싱가포르 정치 지도자들이 자국의 인권이나 민주주의 문제를 지적하는 서구 국가들에 대해 반발하는 모습은 이러한 상황을 잘 보여준다.

이렇게 본다면 일반적으로 이성적이고 합리적인 다문화주의로 이해되고 있는 다원주의적 다문화주의도 다분히 정치적이며 당파적인 이데올로기라고 평가할 수 있다. 또한, 다원주의적 가치, 즉 다양한 집단의 동등성을 가정하고 이들의 공존을 추구하는 다원주의 역시 서구의 가치라는 점에서, '서구 가치의 표준화'는 '비서구 문화의 서구화'를 강제하는 압력으로 기능할 가능성도 존재한다. 결국 정치성과 당파성으로부터 자유로운 다문화주의와 다문화정책은 실질적으로 존재하기 어려운 것이다.

다문화주의의 정치성은 보수주의와 진보주의가 다문화주의를 어떻게 바라보는가에 의해서 더욱 명확히 드러난다. 보수주의와 진보주의는 다문화주의를 이해하는 데 있어서 서로 다른 정치성을 지닌다. 보수주의는 공동체의 안정과 유지와 존속에 관심이 많다면 진보주의는 공동체의 개선과 개혁에 더 관심이 많다. 이런 시각에 기초해서 보수주의자들은 다문화주의를 기존 공동체를 유지하고 강화하는 수단으로 이해하는 반면, 진보주의자들은 다문화주의를 그동안 모순된 사회질서가 야기해 온 갈등이나 분열을 해소하기 위한 수단으로 인식한다. 즉, 진보주의자들은 다문화주의를 통해 그동안 소외되고 억압되어 온 소수집단의 권익을 신장하고 이들의 시민으로서의 동등성을 확보하고자 노력한다(김창근, 2009: 26). 다문화주의에 대한 보수주의와 진보주의의 이러한 시각차는 다문화정책의 내용과 목표에 있어서도 큰 차이로 귀결된다.

다문화주의의 정치성은 다문화주의가 민주주의와 깊은 관계가 있다는 점에서도 다시 한 번 확인된다. 예컨대, 다문화주의가 부재하거나 실패하여 문화 간 차별과 혐오와 불평등이 존재하는 공동체에서는 민주주의의 위기가 발생할 가능성이 높다. 그리고 민주적이지 않은 공동체는 지속가능성을 확보하기 어렵고 사회발전을 도모하기도 어렵다. 특히, 소수집단이 정치적으로 과소대표되거나 소외된 공동체는 구성원 간의 결속과 자발적 충성심은 사라지고 문화 간 분열과 충돌 및 분리주의 움직임에 직면하게 될 가능성이 높다. 이 경우 공동체의 지속가능성과 발전가능성은 사리지고 공동체의 분열과 퇴행이 찾아올 여지가 많다. 민주주의는 소수자 보호를 중시한다. 특히 다수결 민주주의인 경우 다수의 전제와 소수자의 소외문제를 심각하게 고민하고 극복해야 한다. 이렇듯 민주주의 측면에서 바라볼 때 다수 주류집단의 일방적인 지배와 전제가 지속되고 소수집단이 정치적으로 과소대표되거나 소외되는 순간 그 공동체는 번영은커녕 지속되기도 어렵다(김남국, 2005a: 100; 2005b: 100-101).

2) 다문화주의의 경제성

다문화주의는 문화 간 공존과 평화를 추구하는 평화주의적 목적을 지니고, 주류집단과 소수집단 간의 정치적 이해관계의 대립과 경쟁을 동화주의나 분리주의, 다원주의나 상대주의로 표출하는 기능을 수행하지만, 다문화주의가 추구하는 목적과 기능은 경제적 측면에서도 찾을 수도 있다. 다문화주의는 평화지향성과 정치성을 지니고 있지만 경제성도 지니고 있는 것이다.

다문화주의의 경제성, 즉 다문화주의 이데올로기가 지니는 경제적인 성격은 두 가지 측면에서 잘 드러난다. 첫째, 다문화주의의 경제성은 다문화주의와 자본주의의 관계에서 명확히 확인된다. 자본축적은 자본주의 국가의 가장 중요한 최우선적 기능이자 과제이다. 따라서 자본주의 국가들이 추구하는 다문화주의는 자본축적과 깊은 연관이 있다. 이런 시각에서 바라보면 다문화주의는 사회주의와 냉전체제 붕괴 이후 범지구적 차원에서 하나로 통합된 자본주의 체제 하에서 범지구적 자본축적을 원활히 하기 위한 목적을 지닌 것으로 이해된다. 초국적 자본집단이 바라보기에 원활한 자본축적을 위해서는 국가 간 노동력과 노동단가의 차이를 잘 활용할 필요가 있는 것이고, 자본집단의 이러한 경제적 목적을 잘 수행해주는 것이 바로 자본주의 국가의 다문화주의 이데올로기인 것이다. 예컨대, 선진국은 자국의 노동력 부족 문제를 외국인 노동자를 국내로 유입해서 해결하거나 아니면 자국기업의 해외직접투자를 통해 외국에 공장을 지어 해결할 수 있다. 그런데 이 두 가지 경우 모두 노동자들의 문화적 차이를 극복하는 것이 노무관리의 핵심이 된다. 노동자들의 문화적 차이를 해소하는 일은 기업이 하는 일이 아니라 정부가 하는 일이고, 각국의 정부는 다문화주의를 통해 노동자들의 문화 간 차이를 해소하려고 노력하는 것이다. 결국 다문화주의의 경제성은 지구적 차원의 노동력 이동을 촉진함으로써 자본축적을 원활히 하는 것으로 이해된다. 지구를 하나의 시장으로 재편하려는 경제세계화 과정은 지구적 차원의 인구이동을 먼저 필요로 하고, 국경을 넘는 인구이동을 활성화하기 위해서는 자본주의 국가들이 다문화주의를 활성화할 필요가 있는 것이다. 이렇듯 경제세계화와 지구적 차원의 인구이동 그리고 자본주의 국가의 다문화주의 정책은 노동력의 이동을 활성화하여 지구적 차원의 자본축적을 지원하는 기능을 수행하는 것이다.

둘째, 다문화주의의 경제성은 다문화주의가 노동자의 단결뿐 아니라 노동자들의 균열과 갈등도 만들어내는 점에서도 확인된다. 위에서 본 것처럼 다문화주의는 노동자들을 하나로 묶어주는 역할도 하지만, 역으로 문화 간 차이를 당연시함으로써 노동자들을 인종, 민족, 국적, 언어, 종교 등으로 분리하여 노동자들의 단결된 힘을 분열시키는 효과도 지닌다. 다문화주의가 자본가들의 노동자에 대한 통치와 관리 기능을 수행하는 반노동적인 이데올로기적 기능을 수행하는 측면이 존재하는 것이다(심승환, 2009: 131-132).

이렇듯 다문화주의는 경제적인 측면에서도 중요한 의미와 기능을 지니고 있는데, 조상식은 다문화주의가 지닌 경제성을 다음과 같이 정리하고 있다.

> 다문화주의가 인종적·문화적 타자를 존중함을 표방하고 있지만, 그 이면에는 값싼 이주노동력을 안정적으로 확보하려는 국가 혹은 자본의 거대한 욕구가 있다. 이러한 관점에 따르면 다문화주의가 형성한 이른바 다문화공간은 초국적 자본의 자기 이익 실현 과정에서 생기는 내부의 갈등적 긴장을 조절·통제하기 위한 이데올로기적 장치에 불과하게 된다(조상식, 2009: 144).

6 다문화주의와 국가 정체성

다문화주의와 다문화정책 그리고 다문화교육이 국가 정체성을 약화시키고 붕괴시키는지 여부를 묻고 따지는 것은 상당히 중요하다. 다문화주의와 다문화정책 그리고 다문화교육이 국가 정체성을 약화시킨다면 국가 공동체의 결속과 번영과 지속가능성은 도전받고 결국 국가의 미래가 위협받기 때문이다. 국가 공동체에 거주하는 사람들이 공동의 정체성과 공동체 의식을 상실하는 순간 국가 공동체는 위기에 직면한다. 공동체의 일체감 상실과 분열 그리고 공동체에 대한 국민들의 자발적인 애국심이 약화되거나 사라지기 때문이다.

국민들이 공유하는 공동체 의식과 공동의 정체성보다 다양한 집단의 문화 다양성과 차이를 우선시함으로써 국가 정체성이 약화되고 마침내 사라질 것이라는 주장들은 이미 많이 개진된 실제상황이다. 예컨대, 앙겔라 메르켈(Angela Merkel) 독일 총리는 다문화 사회를 이룩하려던 독일의 시도는 완전히 실패했다고 선언하고, 독일에 이주한 사람은 독일의 전통과 법을 준수해야 한다고 주장했다. 또 영국의 전 총리였던 캐머론(David Cameron)은 다문화주의를 신봉하는 정책으로 인해 국가적 일체감을 느낄 수 있는 영국인으로서의 정체성이 훼손되었다고 주장했으며, 프랑스 전 대통령 사르코지(Nicolas Sarkozy)는 그것은 실패했다며 다문화주의 실패를 공식 선언했다.

다문화주의는 크게 세 가지 방식으로 국가 정체성을 약화시킨다(Uberoi, 2008: 404). 첫째, 다문화주의가 국민들이 국가 정체성보다 자신이 속한 소수문화의 정체성에 더욱 큰 일체감을 갖게 하여 국가 정체성이 중요하지 않은 것으로 느끼게 한다는 것이다. 둘째, 다문화정책이 국민들이 공유하는 정체성을 약화시켜 결국에는 국민들이 더 이상 공동의 정체성을 지니지 않고 있다는 인식을 갖게 할 수 있다는 것이다. 셋째, 다문화주의가 교육이나 공영방송 등을 통해 국민들이 공유하는 정체성을 만들어 가는 작업을 어렵게 하거나 아예 금지시킬 수 있다는 것이다. 이렇듯 국가가 합법적으로 국민들의 공동의 정체성을 만드는 노력을 어렵게 만들면서 국가 정체성은 점점 모호해지고 결국에는 사라질 수 있다는 것이다.

그러나 이러한 주장에 반대하는 사람들은 다문화주의와 다문화정책 그리고 다문화교육이 국민들의 공동의 정체성을 약화시킨다는 연구결과가 불충분하고 신뢰하기 어렵다고 반박하고 있으며, 국가 정체성이 약화되고 있는 것은 다문화주의 때문만이 아니라 세계화와 초국가기구의 역량 증가도 중요한 요인이라고 주장하고 있다(Uberoi, 2008: 404). 하지만 이러한 주장은 설득력이 떨어진다. 다문화 현상을 먼저 경험하고 다원주의적 다문화주의를 먼저 추진해 온 프랑스와 독일 등 대표적인 유럽 국가들이 자국 영토에서 발생한 연속적인 이슬람 테러를 경험한 이후, 자신들의 다원주의적 다문화주의 정책이 실패했음을 모두 공식적으로 선언했기 때문이다. 다문화주의와 다문화정책이 분명 국가 정체성을 약화하고 국가 공동체를 분열시키는 요인으로 작동하고 있는 것이 오늘날 지구적 다문화 사회의 현실인 것이다.

국가는 영토와 주권을 가지고 공동의 신화와 역사와 문화를 지니며 하나의 경제권을 형성하여 생활하는 국민들로 구성된다. 국가는 스스로 존립하기 위해 영토와 주권뿐 아니라 일체감과 공동의 정체성을 지닌 국민을 필요로 하는 것이다. 따라서 다문화주의가 일체감과 공동의 정체성을 경시하고 그 대신에 문화 다양성과 문화 간 차이만을 존중하고 장려하는 한 국가 정체성이 약화되는 상황은 회피하기 어렵다.

결국 중요한 것은 다문화주의가 국가 정체성을 약화시키지 않도록 하는 것이다. 공동체의식으로 무장한 국민이 존재하지 않는 국가는 스스로 존립하기도 어렵지만 국제 사회에서 발전하고 번영하기도 어렵다. 공동체 의식으로 무장한 국민을 지닌 국가는 국제 사회를 구성하는 200여 개의 많은 국가들 중에서 강하고 부유한 국가일 가능성이 높다. 따라서 소수집단의 문화를 존중하고 이해하고 문화다양성을 추구하면서도, 국민의 공동체 의식을 유지하고 강화하는 다문화정책을 구사하는 것이 중요하다. 소수집단의 문화와 종교와 언어를 존중하고 주류집단과 소수집단의 공존과 평화를 추구하면서도, 국가의 역사와 국가의 공식 언어에 대한 교육은 더욱 강화해야 하는 것이다. 즉, 소수집단의 문화와 정체성을 보호하고 장려하는 다원주의적 다문화주의를 추구하면서도 나라의 역사와 대표언어에 대한 동화주의적 정책을 함께 추구해야 하는 것이다. 예컨대, 미국의 경우 '샐러드 보울(salad bowl)'로 대변되는 다원주의적 다문화정책을 추구하더라도, 미국역사와 영어에 대한 동화주의적 정책을 강하게 구사하고 있다.

이렇게 본다면 문화 간 공존과 평화를 추구하는 다문화주의는 그것의 구체적인 실천방안에 있어서는 다원주의정책과 동화주의정책을 적절히 혼합할 필요가 있다. 다원주의정책이 주를 이루어야 하지만 동화주의 정책도 완전히 배제되면 안 되는 것이다. 특히 자국의 역사와 대표언어에 대한 동화주의적 접근은 필수적이다. 동화주의적 정책이 모두 나쁜 것이고 반드시 지양되어야 하는 것은 아니다. 국가의 역사와 대표언어에 대한 동화주의적 정책은 반드시 필요하다.

7 다문화주의의 문제

지구적 차원의 인구이동이 급증하면서 200여 개의 nation-state는 어떤 식으로든지 다문화주의와 다문화정책을 추구하지 않을 수 없는 상황에 봉착해 있다. 다문화주의와 다문화정책은 대다수의 nation-state에게 회피하기 어려운 강제가 된 것이다. 하지만 문제는 다문화주의가 반드시 의도한대로 좋은 결과만을 가지오지 않는다는 점이다. 다문화주의는 문제를 동반한다.

다문화주의의 대표적인 문제는 다문화주의를 확대·강화할수록 사회와 국가의 일체감과 연대성이 약화되고 그 결과 사회와 국가의 균열과 갈등이 발생할 수 있다는 점이다(곽준혁, 2007: 27-28). 헌팅턴(Samuel Huntington)은 다문화주의가 지니는 문화상대주의(cultural relativism)와 사해동포주의(cosmopolitanism) 성향이 미국이라는 국가 공동체에 대한 국민들의 애국심을 약화시키고 결국에는 미국의 정체성을 심각하게 훼손하는 중대한 위협으로 작용한다고 비판하고 있다(Huntington, 2004; 곽준혁, 2007: 28 재인용). 또 쉴레진저(Arthur Schlesinger)는 다문화주의가 문화 간 공존과 평화를 추구하지만 다양한 집단들이 최소한의 공통분모를 서로 공유하지 않는 경우가 있어서 오히려 인종적이고 민족적인 갈등이나 분쟁을 초래하고 있다고 지적하고 있다(Schlesinger, 1998; 곽준혁, 2007: 28 재인용). 다문화주의의 부작용과 문제점에 대한 지적과 비판은 여기서 그치지 않는다. 앤더슨(Benedict Anderson)은 일국 내에 증가한 이민, 난민, 외국인 노동자들은 '원거리 민족주의'와 분리주의 성향의 신민족주의 성향을 갖게 되어 결과적으로 국가의 통합을 더욱 어렵게 만든다고 주장하고 있으며

(Anderson, 1992; 김창근, 2009: 35 재인용), 퍼트남(Robert Putnam)은 미국 내 40여 개 지역에서 26,000여 명을 조사·연구한 결과를 바탕으로 공동체가 다문화적일수록 공동체 구성원 간의 신뢰는 더욱 약화된다고 결론을 내렸다(Wikipedia, 검색일 2010년 5월 25일).

특히, 다문화주의의 문제는 다문화주의가 본래적으로 지니는 '역설'과 '딜레마'에서 발생한다. '다문화주의의 역설'은 다문화주의가 다양한 문화 간 공존과 관용과 평화를 추구하지만, 그 과정과 결과를 통해 문화 간 차이를 더욱 공고화하고 문화 간 타자성을 더욱 확대·재생산하여 결국에는 문화 간 차이와 타자성을 영구히 지속하는 역설적인 상황을 가져올 수도 있다는 점을 의미한다(김창근, 2009: 34). 다문화주의는 문화 간 차이를 먼저 인정하고 당연시하는 동시에 서로 다른 문화 간 공존과 평화를 추구하기 때문이다. 다문화주의가 문화 간 차이와 타자성을 더욱 공고화한다는 비판은 다문화주의가 초문화주의와 문화상호주의의 장점을 포용하지 않는 상황에서 발생한다. 이미 살펴본 것처럼 초문화주의는 모든 문화가 인류 보편의 가치와 윤리를 공통적으로 공유한다는 점을 인정하고, 문화상호주의는 문화 간 상호작용을 통해 문화 간 차이가 문화 간 통합이나 융합으로 변화할 수 있다는 점을 인정한다. 다문화주의가 초문화주의와 문화상호주의의 이러한 인식론적 장점을 수용하지 않고 문화 간 차이만을 기정사실화하고 고정불변의 것으로 인식한다면, 다문화주의와 다문화정책은 결국 문화적 차이를 공고화하는 '다문화주의의 역설'에 빠지게 된다. 이미 지적한 것처럼 다문화주의는 초문화주의와 문화상호주의의 인식론적 장점을 수용해야 한다. 그래야만 문화 간 평화와 공존 실현이라는 다문화주의의 목표가 제대로 실현될 수 있기 때문이다.

'다문화주의의 딜레마'는 다문화주의가 다양한 문화 간 차이를 인정하고 존중하면서도 동시에 공동체 전체의 통합을 추구하는 점에서 발생한다. 다문화주의가 문화 간 차이를 인정하고 문화 다양성을 강조하면 할수록 공동체의 통합과 결속은 약화되고, 공동체의 통합과 결속을 강조하면 할수록 문화 간 차이가 무시되거나 인정받지 못하고 결국에는 소수문화가 억압받는 상황이 발생하기 때문이다. 이러한 다문화주의의 딜레마는 다원주의적 다문화주의와 동화주의적 다문화주의를 적절히 조합하여 동시에 추구하는 노력을 통해 극복할 수 있다. 이미 지적한 것처럼 소수집단의 문화는 문화 다원주의 차원에서 보호하고 존중해야 하지만, 나라의 역사와 대표언어에 대해서는 동화주의적 정책이 필요하다. 나라의 역사와 언어를 공유하지 않는 국민은 공동의 정체성을 소유하기 어려우며 국가 공동체의 결속과 번영에도 기여할 수 없기 때문이다.

8 다문화주의 실현방안

20세기 후반 이후 지구적 차원의 인구이동이 급속히 활성화되면서 대다수의 nation-state는 다문화 현상과 다문화 사회화를 회피하기 어려운 상황에 직면해 있다. 주지하다시피, 근대 nation-state의 3대 구성요소는 영토, 주권, 국민이다. 그런데 이 중에서 특히 '국민'이라는 구성요소가 지구적 차원의 인구이동으로 인해 그 구조와 내용에 있어서 심각한 변화의 압박에 직면해 있다. 근대 시기를 거치면서 200여 개의 개별 nation-state는 국민들의 공동체 의식과 동질감을 어떤 식으로든 유지하고 강화하기 위해 노력해 왔다. 그 과정에서 국민들을 공동체 의식과 일체감으로 성공적으로 묶어낸 나라도 있는 반면 공동체 의식과 동질성 형성을 그럭저럭 유지하거나 문화 간 갈등과 충돌로 인해 완전히 실패한 나라도 있다. 그런데 이런 상황에서 지구적 차원의 인구이동이 활성화되고 대부분의 nation-state가 다문화 사회가 되면서, 공동체 의식과 동질감을 지닌 국민을 만들고 유지하기가 더욱 어렵게 되었다. 이제 공동체 의식과 동질감과 일체감을 지닌 국민을 찾아보기가 쉽지 않은 반면, 서로 거리감과 이질감을 느끼는 국민을 찾는 것이 훨씬 더 쉬워진 상황이 된 것이다. 이렇듯 기존의 공동체 의식과 동질감과 일체감이 약화되는 반면 서로 이질감을 느끼는 새로운 국민이 점차 더 많아지는 상황은 탈근대(post-modern) 국제 사회의 대표적인 현상이다.

결국 작금의 국제 사회는 근대성(modernity)과 탈근대성(post-modernity)이 공존하고 있는 상황이라고 할 수 있다. 달리 말해, 작금의 국제 사회는 근대 nation-state 체제와 탈근대 post nation-state 체제가 공존하고 있는 시기인 것이다. 이런 주장은 근대 nation-state 시대의 관성적이고 전통적인 사고만으로는 탈근대 post nation-state 시대의 변화와 도전에 적응하고 대응하기 어렵다는 점을 의미한다. 즉, 기존 nation-state의 국민 개념과 정체성만으로는 작금의 post nation-state의 국민 개념과 정체성을 이해하기 어렵게 된 것이다.

이렇듯 근대 시기에 동질감을 지녔던 국민이 탈근대 시기에 이질감을 지닌 국민으로 변화한 상황은 국가 공동체 내에서 그리고 국제 사회 측면에서 진정한 다문화주의적 사고를 요구한다. 국내

뿐 아니라 국제적으로도 문화 간 공존과 평화를 추구하는 다문화주의적 사고가 필요한 시기가 된 것이다. 예컨대, 과거 nation-state 시대에는 국민 정체성 하나만을 요구했다면, 작금의 post nation-state 시대에는 지방시민 정체성, 국민 정체성, 지역시민 정체성, 세계시민 정체성 등을 다각도로 요구받고 있다. 사람의 정체성을 결정하는 요인 중에서 근대 시기에는 국가 공동체나 국적이 가장 중요한 결정요인이었다면, 탈근대 시기에는 지방 공동체, 국가 공동체, 지역 공동체, 세계 공동체 등이 함께 더불어 중요한 결정요인이 된 것이다. 다문화주의는 개인이 국민 정체성이라는 일원주의적 사고를 벗어나 다중 정체성과 다중 공동체를 누리는 개인으로 거듭날 것을 요구하고 있는 것이다.

지구적 차원의 인구이동이 활성화되면서 위에서 살펴본 '국민' 개념만 변화한 것이 아니다. nation-state의 '영토'에 대한 생각도 서서히 변화하고 있다. 탈근대 시대에 nation-state의 영토 개념도 변화를 맞고 있는 것이다. 이제 영토는 더 이상 근대 nation-state 시기의 영토가 아니다. 근대 시기 nation-state의 영토는 자국의 국민들이 독점적이고 배타적으로 소유하고 향유하는 것이었다면, 탈근대 post nation-state 시기의 영토는 더 이상 자국 국적을 지닌 국민들만 소유하고 향유하는 것이 아니다. 모든 인류는 출신지와 국적을 떠나 지구상의 모든 영토를 누리고 향유할 수 있다는 세계시민 개념이 느리지만 서서히 확산되고 있다. 세계시민 개념은 모든 인류는 어떤 nation-state의 영토에서도 이방인으로서 차별과 배제와 혐오를 경험하지 않고 환대받아야 하며 자유롭게 머무르고 거주할 수 있다는 사고를 포함한다.

하지만 이와 같은 세계시민 개념이 너무 느리게 확산되고 있고,

세계시민 개념을 아직 현실성이 없는 이상적인 것으로 받아들이는 각국의 국민들이 대다수인 것이 사실이다. 인류 구성원 누구나 어떤 나라에서도 환대받고 자유롭게 머무르고 거주할 수 있다는 세계시민 개념이 아직은 실현되기 어려운 너무 먼 이상으로 남아있는 것이 작금의 현실인 것이다. 하지만 세계시민 개념이 현실화되기 어려운 것은 사실이지만, 사람들의 정체성이 과거처럼 국민 정체성에만 머물러 있는 것은 아니다. 예컨대, 지역시민 개념은 이미 우리 곁에 와 있는 현상이다. 대표적인 지역시민은 유럽연합(EU) 지역에서 등장하고 실현되고 있는 개념이다. 유럽연합 시민은 유럽연합이 보장하는 시민권을 지닌다. 유럽연합 회원국 27개국 국민들은 유럽연합이 보장하는 유럽연합시민권(EU citizenship)을 지니며 유럽연합 지역 어디든 머무를 수 있을 뿐 아니라 일정 요건을 갖춘다면 그 지역에 거주할 수 있는 권리도 보장받는다. 유럽연합 27개 회원국 국민들은 자국의 영토를 벗어나 유럽연합 회원국 영토 전역에 머무르고 거주할 수 있는 권리를 누리고 있는 것이다. 이 말은 유럽연합 시민들은 이미 nation-state 중심의 배타적이고 독점적인 영토성을 벗어나 유럽연합 27개 회원국 영토 전역에서 살 수 있다는 점을 의미한다. 유럽연합 시민들은 근대 nation-state 체제의 영토성(territoriality)을 벗어나 탈근대 post nation-state 시대의 영토성을 누리고 있는 것이다.

하지만 이처럼 유럽연합 시민들이 post nation-state 시대의 영토성을 누리고 있더라도, 유럽연합 시민들이 다문화주의를 제대로 실현하고 있는 것은 아니다. 유럽연합 회원국 간에도 사람의 완전한 이동이 실현되고 있는 것은 아니며, 유럽연합 회원국이 아닌 나라의 국민들은 유럽연합에 이주하고 거주하기가 쉽지 않다. 유럽연합이 근대 nation-state 체제를 벗어나 탈근대 post nation-state 체제를 주도하고 있는 지역이긴 하지만, 문화 간 공존과 평화를 추구하는 다문화주의가 제대로 실현되고 있는 지역은 아니라는 말이다. 특히 유럽연합 회원국 공동의 정체성인 기독교 정체성을 공유하지 않은 터키는 오랜 기간의 유럽연합 회원국 신청에도 불구하고 아직도 회원국으로 받아들여지지 않고 있으며, 이슬람 정체성을 지닌 이주자나 난민이나 망명자들의 유럽연합 내 거주는 아직도 쉬운 일이 아니다. 더욱이 이주에 성공하고 난민이나 망명자 지위를 얻었다 하더라도, 이들이 주류집단으로부터 문화 간 차별과 혐오와 배제를 겪고 있는 것이 오늘날 유럽연합의 현실이다. 결국 유럽연합 지역이 탈근대 post nation-state 시대를 주도해 나가고는 있지만, 지역 내에서 다문화주의를 실현하는 데 있어서는 한계를 보이고 있는 것이다.

이처럼 유럽연합의 post nation-state 체제도 다문화주의의 실현에 한계를 보이면서, 근대 이후 오랜 동안 국제 사회의 표준으로 자리 잡아온 nation-state 체제를 아예 완전히 성격이 다른 체제로 개편해야 한다는 주장이 나오고 있다. 지구적 차원의 급격한 인구이동 시대를 맞아 이에 어울리는 새로운 정치적 대표 체제를 건설하자는 주장으로, 완전히 새로운 국제체제를 만들어야만 제대로 된 다문화주의를 실현할 수 있다는 주장인 것이다. 즉, 기존의 nation-state 체제에서 소수집단이 자신들의 권리를 주장하고 대표할 수 있는 정치체제를 제대로 확보하기 어렵다면, nation-state 체제라는 구시대적 틀을 과감히 벗어나 모든 소수집단의 이해관계를 대표하고 문화 간 공존과 평화를 실현할 수 있는 새로운 국제적 정치 대표 체제를 건설하자는 주장이 나오고 있는 것이다.

이런 주장은 결국 모든 인류가 지구촌 어디서든지 자유롭고 평등하고 인권을 보장받으면서 살 수 있는 진정한 의미의 다문화주의는 국제 사회를 완전히 새롭게 개편하는 혁명적인 체제개혁을 통해서만 가능하다는 주장에 다름 아니다. 근대 시기를 걸치면서 형성되고 유지되어 온 200여 개의 nation-state 형태로는 국가들의 이기주의를 통제하기 어렵고 개별 국가 내에서 주류집단과 소수집단 간의 갈등과 충돌을 원천적으로 회피하기 어렵기 때문에, nation-state 중심의 전통적인 국제 사회 질서를 아예 근본적으로 바꾸자는 주장인 것이다.

예컨대, nation-state 중심의 전통적인 국제 사회를 해체하고 세계 시민성, 지역 시민성, 국가 시민성, 지방 시민성 등 다중시민성으로 무장한 시민을 양성하는 다층 거버넌스(multi-level governance)를 국제 사회에 건설하자는 주장도 있고, 세계정부를 구성해서 국제 사회를 하나의 운명 공동체로 만들자는 주장도 존재한다. 또한 현재의 유럽연합과 같은 post nation-state 체제를 다른 지역에도 추가로 건설해서 결과적으로 몇 개의 지역주의 권위체로 구성된 국제 사회를 만들자는 주장도 있으며, nation-state 중심 사고를 벗어나 초국적 시민 사회와 세계시민 정체성에 기초한 지구적 시민 사회를 만들자는 주장도 개진되고 있다. 이외에도 지구 전역에서 인구비례로 선출된 입법부인 세계의회를 구성해서 지구적 민주주의 체제를 건설하자는 등의 주장 등이 나오고 있다. 이러한 대안적인 국제 사회가 제대로 된 다문화주의를 실현하는 데 훨씬 더 친화적이고 유리하다는 주장인 것이다.

하지만 국제 사회에서 다문화주의에 친화적인 정치적 대표체제가 무엇인지에 대한 이와 같은 논의는 이제 막 걸음마 단계에 불과하다. 그리고 이러한 주장의 실현 가능성은 현재로서는 다분히 낮은 것이 사실이다. 1648년 이후 국제 사회의 표준체제로 유지되어 온 nation-state 체제의 역사와 관성은 무겁고 견고하다. 쉽게 바뀌지 않는다. 달리 말해, 200여 개의 nation-state는 아직도 영토, 주권, 국민이라는 3가지 구성요소를 강고하게 소유하고 있으며, 자국 국민들의 공동체 의식을 강화하고 국익을 추구하는 데 nationalism(민족주의, 국민주의, 국가주의)을 잘 동원하고 있다.

이렇게 본다면 결국 다문화주의의 근본적인 성패여부는 국제체제에 대한 근본적인 개혁노력에 달려있지만, 그것이 쉽게 성취하기 어려운 이상적인 목표라는 점에서 개별 국가들이 어떻게 노력하느냐에 따라 더 크게 좌우된다고 말할 수 있다. 국제체제의 근본적인 변혁이 장기적인 과제이고 실현 가능성이 낮은 목표인 반면, 개별 국가가 다문화주의를 제대로 추구하고 실현하는 방안은 보다 더 현실적이고 실현 가능성이 높은 방안인 것이다.

다문화주의를 제대로 실현하기 위해서는 국가 내에서 소수 집단이 배제되거나 동화되는 것을 방지하는 동시에 국가 공동체의 일체성과 연대성을 강화하기 위한 법적·제도적 장치를 확립하는 것이 중요하다. 그런데 다문화주의에 친화적인 법과 제도적 장치는 결국 민주적인 국내 정치과정을 통해 만들 수 있다. 다문화주의의 핵심이 민주주의와 맞닿아있는 것이다. 자유, 평등, 인간의 존엄성 같은 인류 보편적 가치를 추구하는 민주주의를 제대로 실현하는 것이 다문화주의를 실현하는 가장 중요한 필요조건인 것이다.

결국 다문화주의를 실현하는 최선의 방안은 두 가지이다. 첫째, 다문화주의를 실현하는 데 부적합한 오래되고 전통적인 기존 nation-state 체제의 한계를 인식하고, 다문화주의에 적합한 새로운 국제 사회의 정치적 대표체제를 건설하려는 장기적인 안목과 준비가 필요하다. 둘째, 국내적으로는 자유, 평등, 인간의 존엄성을 강조하는 민주주의 가치와 제도를 회복하고 강화하는 노력이 필요하다. 모든 인간은 동등한 인권을 지닌 존재이다. 인종, 민족, 종교, 언어, 문화적 차이를 떠나 모든 인간은 동등하게 소중하고 존엄하며, 동등하게 자유롭고 평등한 것이다. 다문화주의가 추구하는 문화 간 공존과 평화는 결국 민주주의를 제대로 실현하는 가운데 얻을 수 있는 목표이다. 다문화주의는 다문화 사회의 민주주의인 것이다.

Reference **참고문헌**

곽준혁. 2007. “다문화 공존과 사회적 통합”, 『대한정치학회보』, 15(2):23-42.

김남국. 2005a. “다문화 시대의 시민: 한국 사회에 대한 시론”, 『국제정치논총』, 45(4):97-121.

김남국. 2005b. “심의 다문화주의: 문화적 권리와 문화적 생존”, 『한국정치학회보』, 39(1):87-107.

김범수. 2007. 『다문화 사회복지론』. 서울: 양서원.

김창근. 2009. “다문화 공존과 다문화주의: 다문화 시민성 모색”, 『윤리연구』, 1(73):21-50.

신재주. 2010. “일본, 독일, 호주의 다문화정책에 관한 비교연구”, 『사회과학연구』, 17(3):5-37.

신병현. 2004. “다문화주의와 다양성 관리 담론에서 타자성의 문제”, 『경영연구』, 29:279-306.

심승환. 2009. “다문화교육의 의미에 대한 교육철학적 고찰”, 『교육철학』, 45(45):121-150.

안지현. 2007. “한국 사회에서 다문화주의 담론의 배치와 그 성격에 관한 연구”, 연세대학교 석사학위논문.

이용승. 2010. “다문화주의의 이론적 검토와 정당화”, 『민족연구』, 41: 18-52.

이현아, 최순영. 2012. 『주요 국가별 다문화정책』. 서울: 사회통합위원회.

조상식. 2009. “비판이론의 관점에서 본 다문화교육의 한계”, 『교육철학』, 44:139-155.

조원탁, 박순희, 서선희, 안효자, 송기범, 이형하, 한신애. 2014. 『다문화 사회의 이해와 실천』. 서울: 양서원.

조정남. 2001. “현대국가와 다문화주의”, 『민족연구』, 6:8-10.

조현상. 2009. “한국 다문화주의의 특징과 정책방향에 관한 연구”, 원광대학교 박사학위논문.

Anderson, Benedict. 1992. "The New World Disorder", New Left Review, 193.

Crowder. 2008. "Pluralism and Multiculturalism", Soc(45):247-252.

Hill, Ian. 2007. "Multicultural and International Education: Never the Twain Shall Meet?", Review of Education, 53(3):245-264.

Hofstee, Willem. 2009. "Family Matters: Community, Ethnicity, and Multiculturalism", Church History and Religious Culture, 89(3):53-63.

Huntington, Samuel. 2004. Who are We? The Challenges to America's National Identity. New York: Simon & Schuster.

James Procter. 2004. 손유경 역, 『지금 스튜어트 홀』, 서울: 앨피.

Portera, Agostino. 2008. "Intercultural Education in Europe: Epistemological and semantic aspects", Intercultural Education, 19(6):481-491.

Schlesinger, Arthur. 1998. The Disuniting of America: Reflections on a Multicultural Society, New York: W. W. Norton & Company.

Taylor, Charles. 1992. Multiculturalism and The Polities of Recognition. Princeton: Princeton University Press.

Uberoi, Varun. 2008. "Do Policies of Multiculturalism Change National Identities?", The Political Quarterly, 79(3):404-417.

Wikipedia, "Multiculturalism,"
http://en.wikipedia.org(검색일: 2010년 5월 25일).

보도자료

유엔난민기구 한국대표부. 2019. "전 세계 강제이주민 7천 만 명 넘어서"(2019년 6월 19일).

United Nations Department of Economics and Social Affairs(DESA). 2019. "International Migrant Stock 2019"(2019년 9월).

02

CHAPTER

다문화교육

송승아 · 변진언

1 다문화교육의 정의
2 다문화교육의 목표와 기능
3 다문화교육의 유형
4 다문화교육의 재정의
5 다문화교육의 원칙
6 다문화교육의 국가별 사례: 미국, 캐나다, 호주
7 다문화교육에 대한 비판
8 다문화교육 실현방안

1 다문화교육의 정의

다문화교육은 일반적으로 문화 간 공존과 평화를 추구하는 다문화주의를 실현하기 위해 공동체가 추구하는 교육으로 이해되고 있다. 또 다문화교육은 동화주의교육과 분리주의교육을 극복하기 위한 대안으로 등장한 교육으로 동화주의교육과 분리주의교육의 중간 영역에 존재하는 교육으로 인식되고 있다. 그러나 이러한 일반론적 정의 외에도 다양한 정의가 존재한다. 다문화교육(multicultural education)이라는 용어 또한 하나로 통일되어 사용되고 있는 것도 아니다. 예를 들어, 문화상호주의교육(intercultural education)이라는 용어가 있는데, 다문화교육이라는 용어가 널리 사용되고 있는 것은 사실이지만 때론 두 용어가 같은 의미로 호환적으로 사용되기도 한다(Kahn, 2008: 529; Hill, 2007: 248). 그렇다면 다문화교육이란 무엇인가. 일반론적 정의를 떠나 학계에서는 다문화교육에 대한 정의를 어떻게 내리고 있나. 이 글은 이러한 질문에 대한 답을 추구한다.

다문화교육은 간단히 말하면 다문화주의를 활성화하고 강화하는 교육이다. 이 점에 대해서는 학계에 이론의 여지가 없다. 그런데 다문화주의의 무엇을 활성화하고 강화하는지에 대해서는 다양한 의견이 존재한다. 그리고 이러한 의견들은 크게 다문화교육에 대한 광의의 정의와 협의의 정의로 구분된다. 먼저 다문화교육에 대한 협의의 정의를 살펴보자. 협의의 정의에서는 다문화교육을 다인종교육이나 다민족교육으로 이해한다. '문화' 개념을 인종이나 민족으로 협소하게 해석하는 것이다. 이러한 입장에서 바라보면 다문화교육은 인종, 민족, 언어, 종교, 문화적 차이를 극복하고 학생들을 모두 동등하게 소중한 존재로 키워내는 교육을 의미한다. 다문화교육은 다양한 인종이나 민족이 차별과 혐오를 벗어나 서로 존중하고 배려하면서 평화적으로 공존하는 상태를 추구하는 교육인 것이다.

반면, 광의의 정의에서는 다문화교육을 다인종교육이나 다문화교육이 아니라 모든 차별에 반대하는 반차별교육으로 확대 해석한다. 여기서 말하는 반차별은 인종과 민족적 차별뿐 아니라 경제적 차별, 정치적 차별, 계급과 계층적 차별, 성 차별, 장애인 차별 등 모든 종류의 차별에 반대하는 입장을 의미한다. 예컨대, 미국 다문화교육협회(The National Association of Multicultural Education: NAME)는 다문화교육을 자유, 정의, 평등, 인간의 존엄성과 같은 이상형들에 기초한 철학적인 개념이라고 이해하고, 다문화교육이 다원주의와 다양성을 강조하고 민주적 원칙과 사회 정의를 증진하여 모든 종류의 차별에 반대하는 교육이라고 정의하고 있다(Amosa and Gorski, 2008: 167; Kahn, 2008: 530). 미국 다문화교육협회는 다문화교육을 모든 차별에 반대하는 교육이라고 정의함으로써 다문화교육에 대한 광범위한 정의를 제시하고 있는 것이다.

이런 광의의 정의는 뱅크스와 뱅크스(Banks and Banks)에서도 확인된다. 이들은 다문화교육을 "하나의 교육 개혁 운동이자 과정으로서 교육제도의 구조변화를 목적으로 삼고 있으며, 남학생과 여학생, 장애학생, 다양한 인종, 종족, 언어, 종교적 집단의 학생들이 학교에서 학업적으로 성취할 수 있는 동등한 기회를 갖게 하는 교육"으로 정의하고 있다(Banks and Banks, 2001: 1). 인종과 민족, 언어, 종교, 문화, 성별, 신체적 차이를 극복하기 위한 교육이 다문화교육인데 이들이 특히 관심을 두고 있는 것은 어떠한 종류의 차이든지 이를 벗어나 학생들이 스스로의 학업 성취를 이룰 수 있도록 동등한 기회를 제공하는 것이 중요하다는 것이다. 특히 이들은 다문화교육이 교육 개혁 운동이자 교육제도의 구조 변화를 목적으로 하는 교육이라는 점을 강조하면서 다문화교육을 상당히 넓은 의미로 확대 해석하고 있다.

다문화교육에 대한 광의의 정의에는 다음과 같은 시각도 있는데, 여기에서는 '문화' 개념을 인종이나 민족과 직접 연계해서 이해하는 것이 아니라, 남성·여성, 아동·청소년·성인, 학교·사회, 엘리트·대중 등 개인이 속한 다양한 집단의 문화로 이해한다. 예컨대, 여고생은 자신이 소속된 집단의 다양한 문화, 즉 여성 문화, 소녀 문화, 고교 문화, 청소년 문화, 학생 문화, 대중 문화, 아이돌 문화 등에 중층적으로 영향을 받는다. 이러한 시각에서 바라보면 다문화교육은 크게 세 가지 의미를 지닌다.

첫째, 다문화교육은 다인종교육이나 반차별 교육이 아니라, 인간 사회에 존재하는 성별, 연령별, 또래집단별, 계층별, 계급별 집단의 문화를 잘 이해하는 일종의 '집단문화이해교육'이다. 둘째, 다문화교육은 학생 개개인이 자신이 속한 다양한 집단 즉 성별, 연령별, 또래집단별, 계층별, 계급별 집단의 문화를 잘 이해하고 이들 문화 간의 모순이나 상충성을 제거하여, 개인의 내적 자아와 정체성 안에 이들 문화가 갈등과 충돌 없이 평화롭게 공존하는 것을 추구하는 교육이다. 마지막으로 다문화교육은 타인을 이해하는 데 있어서 타인이 속한 성별, 연령별, 또래집단별, 계층별, 계급별 집단의 문화를 편견이나 오해 없이 객관적으로 잘 이해하는 학생을 양성하는 교육이다. 그러나 다문화교육을 인종이나 민족과는 무관한 성별, 연령별, 또래집단별, 계층별, 계급별 집단의 문화와 연계하여 정의하는 이와 같은 시도는 학계에서 상당한 소수의견이다. 이 글에서는 이러한 소수의견을 다문화교육의 정의를 둘러싼 논의에서 제외한다.

이렇게 본다면 다문화교육이 무엇인지에 대한 대답은 결국 협의의 정의와 광의의 정의로 구분할 수 있다. 협의의 정의와 광의의 정의 중 어떠한 정의를 따르는가에 따라 특정 국가 공동체의 다문화교육은 그 목표와 내용이 달라진다. 협의의 정의를 추구할 경우 다문화교육의 목표와 내용은 인종이나 민족 간 차이와 편견과 혐오를 극복하고 이들 간의 공존과 평화를 추구하는 것이 된다. 반면, 광의의 정의를 추구할 경우 다문화교육의 목표와 내용은 인종과 민족적 차별뿐 아니라 경제적 차별, 정치적 차별, 계급과 계층적 차별, 성차별, 장애인차별 등 모든 종류의 차별에 반대하고 이를 통해 공동체 모든 구성원 간의 공존과 평화를 추구하는 것이 된다.

2 다문화교육의 목표와 기능

그렇다면 이러한 정의를 지닌 다문화교육은 어떠한 목표를 추구할까? 미국 다문화교육협회는 협회의 설립목적을 다음과 같이 세 가지로 쓰고 있는데, 이것들이 다름 아닌 다문화교육의 목적이라고 이해할 수 있다(Amosa and Gorski, 2008: 167). 첫째, 문화다원주의 원칙에 기초한 포함의 철학(philosophy of inclusion)을 증진시킨다. 둘째, 문화와 인종의 다양성을 국가의 강점으로 활용한다. 셋째, 인종이나 민족, 언어, 종교, 피부색, 국적, 조상, 성별, 연령, 사회경제적 지위, 결혼여부, 장애, 이민 경력 등과 무관하게 모든 사람의 평등을 추구한다. 이렇게 본다면 다문화교육의 목표는 인종이나 민족적 차이뿐 아니라 언어, 종교, 성별, 연령, 국적, 계급과 계층, 장애 유무 등 다양한 차이가 야기하는 사회적 갈등과 분쟁 가능성을 해소하고 모든 공동체 구성원 간의 공존과 평화를 추구하고 실현하는 데 있다고 볼 수 있다. 다문화교육의 목표는 모든 종류의 차이와는 무관하게 모두가 동등한 인권을 지닌 공동체 구성원으로서 자신이 속한 집단의 독특한 정체성을 유지하면서도 공동체에 대한 소속감과 일체감과 자발적 충성심을 지닌 학생을 배출하는 데 있는 것이다.

그러나 미국 다문화교육협회가 설정한 다문화교육의 목표는 다문화교육에 대한 광의의 정의에 기초한 것이다. 만약 다문화교육을 협의의 정의, 즉 인종이나 민족 간 편견과 혐오를 극복하고 이들 간의 공존과 평화를 추구하는 것으로 정의한다면, 다문화교육의 목표도 인종이나 민족 간 공존과 평화를 추구하는 데 있다고 볼 수 있다.

이와 같이 다문화교육의 목표는 다문화교육에 대한 광의의 정의와 협의의 정의에 따라 서로 다르게 설정되지만, 이러한 관점에서 벗어나 좀 더 세분하여 살펴볼 수도 있다. 예를 들어, 매카시는 다문화교육의 목표를 문화적 이해(cultural understanding), 문화 수용 능력(cultural competence), 문화적 해방(cultural emancipation)이라는 세 가지 카테고리로 분류하였다(McCarthy, 1991: 313-314).

'문화적 이해'는 문화 간 차이에 대한 이해와 민감성을 높이는데 교육적 목표를 추구하며, '문화 수용 능력'은 다중언어교육이나 다중문화교육 프로그램 등을 통해 학생들이 타문화를 이해하는 능력을 배양할 수 있는 교육적 목표를 추구한다. 그리고 '문화적 해방'은 다문화교육을 통해 소수문화 학생들이 차별이나 배제나 혐오감을 느끼는 것이 아니라 그런 부정적인 태도와 느낌으로부터 해방감을 느끼는 것을 추구한다. '문화적 해방'은 학생들로 하여금 차별이나 배제나 혐오감을 극복하고 학교와 사회에 잘 적응하여 스스로의 인생을 잘 살 수 있도록 유도하는 목표를 추구하는 것으로, 다문화 현상에 대한 이해나 능력을 강조하는 다른 두 가지 카테고리와는 달리 보다 실천적인 측면을 강조한다.

다문화교육은 이러한 여러 목표를 추구함으로써 다음과 같은 교육적 기능을 수행한다.

첫째, 다문화교육은 학생들로 하여금 문화적 차이와 무관하게 모든 사람이 인권을 가진 존재로서 평등하게 소중하다는 점을 깨닫게 한다. 문화적 차이를 떠나 서로를 동등하게 소중하다고 생각하는 학생들 사이에서 차별과 배제와 혐오는 가능하지 않다.

둘째, 다문화교육은 학생들이 공동체를 이해하는 데 있어서 '배제의 철학'이 아닌 '포함의 철학'을 체화할 수 있도록 해준다. 다문화교육은 다수집단 학생이 소수집단 학생을 배제하지 않고, 소수집단 학생이 스스로 공동체에서 배제되는 일을 미연에 방지하는 기능을 수행하는 것이다. 공동체가 배제의 철학이 아니라 포함의 철학으로 운영될 때 문화 간 차별이나 배제, 혐오는 발붙이기 힘들어진다.

셋째, 다문화교육은 학생들로 하여금 자신의 소중함을 깨닫게 해준다. 다문화교육은 모든 사람이 천부인권을 지닌 존재로 동등하게 소중하다는 점을 강조한다. 따라서 다문화교육을 배운 모든 학생은 문화적 차이를 떠나 자신이 소중한 존재라는 점을 깨닫게 된다. 특히 소수집단 학생들은 자신의 문화에 대한 소중함과 동등성을 배우고 긍정적인 소속감을 가지게 되면서(Slitter and Grant, 1999: 163-164), 자신이 차별이나 혐오의 대상이 아니라 주류집단 학생들과 동등하게 소중한 존재라는 점을 체득하게 된다. 다문화교육은 '문화적 해방' 기능을 수행하는 것이다.

넷째, 다문화교육은 학생들이 자신의 정체성과 자아를 더욱 명확하게 인식하게 해준다(Banks, 2002: 1-2). 다시 말해 다문화교육은 타문화에 대한 경험과 이해와 수용능력을 배양함으로써 학생들이 자신이 속한 문화와 타문화를 비교하고, 그 비교를 통해 자신의 독특한 정체성과 자아를 객관적으로 파악할 수 있게 도와준다. 자신의 정체성과 자신의 자아를 파악하는 일은 혼자서 할 수 있는 일이 아니라 비교의 대상, 즉 타자를 필요로 한다. 타자와 비교함으로써 주체는 자신의 독특한 정체성과 자아를 더욱 명확하게 인식할 수 있는 것이다. 학생들은 문화적 차이를 지닌 이질적인 타문화를 비교·경험함으로써 자신이 속한 문화에 대한 객관적인 판단을 할 수 있게 된다. 다문화교육은 이런 점에서 학생 개개인이 자신의 정체성과 자아를 더욱 선명하게 파악하는 데 기여한다.

다섯째, 다문화교육은 타문화에 대한 이해와 존중을 통해 타문화를 잘 이해하게 도와줌으로써, 학생들로 하여금 자신이 속한 문화와 타문화를 동등하게 존중하고 배려하는 자세를 지니게 한다. 다문화교육은 학생들의 '문화적 이해'와 '문화 수용 능력'을 배양함으로써 타문화에 대한 차별이나 배제나 혐오를 거부하게 도와주고 (Bennet, 2003: 33-34), 학생들로 하여금 타문화를 자신의 문화와 동등하게 존중하고 배려하고 소통하는 사고와 태도를 지닌 학생을 양성한다. 이러한 인식을 지닌 학생들은 자문화 중심주의나 문화제국주의, 문화식민주의 등과 같은 왜곡된 문화관을 멀리하게 된다.

마지막으로, 다문화교육은 소수문화 학생들의 학교 등록률을 높이고 학업성취도 향상에 기여함으로써 소수문화 학생들에게 교육의 기회평등을 제공하는 기능도 수행한다(Castagno, 2009: 43).

3 다문화교육의 유형

다문화교육은 어떤 목표와 기능을 추구하느냐에 따라 여러 가지 유형으로 나누어 볼 수 있는데, 대표적으로 캐스태그노는 다문화교육을 다음과 같은 여섯 가지 유형으로 구분하였다(Castagno, 2009: 44).

첫째, 동화를 위한 교육(educating for assimilation)이다. 이는 동화주의적 다문화주의가 추구하는 교육으로 문화 다양성을 인정하지 않고 문화 다양성을 사회질서와 안정을 위협하는 요인으로 인식한다. 다문화 현상에 대해 단일문화주의(monoculturalism)와 동일한 인식론을 지니며 보수주의적 다문화주의(conservative multiculturalism)가 추구하는 다문화교육이기도 하다.

둘째, 융합을 위한 교육(educating for amalgamation)이다. 이는 다양한 문화가 결합하여 좀 더 좋은 측면에서 새로운 문화를 창조하는 것을 강조한다. 또한 문화 간 공통성과 동질성을 중시하며 이것들을 통한 새로운 차원의 문화 통합 가능성을 강조한다. 융합을 위한 교육은 초문화주의, 문화상호주의와 인식론을 같이 하는데, 다양한 문화가 융합되어 새롭게 창조된 문화는 주류문화 집단의 것도 아니고 소수문화 집단의 것도 아닌 완전히 새로운 문화라고 인식한다.

셋째, 다원주의를 위한 교육(educating for pluralism)이다. '융합을 위한 교육'이 집단 간의 동질성을 강조한다면 다원주의를 위한 교육은 집단 간의 차이를 강조하고 문화다양성을 중시한다. 차이를 지닌 다양한 문화집단이 서로 공존하는 사회와 문화 환경을 조성하는 것이 '다원주의를 위한 교육'의 목표이다.

넷째, 문화 간 수용 능력을 위한 교육(educating for cross cultural competence)이다. 이는 학생들이 자신의 문화 뿐 아니라 다른 문화 속에서도 잘 적응해서 생활할 수 있는 지식과 기술을 습득하게 하는 교육을 추구하는 것인데, 이중문화교육(bicultural education)이나 다중

문화교육(multicultural education)과 일맥상통한다.

다섯째, 비판적 의식을 위한 교육(educating for critical awareness)으로, 비판적 다문화주의(critical multiculturalism)가 추구하는 다문화교육이라 할 수 있다. 이는 사회 정의와 기회평등, 사회 자원의 균등한 배분 등에 대한 학생들의 인식을 강화하는 것을 목표로 하는데, 이를 위해 문화집단 간에 존재하는 정치·경제·사회·문화적 불평등과 차별을 이해하고 이를 극복하는 방안에 대한 학생들의 이해를 추구한다. 예를 들어, 다수집단에 의한 정치권력의 집중과 소수집단의 권력 소외감, 인종차별, 성차별, 동성애 혐오 등과 같은 다양한 사회적 억압 사례를 이해하고 이를 극복하는 방안을 가르친다.

여섯째, 사회적 행동을 위한 교육(educating for social action)이다. 여기에서는 학생들이 사회적 문제를 개선하기 위해 직접 행동하게 만드는 실천적 측면을 강조한다. '비판적 의식을 위한 교육'처럼 비판적 의식을 지니는 것만으로는 불충분하다고 보고 학생들의 실천을 강조하는 교육이 바로 '사회적 행동을 위한 교육'인 것이다.

캐스태그노가 자신의 여섯 가지 분류에 포함하지 않은 다문화교육의 유형도 존재하는데, 대표적인 것이 분리주의적 다문화교육(separatist multiculturalism)이다. 분리주의적 다문화교육은 주류집단이 아닌 소수집단이 추구하는 다문화교육으로 주류집단으로부터 소수집단의 자치나 분리 독립을 실현하는 것을 교육의 목적으로 한다. 이러한 분리주의적 다문화교육은 주류집단이 추진하는 동화주의적 다문화교육에 대한 대응 차원에서 나온 소수집단의 다문화교육으로, 영국 문화가 주류를 이루고 있는 캐나다에서 프랑스 문화 정체성을 지닌 퀘벡 주가 추진 중인 다문화교육이 대표적인 예이다.

이외에도 호(Ho, 2009: 287)는 캐스태그노의 분류에 포함되지 않는 새로운 유형의 다문화교육을 제시하였는데, 세계시민주의적 다문화교육(cosmopolitan multicultural education)이 바로 그것이다. 이는 다문화교육이 국가 차원의 문화 간 통합을 추구하는 것도 중요하지만, 국가 영역을 넘어 학생들이 세계화된 국제 사회의 문화 다양성에도 적응할 수 있도록 교육시키는 것도 중요하다고 본다.

이외에도 다문화교육의 유형을 정치 이데올로기와 연관하여 분류하는 학자도 있다. 킨첼로와 스타인버그(Kincheloe and Steinberg, 1997)는 다문화교육을 보수주의적(conservative) 다문화교육, 자유주의적(liberal) 다문화교육, 좌파-실재론적(left-essentialist) 다문화교육, 다원주의적(pluralist) 다문화교육, 비판적(critical) 다문화교육으로 구분하였다. 또 맥라렌(McLaren, 1997)은 다문화교육을 보수주의적 다문화교육, 자유주의적 다문화교육, 좌파-자유주의적(left-liberal) 다문화교육, 비판적 다문화교육으로 구분하기도 하였다.

다문화교육은 어떤 정치 이데올로기와 결합하느냐에 따라 추구하는 목표와 내용이 달라지는데, 캐스태그노는 정치 이데올로기와 연계된 다문화교육 유형을 다음과 같이 설명한다(Castagno 2009, 44-47). 첫째, 보수주의적 다문화교육은 단일문화주의적(monocultural) 관점을 지니고 동화주의적 다문화주의를 추구한다. 보수주의는 사회 기득권층의 이데올로기로, 급진적이거나 근본적인 사회변화를 거부하고 관리가능하고 점진적인 변화만을 추구한다. 보수주의는 사회의 다문화화가 사회 불안과 불안정을 야기한다고 이해하고 급속한 다문화화를 경계하며 다문화현상에 대해서도 동화주의 정책으로 대응한다. 보수주의적 다문화교육은 보수주의적 다문화주의의 이러한 성향을 교육에 적용한다.

둘째, 자유주의적 다문화교육은 특정 사회에 존재하는 인종적이고 문화적인 차이와 차별을 인종 간 그리고 문화 간 정치, 경제, 사회, 문화적 불평등의 결과물이 아니라 불충분한 교육기회, 즉 교육기회 불평등의 결과물로 이해한다. 자유주의가 사유재산권을 중시하고 결과적 평등이나 실질적 평등을 추구하는 것이 아니라 단순한 기회의 평등을 추구하는 이데올로기라는 점을 이해하면 자유주의적 다문화교육의 이러한 특징은 이해하기 어렵지 않다[1].

셋째, 좌파-자유주의적 다문화교육과 좌파-실재론적 다문화교육

1) 자유주의적 다문화교육을 이해하기 위해서는 자유주의의 특징을 이해하는 것이 중요하다. 자유주의적 다문화교육은 자유주의적 가치를 추구하기 때문이다. 자유주의는 이성과 합리성을 신뢰하며 개인의 자유와 사유재산권을 최우선시 한다. 자유주의는 또한 국가를 필요악으로 인식하여 국가는 팽창국가가 아닌 최소국가여야 한다고 보고, 국가가 개인의 자유와 사유재산권을 침해하는 일을 해서는 안 된다고 믿는다. 이러한 자유주의 사고는 다문화교육을 바라보는데 있어서 독특한 사고로 귀결된다. 자유주의적 다문화교육은 이성과 합리성에 기초하여 문화다원주의 시각을 추구하며 문화다양성을 긍정적으로 받아들인다. 소수집단을 문화다원주의와 문화다양성 측면에서 존중하고 배려하지만, 소수집단이 지니는 반인권적이고 비윤리적인 전통이나 문화는 거부한다. 즉, 자유주의적 다문화교육은 이성 중심과 합리적 전통에 기초하여 문화상대주의를 거부하고 문화다원주의를 추구한다. 자유주의적 다문화교육은 반인권적이고 비윤리적인 전통이나 문화를 지닌 소수문화를 배격하는 것이다. 하지만 자유주의적 다문화교육은 소수집단의 경제적 어려움을 해결하기 위한 국가의 재정적 지원에는 반대한다. 국가의 경제적 지원은 재원을 필요로 하고 그 재원은 결국 시민의 세금으로 충당되는데, 세금인상은 개인의 사유재산권을 침해한다고 판단하기 때문이다. 자유주의적 다문화교육의 특징은 사유재산권을 신성시하면서 사회에서 발생하는 부의 불평등을 용인하고 자연스러운 것으로 이해한다는 점이다. 경제적 불평등은 자유주의적 다문화교육 시각 안에서 불가피한 사회현상인 것이다. 따라서 자유주의적 다문화교육은 인종이나 문화 간에 존재하는 정치, 경제, 사회, 문화적 불평등을 사회구조적이고 계급적인 요인의 결과물로 이해하는 것이 아니라 단순하게 불충분한 교육기회의 평등이 야기한 결과물로 이해한다. 이상의 내용은 진시원(2018)을 참조.

은 집단 간의 문화적 차이와 차별에 깊은 관심을 지닌다. 이들은 문화 간 불평등이 심각하게 존재하는 현 상황에서 문화 간 차이와 공존만을 강조하는 것은 허울뿐인 주장이라고 인식한다. 특히 문화 간 '공존'을 강조하는 것은 문화 간에 실질적으로 존재하는 불평등과 차별이 존재하는 현실을 은폐하는 역설적인 결과를 가져온다고 비판한다. 좌파-자유주의적 다문화교육과 좌파-실재론적 다문화교육은 문화 간 차이와 공존을 공허하게 외치는 것보다 문화 간 불평등을 드러내고 이를 극복할 수 있는 방안을 가르치는 교육이 더 중요하다고 주장한다.

넷째, 비판적 다문화교육 혹은 저항적 다문화교육(resistance multicultural education)은 기본적으로 변혁 지향적인 정치의식에 기초한 교육으로 학생들에게 사회 정의와 사회 비판 의식을 중시해서 가르친다. 이들은 학생들이 자신들의 정치적이고 사회경제적인 지위를 바르게 인식하게 하고 사회 불평등의 기원과 조건 그리고 그것의 변혁을 위한 비판적 의식을 함양하는 데 주력한다. 예컨대, 서구사회에서 비판적 다문화교육과 저항적 다문화교육은 백인중심주의 문화에 대한 의문과 비판적 검토 그리고 이런 상황의 극복방안 등을 가르치는 데 중점을 둔다. 비판적 다문화교육과 저항적 다문화교육은 학생들로 하여금 사회 불평등과 차별을 생산하고 확대재생산하는 사회적 구조와 권력관계에 관한 비판적인 인식을 지니게 하고, 이를 바탕으로 해방과 평등 지향적인 실천을 추구하게 만드는 교육이다.

4 다문화교육의 재정의

위에서 살펴본 것처럼 다문화교육은 하나가 아니다. 추구하는 목표와 기능에 따라 다양한 유형의 다문화교육이 존재하고, 다양한 유형의 다문화교육은 서로 다른 지향점과 내용을 지니기 때문이다. 따라서 다문화교육이 '문화 간 공존과 평화를 추구하는 이데올로기'라는 일반적인 정의는 불충분하고 부적절하다. 예컨대, 분리주의적 다문화교육은 문화 간 공존과 평화를 추구하는 교육이 아니라 문화 간 단절과 분리를 추구하는 교육이기 때문이다. 그리고 다문화교육이 양극단적인 동화주의교육과 분리주의교육의 문제를 극복하기 위한 대안으로 등장했으며 동화주의교육과 분리주의교육의 중간 영역에 존재하는 교육이라는 주장도 부적합하고 부정확하다. '다문화교육'은 동화주의교육과 분리주의교육의 중간 지역에 존재하는 교육이 아니라 동화주의교육과 분리주의교육을 모두 포괄하는 큰 개념을 지닌 교육이기 때문이다. 잘 알다시피 다문화교육은 동화주의적 다문화교육과 분리주의적 다문화교육, 상대주의적 다문화교육과 다원주의적 다문화교육 등을 모두 포괄하는 큰 개념이다.

그렇다면 다시 다문화교육이란 무엇인가? 다문화교육의 정의가 무엇인지에 대한 대답은 다문화교육이 어떠한 목표와 기능을 추구하고 어떠한 유형의 다문화교육을 지향하느냐에 따라 재정의 될 수 있다.

첫째, '동화를 위한 다문화교육'은 문화 간 차이를 인정하지 않고 문화 간 공존과 평화를 추구하지 않으며, 주류문화를 중심으로 소수문화를 수렴·동화·소멸시키는 목표를 추구하는 교육이다. 보수주의적 성격이 강한 '동화를 위한 다문화교육'은 공식적·표면적으로는 문화 간 공존과 평화를 추구하지만, 실질적으로는 문화 간 수렴과 동화 및 소수문화의 소멸을 추구한다. 다분히 반(反)다문화교육적인 성격을 지닌 교육인 것이다.

둘째, '분리주의적 다문화교육'은 소수집단이 자신들만의 새로운 공동체를 건설하기 위해 기존의 국가 공동체로부터의 자치나 분리독립을 추구하는 데 기여하는 교육이다. 분리주의적 다문화교육은 국가 공동체 내에서 주류집단과 소수집단 간의 문화 간 공존과 평화를 추구하는 것이 아니라 문화 간 단절과 분리를 추구하는 교육인 것이다.

셋째, '융합을 위한 다문화교육'은 문화 간 공통성과 보편성을 중심으로 주류문화도 소수문화도 아닌 새로운 문화를 융합해서 더 좋은 문화를 창조하려는 교육이다. 하지만 융합을 위한 다문화교육은 문화 간 융합이 진정 가능한 목표인지, 어떻게 문화 간 융합을 실현할 수 있는지, 융합된 문화가 주류문화와 무엇이 다른지, 주류문화의 단순한 변형은 아닌지 등을 규명해야 하는 문제와 어려움에 직면해 있는 교육이기도 하다.

넷째, '다원주의적 다문화교육'은 자유주의적 문화다원주의 시각에 기초하여 문화 간 차이를 인정하고 이를 바탕으로 문화 간 공존과 평화를 추구하는 교육이다. 여기서 중요한 것은 자유주의적 문화다원주의 시각이다. 자유주의적 문화다원주의는 문화상대주의를 의미하지 않는다. 자유주의적 문화다원주의는 비이성적이고 비인권적이며 비윤리적인 문화는 단호히 거부하지만, 안 좋은 문화를 제외한 모든 문화는 동등하게 소중히 여기고 존중하며 이들 간의 평화적인 공존을 추구한다. 결국 자유주의적 성격을 지닌 다원주의적인 다문화교육은 이성과 합리성을 바탕으로 인권과 자유, 평등, 민주주의, 윤리 같은 인류 보편적 가치를 중시한다. 따라서 이들 보편적 가치를 지니지 않은 문화는 문화다양성 보호에서 배제된다. 예컨대, 다원주의적 다문화교육의 시각에서 바라보면 여성차별 문화는 문화다양성의 이름으로 보호되어야 하는 것이 아니라 성평등의 이름으로 개선되거나 타파되어야 하는 문화로 인식된다. 이런 점에서 판단하면, '다원주의적 다문화교육'은 양극단적인 동화주의적 다문화교육과 분리주의적 다문화교육을 극복하기 위한 대안적인 다문화교육이며, 동화주의교육과 분리주의교육의 중간지역에 존재하는 교육이라고 볼 수 있다.

다섯째, '상대주의적 다문화교육'은 문화 상대주의 시각에 기초하여 모든 문화를 동등하게 소중히 여기며 이를 통해 문화 간 공존과 평화를 추구하는 교육이다. 다원주의적 다문화교육이 자유주의적 문화 다원주의에 기초한 교육이라면 상대주의적 다문화교육은 문화상대주의에 기초한 교육이다. 문화상대주의는 모든 문화가 자체적인 도덕적 판단기준을 지니고 있기 때문에 문화 간에 도덕적 우열을 판단할 수 있는 공동의 기준을 세우기가 어렵다고 보고 문화 간 비교나 평가를 원천적으로 거부한다. 문화상대주의는 이러한 판단 하에 모든 문화가 동등하게 소중하다고 강조하고, 동등하게 소중한 문화 간에는 우열관계나 차별이나 혐오가 존재하기 어렵다고 주장한다. 하지만 상대주의적 다문화교육의 문제는 이성이나 합리성 혹은 인류 보편적 가치에 근거하여 판단할 때 도저히 용납하기 어려운 문화도 결국에는 존중해야 하는 딜레마에 봉착한다는 점이다. 예컨대, 상대주의적 다문화교육에서는 여성차별 문화도 개선되거나 타파되어야 하는 문화가 아니라 존중되고 보호되어야 하는 문화로 인식되는 한계가 존재한다.

5 다문화교육의 원칙

다문화교육은 국가 공동체의 결속과 존속과 번영을 목적으로 국가 공동체 내의 문화 다양성을 지향하고 이를 통해 문화 간 공존과 평화를 추구하는 교육이다. 다문화교육에 대한 이러한 정의에서 바라보면, 분리주의적 다문화교육은 극단적인 형태의 다문화교육이다. 국가 공동체가 국가의 분리를 목표로 하는 교육을 추구하는 일은 기본적으로 불가능하기 때문이다. 분리주의적 다문화교육은 분권과 자치가 강화된 국가에서 이질적인 문화 정체성을 지닌 지방정부나 지방자치단체가 추구할 수 있는 교육이다. 예컨대, 캐나다 퀘벡 주가 영어가 아닌 프랑스어만을 사용하는 정책을 추구한 점은 대표적인 분리주의적 다문화주의의 사례이다. 캐나다 연방정부에서 보기에 퀘벡 주의 이러한 분리주의적 움직임은 캐나다 연방정부가 국가 차원에서 다문화주의를 실현하는 데 상당히 어려운 난관으로 작용하고 있다.

그렇다면 다문화교육을 추구하고 실현하는 데 있어서 원칙은 무엇일까?

첫째, 다문화교육은 가치와 지식과 실천을 모두 배양하는 교육이어야 한다. 다문화교육은 가치와 지식만을 가르치는 교육으로 한정될 경우 다문화교육의 목표를 충분히 실현하기 어렵다. 다문화교육은 가치와 지식의 습득 그리고 문화 간 공존과 평화를 실천하는 실천 지향적 교육이 되어야 한다.

둘째, 다문화교육은 민주주의의 가치를 실천하는 교육이어야 한다. 민주주의는 기본적으로 '인민 모두의 지배'를 추구하는 이데올로기이자 정치체제이다. 여기서 말하는 '인민'이 누구이고 '지배'는 어떤 지배인지에 대한 논쟁이 남아 있는 것은 사실이지만, 민주주의가 자유와 평등과 인간의 존엄성을 추구하는 이데올로기이자 정부형태라는 점은 반론의 여지가 없다.

다문화교육은 국가 공동체 내에서 다양한 문화 간의 공존과 평화를 추구한다. 여기서 말하는 문화는 인종, 민족, 언어, 종교, 문화 등을 총칭하는 단어이다. 따라서 다문화교육은 인종, 민족, 언어, 종교, 문화적 차이를 벗어나 모든 국민이 동등하게 인간으로서의 존엄성을 지니고 동등한 자유와 평등을 누린다는 점을 교육의 가장 큰 전제와 원칙으로 삼아야 한다. 즉, 천부인권을 지닌 모든 국민은 문화적 차이 여부와 상관없이 모두 동등한 인권과 자유와 평등을 지닌 소중한 존재라는 점, 그래서 국민들 간에 어떠한 차별과 혐오도 공동체 내에 존재해서는 안 된다는 것을 가르치는 것이 다문화교육의 가장 중요한 원칙이 되어야 하는 것이다. 이러한 점에서 다문화교육은 결국 민주주의교육과 인권교육에 다름 아니다. 다문화교육의 시작과 끝은 민주주의교육과 인권교육이 되어야 하는 것이다.

셋째, 다문화교육은 동화주의와 분리주의, 문화상대주의와 자문화 중심주의, 문화 제국주의 등의 문제점을 국민들에게 잘 이해시키는 교육이어야 한다. 동화주의, 분리주의, 문화상대주의, 자문화 중심주의, 문화 제국주의 같은 시각은 다문화교육과 병립할 수 없다. 다문화교육은 이러한 시각과 태도를 단호히 거부하는 교육이어야 한다.

넷째, 다문화교육은 집단 이기주의와 배타적 민족주의, 개인주의와 공동체주의 등의 문제점을 이해하고 극복하는 교육이 되어야 한다. 다문화교육은 문화 다양성을 추구하고 이를 통해 문화 간 공존과 평화를 추구하는 교육이다. 이를 위해 다문화교육은 주류문화와 소수문화 간, 국민 개개인과 국가 공동체 간 균형과 조화를 추구하는 교육이 되어야 한다. 주류집단이나 소수집단의 이기주의가 서로 충돌하는 경우 다문화교육은 제대로 실현될 수 없기 때문이다. 또한 다문화교육은 배타적 민족주의나 인종주의를 배제하는 열린 민족주의나 열린 인종주의교육이어야 하며, 공동체 의식을 결여한 과도하게 원자화된 개인주의와 개인의 중요성과 자유를 무시하는 과도한 공동체주의 또한 배제하는 교육이어야 한다.

다섯째, 이러한 점에서 다문화교육은 '공동체들의 공동체'를 건설하는 교육이어야 한다(이용승, 2010: 42). '공동체들의 공동체'는 소수집단 공동체들이 국가 공동체와 유기적으로 잘 결합되어 있는 상태를 지칭한다. 즉, 공동체들의 공동체는 소수집단들이 평화적으로 공존하는 동시에 이들 소수집단들이 국가 공동체와 유기적으로 결합된 상태를 의미하는 것이다. 이러한 공동체들의 공동체는 소수집단이 게토화 되고 사회가 분열되어 불안정한 상황을 차단하기 위해 꼭 필요하다.

공동체들의 공동체를 건설하는 것은 '다양성을 통한 통합', '차이와 통합의 동시 추구', '차이와 통합의 균형 추구' 원칙을 필요로 한다(박성혁 · 곽한영, 2009: 118-122). 문화적 차이를 존중하면서도 국가 공동체의 통합을 유지하는 것을 다문화교육의 핵심 원칙으로 삼아야 한다는 것이다. 이와 관련하여 뱅크스(Banks)는 다문화교육의 원칙을 다음과 같이 정리하고 있다.

> 다양성과 통일성 사이의 섬세한 균형은 민주국가와 민주사회의 교수와 학습의 본질적인 목표가 되어야 한다 … 다양성 없는 통일성은 문화적 억압과 헤게모니를 초래하는 반면, 통일성 없는 다양성은 발칸화와 국민국가의 파멸을 이끌 수 있다. 다양성과 통일성은 민주적이고 다문화적인 국민국가에서 섬세한 균형을 이루며 공존해야 한다(Banks, 2007: 232).

여섯째, 다문화교육은 세계화 교육과 함께 다중 시민성(multiple citizenship)교육을 시행하는 교육이어야 한다. 21세기 지구촌은 더 이상 국민국가 중심의 국제체제가 아니다. 국제 사회에서 200여 개의 국가는 더 이상 독점적이고 가장 중요한 행위자가 아니며, 국가 이외에도 유럽연합(EU)과 같은 지역통합체, 국제기구, 국제 비정부기구, 다국적기업 등 다양한 국제 행위자들이 등장하고 있다.

또 개개인의 정체성도 변화하고 있다. 과거에는 국민 정체성이 가장 중요한 정체성이었다면, 이제는 지방주민 정체성, 국민 정체성, 지역시민 정체성, 세계시민 정체성 등 다양한 정체성이 등장하고 있다. 예컨대, 과거에는 대한국민 국민 정체성이 가장 중요한 단일 정체성이었다면, 이제는 부산시민 정체성, 대한민국 국민정체성, 동북아시민 정체성, 세계시민정체성 등 다중 정체성이 등장하고 있다. 부산시민 정체성은 지방분권자치의 산물이지만, 동북아시민 정체성이나 세계시민 정체성은 글로벌 이슈(global issues)를 해결하기 위한 대안으로 현재 필요성이 개진되거나 이미 등장하고 있는 정체성이다.

글로벌 이슈는 환경·난민·인권·반전·반핵·여성·평화·빈곤퇴치·보건·아동보호 등과 같은 지구적 문제를 일컫는 말이다. 이러한 글로벌 이슈는 국민국가 차원에서는 해결하기 어려운 성격이 강하다. 예컨대, 지구온난화와 이상기후, 미세먼지, 해양쓰레기, 원전 등 에너지 문제의 이슈는 지구공동체 구성원 모두의 문제로 개별 국가의 노력만으로는 해결하기 어려운 문제들이다. 기존의 전통적인 국민 정체성만으로 무장한 개인들은 글로벌 이슈를 해결하는 데 한계가 있고, 동북아 지역 차원이나 지구적 차원의 협력이 필요하다.

더욱이 지구적 차원의 인구이동이 활성화되면서 자신의 국적지를 벗어나 다른 영토에 거주하는 이주민들이 급증하고 있다. 이들 이주민들을 전통적인 일국 시민 정체성으로 포용하는 것은 한계가 있고 실질적으로 실현 불가능하다. 따라서 이들 이주민들을 포용하기 위해서는 지방주민이나 지역시민, 세계시민 같은 새로운 정체성이 필요한 것이다. 예컨대, 지역시민 정체성을 선도적으로 만들어가고 있는 유럽연합은 회원국 국민 모두에게 유럽연합 전역에서 기본권을 누리며 살 수 있는 유럽연합시민권을 보장하고 있다. 합리주의 철학자 칸트(kant)는 지구상의 모든 영토는 인류 구성원 모두의 공유지로서 어떤 국가의 국민들도 거주 등에 있어서 더 많은 권리를 지니고 있지 않다고 주장하였다(진시원, 2006: 288). 모든 인류는 지구촌 어디서건 환대받으며 거주할 수 있는 권리가 있다고 주장한 것이다. 칸트는 국적을 지닌 자국민만이 자국의 영토에서 거주할 수 있다는 근대 국가영토의 폐쇄성과 독점성을 극복하고 인류 구성원 누구나 지구촌 어디서든 자유롭게 거주할 수 있다는 세계시민 개념을 주장하였다.

6 다문화교육의 국가별 사례: 미국, 캐나다, 호주

미국의 다문화교육은 1960년대 이전의 동화주의적 경향을 벗어나, 1960~70년대 인종 차별 철폐에서 시작하여 광범위하게 펼쳐진 민권 운동을 계기로 시작되었다. 물론 그 이전에도 상호 집단교육연구(intergroup education movement)나 특정 인종에 초점을 맞춘 인종 연구가 없었던 것은 아니지만, 민권 운동 그리고 그와 맥락을 같이 한 여성운동의 등장 등으로 인해 교육과정과 교과서, 수업자료 등에서 성차별주의, 인종차별주의적 표현이 있는지 검토하고 그러한 요소를 제거하기 시작하였다(이용승, 2011: 89). 1967년에는 이중언어교육법(The Bilingual Education Act)이 도입되었는데, 이 법의 애초 목적은 영어의 습득과 학습 능률을 높이기 위한 것이었으나, 점차 인종적 소수자의 정체성을 유지하는 방편으로 확대되었다(이용승, 2011: 88).

2001년 연방의회는 초중등교육법을 재인가하면서 이중언어교육법을 대체하여 '아동 낙오 방지법'(No Child Left Behind Act, 2002)을 제정하였고, 2015년에는 '모든 학생 성공법'(Every Student Succeeds Act)을 제정하였다. 이들 법은 학교 현장에서 소수 인종이나 계층 출신 학생들이 교육적으로 차별을 받지 않고 학업 성취가 보장될 수 있으며 중도 탈락하지 않도록 하는 내용을 포함하고 있다.

미국 다문화교육은 초기의 인종중심 교육에서 점차 다양성 중심의 교육으로 변화해왔는데, 크게 네 단계로 정리할 수 있다(Banks, 2004: 12-13; 이용승, 2011: 90).

진행 단계	세부 내용
첫 번째 단계	소수인종집단의 문화, 역사에 대해 관심과 전문성을 갖춘 교육자들이 인종연구의 개념, 지식, 이론을 학교와 교사 교육 커리큘럼에 접목 시도
두 번째 단계	첫 번째 단계에서의 시도가 유색 인종 학생들의 독특한 요구, 모든 학생들의 민주적 인종 태도 발전에 필요한 학교 개혁을 견인하기에는 부족함을 인식. 구조적, 체계적 변화를 시도한 단계
세 번째 단계	여성 장애인 등이 자신의 역사와 문화, 목소리를 커리큘럼과 학교, 대학의 구조에 반영할 것을 요구
네 번째 단계	인종, 계급, 젠더와 연관된 요소를 상호 연계시키는 이론, 연구 실천이 발전하고 있는 단계

미국은 다문화교육 정책 시행에서 연방정부와 주정부의 권한이 명확히 구분되는데, 연방정부는 다문화교육을 위한 입법과 재정적 지원을 담당하고, 주정부는 주의 실정에 맞는 다양한 다문화교육 프로그램을 운영한다. 미국 언어습득국 OELA(Office of English Language Acquisition)는 이중언어 종합학교보조금(Bilingual Education Comprehensive School Grants) 정책을 운영하도록 지원하고 있는데, 영어 능력이 부족한(Limited English Proficient) 학생들을 위해 필요한 각종 지원, 예를 들어 커리큘럼 개발, 교육자료 개발, 개선된 평가 절차 및 관련 프로그램 개발, 교육 소프트웨어, 개인지도, 상담 및 교사 전문 개발 등을 한다. 긴급 이민자 교육 프로그램인 EIEP(Emergency Immigrant Education Program)은 이민으로 인해 학생 수의 급증을 겪고 있는 교육기관을 지원하는 것을 목적으로 하고 있다. 이민자 어린이들에게 고급교육을 제공하며, 이들의 미국 사회로의 진입을 돕고, 모든 아동이 충족해야 하는 학업 내용 및 학업 성취 기준 충족

을 돕는다.

호주는 제2차 세계대전 이후 이민자를 대거 받아들이면서 동화주의에 입각한 다문화교육을 실시하였다. 그러나 1960년대 말 동화주의에 반대하는 다양한 이민자 집단들이 목소리가 점점 강해졌고, 1972년 20여 년간의 보수 정권이 물러난 뒤 출범한 휘틀람 노동당 정부는 이후 백호주의를 공식 폐기하고 다문화주의에 입각한 다문화교육 정책을 펼치기 시작하였다. 이 중심에는 노동당 정부의 초대 이민 장관이었던 그래스비(Grassby)가 있었는데, 그는 이민자들을 '호주 국민의 가족'으로 여겨야 한다고 하면서 이민자들의 복지와 교육에 관심을 기울였다. 이후 1980년대 초까지 뉴사우스웨일즈 주를 비롯한 호주의 모든 주들은 다문화교육 정책을 시행하였다.

뉴사우스웨일즈 주는 1978년 다문화교육의 목표를 선언(New South Wales Department of Education, 1978)하고, 장관의 정책에 대한 성명(New South Wales Ministry of Education, 1979), 다문화교육정책성명서(New South Wales Department of Education, 1983) 등을 발표하면서 다문화교육과 관련한 구체적이고 세부적인 목표와 내용을 실행해 나갔다. 또한 ESL(English as a Second Language) 교육, 공동체 언어교육, 민족 연구, 문화 간 교육, 교육과정에 대한 다문화적 관점 등과 관련한 여러 문서들을 발행하였는데, 특히 문화 간 교육과 교육과정에 대한 다문화적 관점은 모든 학교의 의무적 요소가 되었다(정종진, 2011).

1980년대 후반 호주는 경제적 침체기를 겪으면서 경제적 합리주의(economic rationalism)에 입각한 다문화정책을 추진하였고, 다문화교육도 그에 따라 변화하였다. 이 시기의 다문화교육은 접근과 기회 평등에 초점을 맞추었으며, ESL 교육이 중요하게 인식되어 이로 인해 이주자들의 자격이 그 이전 세대들에 비해 향상되었다. 1987년 4월에는 언어에 대한 국가정책이 공표되어, 호주인 외국어 학습 프로그램, 아시아 연구 프로그램, 교차문화적 보충 프로그램 등이 재정 지원을 받았다. 이 시기에 호주는 이민자들이 가진 지식과 기술이 호주 전체 사회에도 가치가 있고 혜택을 가져다준다는 것을 인정하기 시작했다. 호주는 아시아인을 비롯한 다른 이민자들의 기술을 무역, 문화적 관계 등을 형성하는데 활용하기 시작하였고, 이는 1990년대 생산적인 다양성(productive diversity)이라는 이름으로 알려지기 시작하였다.

1996년 다문화정책의 침체기라 할 수 있는 하워드(Howard) 자유당·국민당 연합정부 집권기를 거쳐 2003년 호주는 '다문화 호주: 다양성 내에서의 통합' 아젠다에 따라 공동체의 화합, 문화 다양성 촉진 활동을 강화하였다. 특히 지방 정부 역할을 강조하여 화합과 통합을 이끌어 갈 수 있는 지방 도시의 다문화 프로그램 운영을 위한 재정적 지원을 확대하였다. 이에 따라 호주 연방정부는 다문화교육 지원, 국제학생비자, 유학생영어집중코스, 유학생교육서비스법, 성인다문화교육서비스 등의 정책을 추진하였으며, 뉴사우스웨일즈 주에서는 ESL 교육, 다문화교육, 난민지원 프로그램, 통번역 서비스 등을 실시하였다(김상돈, 2010: 30).

2000년대 초반 호주는 호주 다문화주의의 위기를 보여준 일련의 사건들을 겪었고, 이후 2007년 1월 이민부의 명칭을 이민다문화부에서 이민시민권부로 변경하여 다문화주의를 폐기하였다는 논란에 휩싸이기도 하였다. 그러나 2011년 2월 길러드 노동당 정부가 호주의 다문화정책 기조를 새롭게 정의한 '호주의 사람들(The

People of Australia)[2]을 발표하면서 새로운 전환점을 맞게 되었고, 학교의 교육과정 지침을 위한 다문화적 실천을 증진시키는 규정과 정책들(The People of Australia, Australia's Multicultural Policy)이 발표되었다.

호주의 대표적인 다문화교육 프로그램으로는 성인 이민자 영어 프로그램(AMEP), 이민자들의 언어와 문화 장벽을 극복하고자 온라인 및 전화 서비스를 통한 무료 통번역 서비스 등이 있다. 또 연방정부는 매년 3월 21일을 '화합의 날(Harmony Day)로 정하고 지역의 다문화 커뮤니티, 학교를 통한 다양한 행사를 권하고 있다.

▸ 성인 이민자 영어 프로그램(AMEP: Adult Migrant English Program)[3]

성인 이민자 영어 프로그램(AMEP)은 1948년 제2차 세계 대전 후 호주에 도착한 이민자를 돕기 위한 성인 이민자 교육 제도에서 발전했다. AMEP는 자격을 갖춘 이민자와 인도주의 입국자에게 최대 510 시간의 영어 수업을 제공하여 호주 사회에 사회 및 경제적으로 참여할 수 있는 기초 영어 및 정착 기술을 배우도록 도와주는 프로그램이다. AMEP는 매년 약 6만 명의 신규 이민자와 인도주의 입국자가 영어를 배우도록 지원하는데, 농촌과 지역뿐만 아니라 주요 도시의 호주 전역 약 300곳에서 제공된다.

AMEP 교육기관에서는 두 종류의 영어 수업이 제공되는데, 취업을 위해 실용 영어를 익히거나 지속적인 고용 유지를 위해 추가적인 교육을 받고 싶은 학생들을 대상으로 하는 취업 준비 영어반, 영어 대화 실력을 향상시켜 사회 활동에 적극적으로 참여하고 지

2) '호주의 사람들' 정책은 '다양성 존중', '사회융합 유지', '호주 사회의 다양성 장점 활용', '관용과 차별 배제를 위한 법적 조치 강화' 등의 4개 원칙을 근간으로 하고 있다.

3) https://immi.homeaffairs.gov.au/settling-in-australia/amep/about-the-program

역사회에서 독립적으로 생활할 자신감을 얻고 싶은 학생들을 대상으로 하는 일반 영어반이 그것이다. 영어수업은 일반적으로 학습센터에서 진행되며 AMEP 서비스 제공 업체에서 제공하는데, 다양한 학습 옵션[4)]을 선택할 수 있다.

AMEP에는 특별한 도움이 필요한 학생들을 위한 보조 프로그램으로 특별 준비 과정(Special Preparatory Program), 취업 및 훈련을 위한 정착 지원 영어 과정(Settlement Language Pathways to Employment and Training), AMEP 추가 과정(AMEP Extend) 등이 있다.

Special Preparatory Program(SPP)은 이민 전에 힘든 상황을 겪었고 정규 학교 교육을 충분히 받지 못한 인도주의 비자 입국자들 중 자격조건이 되는 학생들에게 추가적인 수업과 지원을 제공한다. Settlement Language Pathways to Employment and Training (SLPET) 과정에서는 자격조건을 갖춘 학생들에게 직업별 영어를 익히는 동시에 호주의 직장 문화와 관행에 익숙해지도록 취업에 초점을 맞춘 수업을 제공한다. SLPET는 추가로 최대 200시간의 직업별 영어 수업을 제공하며, 이 중에서 최대 80시간이 다양한 산업 현장에 배치되는 현장 실습 시간으로 배정된다. AMEP Extend

4) 다양한 학습 옵션은 다음과 같다.
- 주말 및 야간 수업을 포함하여 풀타임 또는 파트 타임 학습을 통한 수업료(가능한 경우)
- 학업 전 과정, 취업 전 영어 강좌 및 사회 영어 강의
- 매주 스카이프 / 전화 연락을 통해 지원되는 온라인 또는 하드 카피
- 학습 자료를 통한 원격 학습 및 AMEP 자격을 갖춘 교사와의 가상 교실 수업
- 훈련된 자원 봉사자가 언어 지원을 제공하는 자원 봉사 교사 계획
- 온라인 패키지를 사용하여 독립적인 학습을 지원하고 보완하는 자가 진도 학습

과정에서는 배정된 510시간의 영어 수업을 모두 마쳤으나 본인의 영어 숙련도 목표를 이루지 못한 학생들 중 자격조건이 되는 학생들에게 추가로 최대 490시간의 영어수업을 제공한다.

AMEP는 미취학 아동이 있는 경우 학생들이 수업에 참여하는 동안 무료로 자녀를 돌봐주는 무료 보육 서비스를 제공하며, 학생들이 목표를 설정하고, 무엇을 선택할 수 있는지 이해하며, 영어수업, 후속 교육 및 취업 기회와 관련해 결정을 내릴 수 있는 진로 안내도 제공하고 있다.

다양한 종류의 이주민들이 거주하고 있는 캐나다는 연방정부와 주정부 각각의 다문화정책을 시행하면서 그에 맞는 다문화교육을 실시하고 있다. 1963년 '이중언어와 이중문화주의에 관한 왕립 위원회'를 설립하고, 1969년 '공식언어법'을 통해 불어를 영어와 함께 캐나다의 공식언어로 지정하였다. 1970년에는 '공식언어 교육 프로그램(Official Language in Education Program)'을 시작하면서 이중언어 교육 및 소수민족 언어교육을 위하여 재정 지원을 하였으며, 1971년 수상 피엘 트리도 정부 하에서 새로운 이주민들이 그들의 문화를 보존하는 것을 허락하고 그들을 동화의 대상이 아닌 통합의 대상으로 인식하는, 즉 문화의 다양성을 인정하는 것을 주요 내용으로 한 다문화주의를 공공정책의 기본 원리로 채택하였다. 그리고 이후 1988년에는 캐나다 다문화주의법이 채택되었다.

캐나다는 주마다 독자적인 교육제도를 운영하고 있지만, 연방정부 차원의 이중언어제도 시행 후 지속적인 이민정책과 다민족, 다언어적 특성으로 인해 공교육에서 이중언어교육제도가 자리잡게 되었다. 캐나다 이중언어교육은 크게 두 유형으로 구분된다. 하나는 영어와 불어간 이중언어교육으로 언어몰입교육(Language Immersion

Program)이라고 하는데, 예를 들어 불어몰입교육[5)]은 영어를 모국어로 사용하는 학생들이 불어를 유창하게 구사하도록 집중적으로 불어로 교육을 받게 하는 프로그램이다. 또 하나는 이민자 소수언어교육(Immigrant Minority Language Instruction)으로 이민자 및 원주민 중심의 소수민족에게는 모국어와 1개의 공식 언어(영어 또는 불어)를 선택하게 하는 것이다. 1977년에는 소수언어 배경 어린이들의 학교 교육 참여를 증진하는 한편, 자신의 문화를 올바르게 평가하고 서로 다른 문화를 존중하며 다양성 안에서 협조하는 시민을 양성하기 위한 목적으로 소수언어 그룹의 전통어교육에 관한 사항을 포함한 문화촉진 프로그램을 개발하여 공립학교의 정규과정 차원에서 소수언어 교육을 실시하였다(이현아·최순영, 2012).

1992년부터 신규 이민자들의 언어교육을 위하여 운영하고 있는 LINC(Language Instruction for Newcomers)는 이민청의 이민자 정착 및 적응 프로그램으로 신규 이민자의 성공적인 캐나다 사회로의 통합과 캐나다 시민권의 신장, 즉 시민권과 이민자 정착 프로그램의 중요한 전략적 목표에 기여한다. 호스트(host) 프로그램은 자원 봉사자를 통한 적응 프로그램으로, 신규 이민자들의 영어와 불어연습, 직장에서의 인간관계, 지역공동체의 참여와 같은 서비스를 제공할

5) 온타리오 주의 '오타와-칼튼 지역 교육청'이 발표한 자료에 따르면 점차 더 많은 학부모가 자녀를 이중 언어 화자로 키워내기 위하여 불어몰입교육 프로그램을 선택함에 따라, 영어 초등학교는 이를 선택할 수 없는 저소득층 가정의 이민자 학생과 특수교육 대상 학생을 위한 교육기관으로 인식되기 시작했다고 한다. 불어몰입교육에 대한 관심은 지난 10년 동안 꾸준히 증가하여 2017, 2018학년도에는 1학년 학생의 72%가 등록한 것으로 집계되는데, 불어몰입교육 프로그램의 경우 부모가 캐나다에서 태어나 대학 교육까지 받은, 사회경제적 지위가 매우 높은 가정의 학생 비율이 훨씬 높은 것으로 조사된 바 있다.

자원봉사 가족과 연결시켜준다.

1979년부터 다문화교육을 시작한 온타리오 주는 다양성과 평등을 실현하고자 많은 노력을 하고 있다. 다문화교육과 관련한 여러 논의들을 종합하여 2009년에는 '다양성 약속의 실현: 온타리오 평등 및 통합 교육 전략(Realizing the Promise of Diversity: Ontario's Equity and Inclusive Education)을 발표하였는데, 이 교육 전략은 4개년 계획으로 짜여 있고, 다양성 교육의 실천을 위해 주 정부, 지역 교육청, 학교에서 어떠한 역할을 수행해야 하는지 제시하고 있다. 교육부는 교육의 방향, 지원 및 지침을 제공하여 모든 학생이 자신의 최대 잠재력을 달성할 수 있는 긍정적인 학습 환경을 갖도록 한다. 교육청은 교육청 산하의 단위 학교에 평등과 통합 교육을 위한 정책 및 지침을 개발하고 이행한다. 학교는 평등, 통합교육, 다양성을 촉진 및 증진시키고 긍정적인 학교 환경을 조성하고 지원한다(전미현・김대희, 2019). 이 교육전략은 이후 10년 간 학생의 학습과 성장, 사회에 대한 기여에 기대를 제한하는 편견, 장벽 및 불합리한 권력을 인식하고 제거하기 위해 교육 공동체를 인도하고 지원해왔다(전미현・김대희, 2019: 45-46).

2014년 온타리오는 「수월성 달성-온타리오의 새로운 교육 비전(Achieving Excellence - A Renewed Vision for Education in Ontario)」을 발표하면서 '평등의 보장(Ensuring Equity)을 교육 목표의 하나로 제시하였다. 또한 2017년에는 2009년 교육전략 이행에 따른 피드백을 바탕으로 「온타리오 교육 평등 실천 계획[6](Ontario's Education Equity Action

6) 온타리오 주 교육부는 형평성 문제를 다루기 위한 전국적 네트워크를 이끌 중심 교육기관으로 오타와 대학교를 선정하였다. '형평성 지식 네트워크'라 불리는 이 네트워크는 교육자, 학교 운영주체 및 지역 사회 파트너 등이 참여

Plan)」을 발표하였는데, 이 계획은 학생, 학부모, 교육자, 교장, 교육청 직원 및 지역사회 지도자들과 함께 시행 계획을 현실화하고 모든 어린이와 학생의 잠재력을 초대한 발휘하고 건전하고 생산적이며 진취적인 민주 시민을 양성하기 위한 프로그램이다(전미현·김대희, 2019: 48).

7 다문화교육에 대한 비판

다문화교육은 문화 간 공존과 평화를 추구하고 있지만, 다양한 비판에 직면해 있는 것이 사실이다. 이러한 비판들은 다문화교육의 철학과 인식론에 대한 비판, 다문화교육의 방법론에 대한 비판, 다문화교육에 대한 이데올로기적 비판 등 다양한 측면에서 개진되고 있다.

이들 비판 중에서 다문화교육에 대한 이데올로기적 비판은 주로 보수주의자들에게서 제시되고 있다(Ho, 2009: 285). 보수주의자들은 다문화교육이 국가 공동체의 결속과 통합을 추구하는 것이 아니라 분리주의를 획책하여 국가 공동체의 일체감을 훼손하고 분열을 조장한다고 주장한다. 보수주의자들의 다문화교육에 대한 비판은 이들이 국제평화교육인 국제이해교육(Education for International Understanding, 미국에서는 Global Education)에 대해서도 비판적 입장을 지닌

하여 학교 및 교실에서 모든 형태의 차별과 체계적 장벽을 제거하고, 다양성, 평등, 포용 및 인권 등의 가치를 함양하기 위해 설립되었으며, 온타리오 주는 약 100만 달러의 예산을 투자하여 이 네트워크를 지원하기로 결정하였다.

다는 점에서 서로 일맥상통한다. 보수주의자들은 국제이해교육이 국제 사회의 평화만을 너무 강조하다보니 학생들이 자신이 속한 국가 공동체의 중요성과 우선성을 경시하는 반국가주의적 시민이 되는 데 기여한다고 비판한다. 보수주의자들의 이러한 논리는 다문화교육에 대한 비판에도 그대로 적용되는데, 이들은 다문화교육이 국가의 중요성과 우선성을 경시하고 시민들을 반국가주의 시각으로 무장하게 만든다고 비판한다.

이러한 보수주의자들의 비판 말고도 다문화교육에 대한 비판은 다양한 측면에서 개진되고 있다(Kirova, 2008: 5-8, 10-11; 진시원, 2018).

첫째, 국가 공동체에 존재하는 인종차별주의에 반대하는 이들은 다문화교육에 대한 일반적인 담론이 문화 간 동등성만을 강조하다보니 인종이나 민족 간의 차이 뿐 아니라 인종차별 문제를 경시하거나 무시하는 실수를 범하고 있다고 비판한다. 그래서 이들은 다문화교육이 인종차별을 재생산하는 정치, 경제, 사회, 문화적 구조와 제도에 대한 비판에 취약하고 이런 구조와 제도를 개선하는 데 무기력하다고 지적한다. 예컨대, 다문화교육에 대한 기존의 담론이 모자이크 모델이나 샐러드 보울 모델, 퀼트(quilt) 모델과 같은 비유를 자주 사용하는데, 이 경우 문화 간 동등성만 너무 강조되어 정작 중요한 문화 간 차이나 차별과 혐오가 너무 경시되거나 무시되는 문제가 발생한다는 것이다. 즉, 문화 간 동등성과 평화적 공존만을 너무 강조하다보면 주류집단과 소수집단 간에 실질적으로 존재하는 차이와 위계적 권력관계를 제대로 바라보지 못하게 되고, 그 결과 다문화교육이 현존하는 주류집단의 권력이 지속되고 강화되는데 기여하는 의도치 않은 부작용이 발생할 수 있다는 것이다.

둘째, 다문화교육에 대한 기존의 담론은 다문화주의(multiculturalism),

초문화주의(transculturalism), 상호문화주의(interculturalism), 반인종차별주의(anti-racism) 간의 개념과 이론적 차이를 제대로 고려하지 않음으로써 다문화교육의 개념과 이론에 대한 혼돈을 초래하고 있다는 비판도 존재한다. 이러한 비판을 제기하는 사람들은 다문화교육이 다문화주의만 추구하는 교육이 아니라 다문화주의와 초문화주의, 상호문화주의, 반인종차별주의가 지니는 좋은 점들을 통합적으로 추구하는 교육이 되어야 한다고 주장한다. 이들이 보기에 다문화주의는 문화 다양성에 기초하여 문화 간 공존과 평화를 원칙론적이고 규범론적인 측면에서 강조할 수 있는 장점이 있다. 또한 초문화주의는 자유, 평등, 인권, 민주주의와 같은 인류 보편의 가치를 모든 문화가 공통적으로 보유하고 있기 때문에 다문화교육이 문화 간 차이와 무관하게 이러한 보편적 가치를 추구할 수 있다는 이론적 근거를 마련해 준다는 장점을 지닌다. 또 상호문화주의는 문화가 고정적이고 불변적인 속성만을 지니는 것이 아니라 문화 간 상호작용을 통해 서로 변화할 수도 있다는 상호주관주의적 인식론을 제공함으로써, 다문화교육을 통해 문화 간 소통과 통합 그리고 좋은 방향으로의 문화적 변화가 가능하다는 인식론적 근거를 제공하는 장점이 있다. 이들은 또한 반인종차별주의의 경우 인종차별이 어떠한 상황에서도 절대 용납될 수 없다는 강고한 실천적 의지를 강조함으로써, 다문화교육이 자칫 성차별, 연령차별, 지역차별, 장애인 차별 등에 반대하는 반차별주의 교육으로 잘못 이해되어 정작 중요한 인종차별 문제가 희석되고 경시되는 문제를 극복할 수 있게 해주는 장점이 있다고 이해한다. 그러므로 이들은 다문화교육을 추구하는 데 있어서 다문화주의, 초문화주의, 문화상호주의, 반인종차별주의의 장점들을 잘 결합하는 것이 중요하다고 주장하는 것이다.

셋째, 기존의 다문화교육이 '문화' 개념을 너무 강조한 나머지 '인종' 개념을 소홀히 함으로써 정작 다문화교육에서 심각한 인종차별 문제가 경시되고 있다는 비판이다. 다문화교육이 교육의 관심을 인종적 차이에서 문화적 차이로 이전시키면서, 다문화 사회에서 강도 높게 발생하고 있는 인종갈등과 인종차별, 인종분규 같은 문제가 교육적 관심과 집중을 제대로 받지 못하고 오히려 탈교육화 되고 있다는 것이다. 반인종차별교육(anti-racist education)은 다문화 사회에서 제도화 된 인종차별을 철폐하기 위하여 교육적인 부분에 집중하는 것으로, 문화적 차이보다 인종적 차이를 더 강조하고 인종차별을 야기하는 사회정책과 제도를 철폐하기 위해 노력한다. 그러나 기존의 다문화교육이 '인종' 문제를 '문화' 문제로 환치시켜버림으로써 다문화 사회에 만연한 인종차별 문제가 명확히 드러나기보다 오히려 은밀하게 작동하게 만들며, 반인종차별교육이 국가적으로 실현되는 데 장애물로 기능하게 만들고 있다. 다문화교육이 인종차별에 대한 무관심과 탈교육화를 야기함으로써 교육적 역기능을 수행하게 되면 결과적으로 주류집단의 인종적 우위를 당연시하고 주류집단 중심의 권력관계를 공고화하는데 일조하게 될 수밖에 없는 것이다.

넷째, 기존의 다문화교육이 집단 간의 '문화적 차이'만을 너무 강조함으로써 집단 간에 존재하는 '정치적이고 사회경제적인 차이와 불평등'을 간과하거나 은폐하고 있다는 비판이다. 기존의 다문화교육이 집단 간의 문화적 차이를 극복하는 교육에만 집중하다 보니 집단 간에 존재하는 정치적이고 사회경제적인 차이와 불평등 문제를 탈교육화·탈정치화 시켰고, 그 결과 기존의 불평등한 사회구조를 개선하고 정치적이고 사회경제적인 평등을 추구하려는 노력을 무력화시킴으로써 기존의 주류집단과 지배 권력에 유리한 현상유지적이고 보수적인 교육적 기능을 수행하게 되었다는 것이다.

다섯째, 다문화교육은 하나의 목표와 기능을 지닌 교육이 아니라 어떤 이데올로기와 결합하느냐에 따라 교육의 목표와 기능이 달라지는 측면이 존재하는데, 다문화교육에 대한 기존의 담론은 이러한 점을 간과하고 있다는 비판이다. 보수주의적 다문화주의, 자유주의적 다문화주의, 다원주의적 다문화주의, 공화주의적 다문화주의는 다문화교육을 추구하는 데 있어서 서로 다른 목표와 기능과 초점을 지니는데, 다문화교육에 대한 기존의 담론에서는 이러한 이데올로기적 차이가 제대로 검토되고 있지 않다.

여섯째, 다문화교육을 민속학적 교육으로 이해하는 것도 문제라는 비판이다. 다문화교육을 다른 문화집단의 문화, 전통, 음식, 춤, 노래, 복장 등에 대한 이해 교육, 즉 민속학적 교육으로 격하시키는 현상이 교실에서 벌어지고 있다는 것이다. 기존의 다문화교육이 다른 문화집단의 전통이나 의식주 문화를 경험하는 것을 인종차별을 극복하는 효과적인 교육 방안으로 인식하고 있지만, 이 경우 학생들이 지배문화와 소수문화 간의 권력관계에 대한 비판적 인식을 체득하게 하는 데는 명백한 한계가 있다. 한 마디로 다문화교육에 대한 민속학적 접근은 '비판적 다문화교육'이 되기 어렵고, 그래서 좋은 다문화교육이 아니라는 것이다.

일곱째, 다문화교육에 대한 기존의 담론은 문화 개념을 실재론적이고 고정적이며 고정관념화(stereotyped)된 측면에서만 이해하고 있다는 비판이다. 문화에 대한 이러한 실재론적 이해는 문화가 고정적이고 이미 형성되어 있으며(already formed), 미리 주어진 것으로

(pre-given) 이해하는 한계가 있다는 것이다. 예컨대, 문화를 실재론적으로만 이해하면 서구문화와 비서구문화를 구분하고 서구문화를 주류문화로서 선진적이고 보편적인 것으로 인식하는 반면, 비서구문화를 후진적이고 과거지향적인 비주류문화로만 인식함으로써 두 개의 문화를 지속적으로 위계화하고 서열화하는 문제를 지니게 된다. 그러므로 문화를 실재론적이고 고정적인 측면에서만 이해할 것이 아니라, 문화가 지속적으로 변화하고 새로 생성된다고 이해하는 관념론적이고 생성론적이며 사회구성주의적인 인식론적 시각도 필요하다. 실재론적 시각에만 기초한 다문화교육은 학생들로 하여금 특정 문화에 대한 고정적이고 정형화된 이해를 강요하고, 그 결과 주류문화와 비주류문화 간의 위계적이고 서열적인 권력관계를 고착화시킬 위험이 있다. 또한 문화를 실재론적으로 이해하여 고정된 것으로만 이해할 경우 문화 간 차이도 고정적이고 불변적인 것으로만 이해하게 됨으로써, 결과적으로 문화 간 대화와 통합을 실현하기 어렵게 만든다.

지금까지 다문화교육에 대한 여러 비판들을 살펴보았다. 그렇다면 이러한 비판들을 극복하고 다문화교육이 제대로 실현되기 위해서는 어떠한 방안이 필요한지 살펴보자.

8 다문화교육 실현방안

다문화교육이 제대로 실현되기 위해서는 다문화교육이 동화주의적 다문화교육이나 상대주의적 다문화교육, 분리주의적 다문화교육이 되어서는 안 된다. 주류문화에 대한 소수문화의 수렴·동화·소멸을 추구하는 동화주의적 다문화교육은 공동체의 통합이 아니라 공동체의 분열과 충돌과 분리를 가져온다. 상대주의적 다문화교육도 이성이나 보편적 윤리 측면에서 판단했을 때 좋지 않은 문화까지도 인정하고 존중하며 공존의 대상으로 이해한다는 점에서 좋은 다문화교육이 아니다. 그리고 분리주의적 다문화교육 또한 판단의 주체에 따라 좋고 나쁨이 결정된다는 점에서 좋은 교육인지 나쁜 교육인지 객관적인 판단이 어려운 교육이다. 예를 들어, 주류집단으로부터 동화주의나 문화적 차별과 혐오, 정치·경제적 불평등 등을 통해 지속적인 억압과 부자유(lack of freedom)를 경험하고 있는 소수집단이 추구하는 분리주의적 다문화교육은 비판의 대상이 아니다. 하지만 주류 다수집단 입장에서 보면 분리주의적 다문화교육은 국가 공동체의 존속과 결속을 지속하는 데 강한 위협과 도전을 제기한다는 점에서 좋은 교육이 아니다. 더욱이 분리주의적 다문화교육이 문화 간 존중과 공존, 평화를 지향하는 교육이 아니라 주류문화를 증오하고 경멸하고 폭력을 정당화하는 교육으로 와전되는 경우, 분리주의적 다문화교육은 나쁜 교육으로 전락한다.

따라서 좋은 다문화교육은 '융합을 위한 다문화교육'이거나 '다원주의적 다문화교육'일 필요가 있다. 그러나 융합을 위한 다문화교육은 새로운 문화가 진정 창조 가능한지 그리고 융합된 문화가 주류문화의 변형은 아닌지 등에 대해 답해야 하는 난관에 봉착해 있다. 인류가 지금까지 간직하고 경험해 온 문화보다 더 좋은 문화를 새롭게 창조하는 일은 쉬운 일이 아니다. 융합을 위한 다문화교육은 목표는 좋지만 실현하기 어려운 것이다.

이런 측면에서 바라보면 좋은 다문화교육은 결국 자유주의에 기초한 '다원주의적 다문화교육'이라고 할 수 있다. 문화 상대주의를 거부하고 이성과 인권, 윤리와 민주주의를 바탕으로 하는 문화다양성을 추구하는 다원주의적 다문화교육이야말로 문화 간 공존과 평화를 제대로 추구할 수 있는 가장 적합한 다문화교육이라는 것이다.

그런데 다문화교육을 제대로 실현하기 위해서는 '다원주의적 다문화교육'을 추진하는 것도 중요하지만 '탈다문화교육(post-multicultural education)'을 추진하는 것 또한 중요하다. 탈다문화교육은 다문화교육이 드러낸 여러 문제점을 극복하기 위해 새롭게 등장한 다문화교육으로, 탈다문화주의 담론(post-multicultural discourse)에 기초해서 문화 간 공존과 평화를 추구한다(Kirova, 2008: 8-9, 11-12).

키로바는 기존의 다문화주의 담론이 지니고 있는 특징이자 심각한 문제는 문화를 실재론적으로 인식하여 고정적이고 전통 지향적이며 시간적으로 변화가 없는 실체로만 인식한다는 점이라고 하였다. 키로바에 의하면 탈다문화주의 담론에서 문화는 역동적이고 개선적인(reform) 것이며 생성, 변화하는 것이다. 기존의 다문화주의 담론이 문화를 실재론적이고 고정적이고 변화가 없는 것으로만 이해함으로써 문화가 지니는 역동성과 교류성, 변화가능성을 이해하지 못하여 그 결과 문화 간 경계와 단절을 야기하고 문화 간의 위계적인 권력관계를 만들고 공고화하는 데 일조했다는 것이 탈다문화주의 담론의 핵심 주장인 것이다.

예컨대, 기존의 실재론적 다문화주의 담론은 서구 기독교문화와 중동의 이슬람문화 그리고 동아시아의 유교문화는 인종적이고 종교적이고 언어적인 측면에서 서로 차이가 명확하며, 이러한 차이는 고정적이고 불변적인 속성을 지닌다고 인식한다. 문화가 서로 교류하고 섞이고 변화하는 측면을 전혀 인식하지 못하는 것이다. 그러나 더 큰 문제는 기존의 실재론적 다문화주의 담론이 문화가 우열관계를 지닌다고 믿는 데 있다. 그리고 문화가 우열관계를 지닌다는 인식은 문화 간 권력관계, 즉 위계질서를 당연시하는 문제로 이어진다. 기존의 다문화주의 담론은 서구 기독교문화가 중동의 이슬람문화나 동아시아의 유교문화보다 문명적으로 앞선 문화이고 인권이나 민주주의 같은 보편적인 가치 측면에서도 더 선진적인 문화라고 믿는다. 그리고 이러한 우월적이고 위계적인 인식을 바탕으로 국제 사회나 국내 다문화 사회에서 서구 백인 중심의 권력행사를 당연시한다. 기존의 실재론적 다문화주의는 표면적이고 공식적으로는 문화 간 공존과 평화를 주장하고 있지만, 본질적이고 실질적으로는 서구 백인중심주의 가치와 문화를 우월시하고 다른 문화에게 배우고 따라야 할 문화적 표준이자 규범으로 강제하고 있는 것이다.

그래서 탈다문화주의 담론은 기존의 실재론적 다문화주의 담론과는 다른 인식론과 실천론을 추구한다. 탈다문화주의 담론은 문화를 고정적이고 불변적인 것이 아니라 역동적이며 변화하고 개선될 수 있는 것으로 이해한다. 또한 탈다문화주의 담론은 '문화 간 차이'가 아니라 '문화 간 조화(harmonization)'와 '문화 간 통합(integration)'을 강조한다. '문화 간 조화와 통합' 개념은 소수문화의 주류문화로의 동화나 소멸, 용해나 희석이 아니다. 또한 문화 간 차이를 무시하는 것도 아니다. 오히려 '문화 간 조화와 통합' 개념은 문화 간 차이를 인정하고 그것을 바탕으로 문화 간 교류와 소통 같은 상호작용을 통해 문화가 서로 변화하고 개선될 수 있다고 본다. 그리고 문화 간 조화와 통합 개념은 개인의 정체성 또한 반드시 단일문화에 기초한 정체성일 필요는 없다고 본다. 문화 간 교류와 소통을 통해 어떤 경우에는 서로 모순되고 충돌하더라도 개인이 복수의 문화적 정체성을 갖는 것이 바람직할 수도 있다고 인식하는 것이다.

예컨대, 서구 기독교문화와 중동 이슬람문화 그리고 동아시아 유교문화가 서로 단절되어 있고 고정적이며 불변적인 것이 아니라, 다문화 사회에서 소통하고 교류하는 상호작용을 통해 서로의 좋은 점을 배우고 좀 더 좋은 방향으로 개선될 수 있다고 인식하는 것이 바로 탈다문화주의 담론의 핵심인 것이다. 개인의 정체성도 마찬가지다. 동아시아 유교문화 속에서 성장한 사람도 서구 기독교문화나 중동 이슬람문화를 경험하고 소통하고 체화함으로써 동아시아 유교문화 정체성 뿐 아니라 서구 기독교문화 정체성 그리고 중동 이슬람문화 정체성을 복합적으로 지닐 수도 있다. 예컨대, 중동 이슬람문화 속에서 성장한 사람이라 하더라도 여성인권에 대한 서구문화의 영향을 받았다면 무슬림이면서 '서구적 여성인권'을 존중하는 복합적인 정체성을 지닐 수 있는 것이다.

이러한 탈다문화주의 담론에 기초한 탈다문화교육은 기존의 실재론적 다문화교육보다 더 나은 교육적 입지를 지닌다. 기존의 실재론적 다문화교육은 학생들의 문화적 차이를 강조하고 문화가 고정적이고 변화가 없는 것으로 이해하기 때문에 제대로 된 다문화교육을 실현하기 어렵다. 학생들의 문화적 차이가 고정적이고 불변적이라면 교육을 통한 학생들의 좋은 방향으로의 변화 가능성도 기대할 수 없기 때문이다. 예컨대, 실재론적 다문화교육은 이질적인 종교를 지닌 학생들이 서로의 종교를 존중하고 평화롭게 공존하는 것만을 추구한다. 종교 간 소통과 이해를 통해 학생들의 종교적 정체성이 좋은 방향으로 변화할 수 있는 점을 간과한 것이다. 이러한 문화실재론적 관점에서 바라보면 여성 차별 문화 속에서 성장한 학생은 여성 차별 문화 속에서 계속 살 수 밖에 없다. 하지만 탈다문화교육은 학생들의 종교적 차이가 '문화 간 조화와 통합'을 통해 좋은 방향으로 변화할 수 있다고 본다. 유교적 가부장주의 문화에서 성장한 학생이라도 학교에서 성평등 문화를 배우고 경험함으로써 '문화 간 조화와 통합'을 통해 성평등 문화를 수용할 수 있는 것이다. 탈다문화교육은 기존의 실재론적 다문화주의와 달리 교육을 통해 학생들의 문화나 정체성이 개선될 수 있다는 점을 이해할 수 있는 시각을 제공하는 것이다.

이와 관련하여 박선웅(2010: 36)은 '인류학적 문화 개념'과 '기호학[7]적 문화 개념'을 제시하였다. 박선웅은 기존 다문화교육의 문화 개념이 너무 고정적이고 실재론적이라고 지적하면서 이러한 문화 개념을 '인류학적 문화 개념'이라고 규정하였다. 그리고 이와는 달리 문화 개념을 변화하고 능동적인 것으로 이해하는 접근을 '기호학적 문화 개념'이라고 규정한 후 우리나라 다문화교육이 기존의

7) 기호학(semiotics)은 사람들이 사용하는 기호(sign)의 기능과 본질, 의미작용, 의사소통 등과 관련된 다양한 체계를 연구하는 학문이다. 인간들은 문자를 포함한 다양한 기호와 싱징들을 통해 자신의 생각을 표현하고 다른 사람의 생각을 이해하며 서로 의사를 소통한다. 기호학에서는 자기생각을 표현하거나 다른 사람의 생각을 읽어내는 행위(즉, 기호의 과정 sign processes)를 의미작용(signification)이라고 하고, 의미작용과 기호를 통해 서로 메시지를 주고받는 행위를 커뮤니케이션(communication)이라고 하며 의미작용과 커뮤니케이션을 합쳐 기호작용(semiosis)이라고 한다. 기호학은 기호작용에 관한 학문이다. 소쉬르는 기호를 기표(signifier)와 기의(signified) 그리고 기호 자체로 구성된다고 주장했다. 참고: 네이버 백과사전, Wikipedia 백과사전.

인류학적 문화 개념에서 기호학적 문화 개념으로 확장될 필요가 있다고 주장하였다.

그렇다고 그의 주장이 기존의 실재론적 다문화교육이 모두 의미 없는 교육이라는 것은 아니다. 박선웅(2010: 37)은 다문화교육의 목표를 '문화 간 차이에 대한 이해와 소통'과 '문화 간 불평등의 원인에 대한 비판적 인식'으로 구분하고, '문화 간 차이에 대한 이해와 소통'을 위해서는 인류학적인 문화 개념이, '문화 간 불평등에 대한 비판적 인식'을 추동하기 위해서는 기호학적 문화 개념이 필요하다고 설명하였다. 다양한 인종, 민족, 언어, 종교들이 객관적으로 드러나는 문화적 차이를 이해하기 위해서는 실재론적 다문화교육이 필요하지만 다양한 문화, 예를 들어 서구문화와 비서구문화 간 간에 발생한 위계적 권력관계를 이해하기 위해서는 기호학적 문화 개념이 필요하다는 것이다.[8] 즉, 제대로 된 다문화교육을 실현하

8) 기호학적 관점에서 바라보면 문화 개념은 전혀 실재론적이거나, 고정적이거나, 고정관념적이지 않으며 시간적으로도 변화가 없는 실체가 아니다. 오히려 기호학적 시각에서 바라보면 문화는 관념론적이고 관계적이고 상대적이며 상호주관적이며 능동적으로 변화하는 성격을 지닌 것으로 이해된다. 특히 여기서 중요한 점은 기호학적 시각에서 바라보면 '사회적 의미'는 사회적 권력관계에 의해 규정되기도 한다는 것이다. 문화는 기호학적 시각을 바라보면 기호들을 이분적으로 대립시키고 대립된 양자 간에 위계적인 질서를 부여하는 기능을 수행한다(진시원, 2004). 예컨대, 근대성과 이성에 기초한 서구 중심주의적 시각을 지닌 국제정치학은 선진국/후진국, 중심부/주변부, 제1세계/제3세계 등과 같이 국제 사회를 이등분하고 전자의 후자에 대한 지배와 우월성을 은연중에 강요해 왔다. 이런 시각에서 바라보면 문화는 기호의 이항대립적인 배치를 통해 서구/비서구, 백인/흑인과 황인, 남성/여성, 어른/아이, 일반인/장애인, 정상인/정신병자, 이성애/동성애, 인간/자연 등의 관계를 위계적인 불평등 관계로 환원시키는 기능을 수행해 온 것이다. 결국 기호학적 시각에서 보면, 문화는 이항대립적인 기호 작용을 통해 모든 사회적 관계를 주체/객체, 주류/비주류, 착취/비착취의 관계로 양분함으로써 사회의 권력관계

기 위해서는 기존의 실재론적 다문화교육과 새로운 탈다문화교육이 모두 필요하다는 것이 그의 주장이다.

교육은 기본적으로 학생들을 좋은 방향으로 변화시키는 것을 목표로 한다. 교육은 학생들이 타고난 소양을 스스로 좋은 방향으로 성취할 수 있게 북돋아주고, 학생들이 지니는 문제와 한계를 극복하고 개선할 수 있도록 도와주는 기능을 수행한다. 그런데 기존의 실재론적 다문화교육은 문화 간 차이를 당연시하고 문화를 고정적이고 불변적인 것으로 인식함으로써 다문화교육을 통해 얻을 수 있는 학생들의 좋은 방향으로의 변화를 인지할 수 없는 근본적인 인식론적 문제를 지닌다. 탈다문화교육의 필요성이 여기에 있는 것이다.

를 형성시키는 데 기여하고 있는 것이다. 기호학적 문화 개념은 사회적 불평등과 수직적 권력관계가 등장한 배경을 이해하고 이것을 극복하는 실천적 노력에 효과적인 철학적이고 인식론적 토대를 제공해주고 있는 것이다.

Reference

참고문헌

김상돈. 2010. “다문화교육의 목표와 내용 체계 연구”, 고려대학교 박사학위논문.

김용신. 2010. “다문화 사회의 시민형성 실태 분석: 다문화교육 접근”, 『비교민주주의연구』, 6(1):55-83.

박선웅, 이민경, 구정화, 박길자. 2010. “다문화교육 연구학교의 프로그램에 대한 비판적 분석”, 『시민교육연구』, 42(2):29-60.

박성혁, 곽한영. 2009. “다문화교육정책 국제비교를 통한 우리나라 다문화교육정책의 방향 모색”, 『시민교육연구』, 41(2):99-127.

은지용. 2020. “한국과 미국의 다문화교육 정책에 대한 비교 분석”, 『교원교육』, 36(1):193-220.

이용승. 2010. “다문화주의의 이론적 검토와 정당화”, 『민족연구』, 41:18-51.

이용승. 2011. “미국 다문화교육의 이론과 실제”, 『민족연구』, 47:80-100.

이현아, 최순영. 2012. 『주요 국가별 다문화정책』. 서울: 사회통합위원회.

전미현, 김대희. 2019. “캐나다의 다문화교육 정책에 대한 연구: 온타리오주의 평등과 다양성 교육을 중심으로”, 『현대 사회의 다문화』, 9(2):37-56.

진시원. 2004. “유럽연합에 대한 이론적 고찰 : 경쟁이론들의 장·단점 비교연구”, 『한국정치학회보』, 38(2):441-464

진시원. 2006. “지구적 거버넌스에 관한 대조적 고찰”, 『한국의 전망』, 제1호(2006년 봄).

진시원. 2018. “다문화주의에 대한 이데올로기적 검토”, 『다문화 사회연구』, 11(1):161-201.

Amosa, Wendy, Paul C. Gorski. 2008. “Directions and Misdirections in Multicultural Education: An Analysis of Session Offerings at the Annual Conference of the National Association for Multicultural Education”, Multicultural Perspectives, 10(3):167-174.

Banks, James A., C. A. M. Banks, ed. 2001. Multicultural Education: Issues and Perspectives, 4th Editon. Boston: Allyn & Bacon.

Banks, James A. 2002. Cultural Diversity and Education, MA: Allyn & Beacon.

Banks, James A. 김용신·김형기 역. 2007.『다문화 시민교육론』. 경기도 파주시: 교육과학사.

Bennet, Christine I. 2003. Comprehensive Multicultural Education: Theory and Practice. Boston: Pearson Education Inc.

Castagno, Angelina E. 2009. "Making Sense of Multicultural Education: A Synthesis of the Various Typologies Found in the Literature", Multicultural Perspectives, 11(1):43-48.

Hill, Ian. 2007. "Multicultural and International Education: Never the Twain Shall Meet?", Review of Education, 53(3):245-264.

Ho, Li-Ching. 2009. "Global Multicultural Citizenship Education: A Singapore Experience, The Social Studies", 100(6):285-293.

Kahn, Michele. 2008. "Multicultural Education in the United States: Reflections", Intercultural Education, 19(6):527-536.

Kirova, Anna. 2008. "Critical and Emerging Discourses in Multicultural Education Literature: A Review", Canadian Ethnic Studies, 40(1): 101-124.

Kincheloe, J and S. Steinberg. 1997. Changing Multiculturalism, Philadelphia: Open University Press.

McCarthy, Cameron. 1991. "Multicultural Approach to racial Inequality in the United States", Oxford Review of Education, 17(3):301-316.

McLaren, P. 1997. Revolutionary Multiculturalism: Pedagogies of Dissent for the New Millennium, Boulder. CO: Westview Press.

Sleeter, Christine E. Grant Carl A. Turning on Learning: Five Approaches for Multicultural Teaching Plans for Race, Class, Gender and Disability. Wiley, John & Sons.

Wikipedia, "Multiculturalism," http://en.wikipedia.org(검색일: 2010년 5월 25일).

https://www2.ed.gov/programs/becs/index.html

https://www2.ed.gov/policy/elsec/leg/esea02/pg49.html

02 PART

다문화주의, 이데올로기, 민주주의

3장 다문화주의와 이데올로기

4장 다문화주의와 민주주의

03
CHAPTER

다문화주의와 이데올로기[1)]

진시원

1. 서론
2 이데올로기와 다문화주의
3 다문화주의 정책
4 다문화주의에 대한 이데올로기적 접근
5 결론

초 록

다문화주의는 하나가 아니다. 다문화주의는 단순하게 동화주의의 반대말이 아니라는 것이다. 다문화주의 정책은 일반적으로 동화주의, 분리주의, 상대주의, 다원주의 등과 연계되어 이해되고 있지만, 다문화주의는 이외에도 여러 정치 이데올로기와 결합하여 다양한 유형의 다문화주의를 만들어내고 있다. 예컨대, 다문화주의는 정치 이데올로기와 결합하여 보수주의적 다문화주의, 자유주의적 다문화주의, 공동체주의적 다문화주의, 진보주의적 다문화주의, 공화주의적 다문화주의, 민족주의적 다문화주의, 세계시민주의적 다문화주의 등으로 다양화된다. 그리고 이들 다양한 유형의 다문화주의는 서로 간에 유사점과 차이점을 드러내며 세계화 시대에

1) 이 글은 진시원. 2018. "다문화주의에 대한 이데올로기적 검토", 『다문화 사회연구』, 제11권 1호에 실린 글이다.

하나의 중요한 현상인 다문화 사회에 대한 서로 경쟁적인 이데올로기적 인식과 정책 방향을 제시한다. 이 논문이 연구하고자 하는 것은 다문화주의가 다양한 정치 이데올로기와 결합하여 어떠한 특정 형태의 다문화주의를 만들어내는지 분석하고 그것들의 내용과 특징과 정책을 비교·분석하는 것이다.

주제어: 다문화주의, 정치 이데올로기, 다문화주의 정책

1 서론

1990년대 이후 한국 사회가 다문화 사회가 되어가면서, 다문화주의에 대한 논의는 이론적 차원, 정책적 차원, 데이터 축적과 분석 차원 등에서 다양하게 이루어져 왔다. 그러나 이와 같은 다양한 논의에도 불구하고 다문화주의에 대한 이데올로기적 접근은 만족스럽게 시도되지 않았다. 각 나라의 다문화주의 정책은 변화해왔다. 동화주의 정책이나 다원주의정책 등으로 변화해 온 것이다. 각국의 다문화주의 정책이 변화한 것은 다문화 현상의 심화와 사회·경제적인 환경의 변화가 중요한 배경요인이지만 각국의 정치 상황 변화도 중요한 요인 중 하나이다. 보수 성향의 정당이 집권한 경우와 진보 성향의 정당이 집권한 경우의 다문화주의 정책은 다르다. 따라서 이데올로기에 따라 다문화주의 정책이 어떻게 변화하는지 이해하는 것은 다문화주의 연구에서 중요한 영역이다.

다문화주의는 하나가 아니다. 다문화주의는 단순하게 동화주의

의 반대말이 아니라는 것이다. 한국 사회에서 다문화주의는 일반적으로 동화주의적 다문화주의, 분리주의적 다문화주의, 상대주의적 다문화주의, 다원주의적 다문화주의 등으로 구분되고 있지만, 다문화주의는 여러 이데올로기와 결합하여 다양한 유형의 다문화주의를 만들어내고 있다. 이 논문이 연구하고자 하는 것은 다문화주의가 다양한 이데올로기와 결합하여 어떠한 특정 형태의 다문화주의를 만들어내는지 분석하고 그것들의 내용과 특징을 비교·분석하는 것이다.

다문화주의는 어떤 이데올로기와 결합하느냐에 따라 이론적 기초와 정책 방향이 다양하게 변화한다. 다문화주의는 어떤 이데올로기와 결합하느냐에 따라 다양한 유형이 존재한다는 것이다. 다문화주의는 이데올로기와 결합하여 보수주의적 다문화주의, 자유주의적 다문화주의, 공동체주의적 다문화주의, 진보주의적 다문화주의, 공화주의적 다문화주의, 민족주의적 다문화주의, 세계시민주의적 다문화주의 등으로 다양화된다. 그리고 이들 이데올로기와 결합한 다양한 유형의 다문화주의는 서로 간에 유사점과 차이점을 드러내며 하나의 중요한 정치현상인 다문화 사회에 대한 서로 경쟁적인 이론적 인식과 정책 방향을 제시한다.

이 글은 다음과 같이 구성된다. 우선 II장에서 이데올로기의 특징을 간단하게 살펴보고, 다문화주의도 하나의 이데올로기이며 다른 이데올로기와 연계되어 다양하고 이질적인 내용과 정책을 생산한다는 점을 살펴본다. III장에서는 다문화주의 연구자들에게 익숙한 다문화주의 정책, 즉 동화주의, 분리주의, 다원주의, 상대주의정책이 무엇인지 그것의 내용과 특징을 서로 비교하며 살펴본다. 이러한 노력은 다음 장에서 살펴볼 내용, 즉 다양한 이데올로기들이 어떠한 다문화주의 정책을 추구하는지 알아보기 위한 선행 작업이다. Ⅳ장에서는 다양한 유형의 이데올로기들이 다문화주의를 어떻게 이해하고 있는지 하나씩 살펴보고 그것의 내용과 특징과 정책을 정리한다. 이러한 작업은 상이한 이데올로기와 결합한 다양한 다문화주의의 유형을 비교·분석할 수 있게 도와준다. 그리고 Ⅴ장 결론에서는 본론의 내용을 표로 정리한다.

2 이데올로기와 다문화주의

이데올로기는 과학이 아니다. 이데올로기는 객관적이고 합리적인 것이 아니라 당파적이고 주관적이며 허위의식적인 측면이 강하다는 것이다(만하임, 1979; 이충호, 1993: 238). 이데올로기는 또한 단순한 신념 체계가 아니다. 이데올로기는 신념 체계에 기초하여 특정한 사회적 관계와 구조를 옹호하며 특정한 태도와 행동을 정당화한다(Schattle, 2008: 74). 이렇게 본다면 이데올로기는 사회나 사회적 쟁점에 대한 인식과 신념뿐 아니라 그것에 대한 평가와 실천 프로그램을 동반한다(Goodwin, 1982: 3; Ecclershall et al., 1985: 8). 따라서 이질적인 이데올로기를 추구하거나 신봉하는 사람들은 특정 사회나 사회적 쟁점에 대해 서로 다른 인식과 신념, 평가와 정치적 실천을 추구한다. 이데올로기는 특정 사회 질서와 사회적 이슈를 그냥 유지할지 아니면 개선, 개혁, 타파할지 여부를 결정하는 기능을 수행하고, 바람직한 미래 비전을 제시하며 그것을 실현할 수 있는 방안과 대안을 자신의 구성요소로 확보하고 있어야 하는 것이다(Leach, 1991:

15; Baradat, 1991: 9).

이렇듯 다양한 이데올로기는 본질적으로 서로 간에 이질적이며 경쟁적이고 충돌적인 것인데, 이런 시각에서 바라보면 사회는 이데올로기 간의 경쟁과 갈등과 전쟁이 상시적으로 벌어지는 영역이다(Ecclershall et al., 1985: 8). 예컨대, 다문화 현상에 대한 인식과 평가 및 신념과 실천적인 정책 제안은 이데올로기마다 서로 이질적이고 경쟁적이며 충돌적이다. 따라서 다문화주의가 어떤 이데올로기와 결합하는가에 따라 다문화주의의 내용과 목표가 달라진다는 점을 이해하는 것이 중요하다.

다문화주의도 하나의 이데올로기이다(Elizabeth, 1999). 다문화주의가 이데올로기인 이상 다문화주의도 다문화 현상에 대한 인식과 신념, 평가와 정책을 내포하며, 이와 동시에 당파적이며 주관적이며 허위의식적인 측면 또한 강하게 포괄한다. 객관적이고 합리적인 다문화주의는 실현 불가능한 하나의 기대에 불과한 것이다.

다문화주의는 또한 단순한 사회 현상이 아니라 본래적으로 지극히 정치적인 의미를 지닌다. 한 마디로 다문화주의는 정치적인 것이고 정치성을 지닌다. 달리 말해, 다문화주의는 객관적이고 가치중립적인 단순한 개혁 슬로건이 아니라 그것 자체가 상당히 정치적인 의미를 지닌다는 것이다. 예컨대, 다문화주의는 두 가지 측면에서 국민국가의 또 다른 건설 과정에 다름 아니다(김창근, 2009: 26). 각국의 다문화주의는 두 가지 정치적 의도 중 하나의 표현으로 이해할 수 있다. 하나는 동화주의적 국민 만들기(nation building)로, 예컨대 국제결혼에 의한 이주여성을 한글교육이나 전통 예절교육 등을 통해 대한민국 국민으로 만드는 과정이고, 다른 하나는 분리주의적인 국가 만들기(nation building)로, 예컨대 캐나다 퀘벡주가 분리·독립하려는 움직임이다. 위에서 언급한 '동화주의적인 국민 만들기'와 '분리주의적인 새로운 국가 만들기'는 다문화주의가 철저하게 정치성을 지닌 이데올로기임을 보여준다. 정치의 핵심 개념과 기능이 국가와 국민이라는 두 개의 개념과 분리되어 설명하기 어렵다는 점에서, 다문화주의가 깊숙이 연계되어 있는 '국가 만들기'나 '국민 만들기'는 정치성 중에서도 가장 핵심적인 정치성을 지닌다고 볼 수 있는 것이다. 결국 다문화주의는 지극히 강한 정치성을 지닌 하나의 이데올로기이며, 다문화 현상에 대한 인식, 신념, 평가. 정책, 발전 대안과 미래비전 등을 지닌다는 점을 이해하는 것이 중요하다.

그러나 다문화주의에 대한 대부분의 연구는 다문화주의의 정치성, 특히 이데올로기적 측면을 소홀히 다루는 문제를 보여 왔다(조상식, 2009: 139). 우리 사회와 학계도 마찬가지다. 우리 사회와 학계는 일반적으로 다문화주의를 동화주의의 반대말 정도로 간단하게 이해하고 있다는 평가로부터 자유롭지 않다. 이 연구가 주목하는 것은 다문화주의가 어떤 이데올로기와 결합하느냐에 따라 그것의 핵심 내용과 목표가 달라진다는 점이고, 이 연구가 추구하는 것은 다양한 이데올로기에 따라 다문화주의 정책의 핵심 내용과 목표가 어떻게 달라지는지를 규명하는 데 있다.

3 다문화주의 정책

각국은 다문화 현상에 대응하기 위해 다양한 유형의 다문화주의

정책을 수립하고 추구한다. 다문화주의 정책은 일반적으로 동화주의 정책, 분리주의정책, 상대주의정책, 다원주의정책 등으로 구분된다. 다문화주의를 연구하는 학자나 다문화주의 정책을 수립하는 관료나 정치인들은 다문화주의 정책을 이렇게 분류하고 사용하는데 익숙하다. 그러나 이 글에서는 이러한 분류에 더해 평등주의적 정책을 추가한다. 동화주의(assimilationism), 분리주의(separatism), 상대주의(relativism), 다원주의(pluralism)만으로는 설명하기 어려운 다문화정책이 존재하고, 그 부분은 평등주의(egalitarianism)로 설명하기가 용이하기 때문이다.

평등주의적 다문화주의 정책은 모든 인간은 동등하게 소중하다고 인식하고, 인종, 민족, 문화, 종교, 언어, 국가적 차이를 떠나 모든 인간을 동등하고 소중하게 대우하는 정책이다. 동화주의적 다문화주의 정책은 소수집단의 정체성과 일체감보다 다수집단의 정체성과 일체감을 우선시하고, 소수집단의 정체성이 강화될수록 다수집단의 우세적 지위가 위협받고 국가 공동체가 분열된다고 믿는 정책이다. 따라서 동화주의 정책은 국가 공동체의 존속과 결속을 위해 소수집단의 문화는 주류집단의 문화에 동화되어야 한다고 주장한다. 동화주의 정책이 문화를 바라보는 시각은 자문화중심주의, 문화사대주의, 문화제국주의 등에 기초한다. 평등주의정책과 동화주의 정책은 문화와 집단의 '차이'를 무시한다는 점에서 서로 공통점이 있다. 평등주의정책은 동등하게 소중한 인간을 지향하면서 문화와 집단 간의 차이를 경시하는 측면이 있으며, 동화주의 정책은 주류집단의 문화를 보존하고 국가 공동체의 존속과 결속을 지향하면서 집단과 문화의 차이를 무시하는 점에서 서로 공동점이 있는 것이다(Hahn, 2010: 121).

다원주의적 다문화주의 정책은 사회와 집단이 다원화되어 있는 것이 사회를 다채롭게 만들고 사회 발전을 가져온다는 점에서 좋다고 인식하고, 사회와 집단의 다원화와 다양성을 존중하고 추구한다. 다원주의는 자유주의의 산물로 이성과 합리성에 기초한 이데올로기이다. 따라서 다원주의정책은 먼저 이성과 합리성에 기초하여 문화와 집단의 좋고 나쁨을 판단하고, 그 다음에 문화와 집단의 다원화와 다양성을 존중하고 추구한다. 예컨대, 특정 집단의 문화가 이성적으로 판단했을 때 비윤리적이거나 부정의한 측면이 존재할 경우 다원주의적 정책은 그 집단에 대한 존중과 지지를 철회한다.

상대주의적 다문화주의는 정책은 문화와 집단의 다원화와 다양성을 존중한다는 점에서 다원주의정책과 유사하지만, 특정 집단에 대한 이성적 판단을 내릴 수 있는 절대 기준이 존재하지 않는다고 주장하는 점에서 다원주의정책과 차이가 있다. 상대주의정책은 모든 문화와 집단은 스스로의 존재 이유를 지니며, 따라서 문화와 집단 간의 우열을 가리는 것은 불가능하고 좋은 태도도 아니라고 주장한다. 상대주의정책은 이성에 기초한 보편적 도덕률과 보편선을 거부한다는 점에서, 비윤리적이고 반인륜적인 문화나 집단을 비판하지 못하고 오히려 간접적으로 옹호하는 문제점을 지니고 있다.

분리주의적 다문화주의 정책은 문화와 집단 간의 교류와 공존과 배려가 아닌 문화 집단 간의 분리와 독립을 추구하는 정책이다. 분리주의정책은 소수집단이 자신의 독자성과 자율성을 강조하고 궁극적으로 주류집단으로부터 분리·독립하려는 목적 하에 추구하는 성격이 강하다. 분리주의정책은 소수집단이 열망하고 추구하는 다문화주의인 것이다. 분리주의정책은 소수집단이 자신만의 새로운 민족국가나 인종국가, 종교국가 등을 건설하려는 정치적 기획의 결과물이며, 따라서 주류집단의 반발로 인한 소수집단과 주류집단 간의 갈등과 충돌을 야기할 가능성을 지닌 정책이다.

이들 다문화주의 정책은 '문화집단 간 차이를 인정하는지 여부'와 '타 문화집단에 대한 인식의 차이'에 따라 **표 3-1**과 같이 정리된다. 집단 간 차이를 부정하고 타 집단에 대해 긍정적으로 인식하는 경우는 평등주의적 다문화주의 정책으로 귀결될 가능성이 높고, 집단 간 차이를 인정하고 타 집단에 대해 긍정적으로 인식하는 경우는 다원주의적 다문화주의 정책이나 상대주의적 다문화주의 정책으로 귀결될 가능성이 높다. 반면, 집단 간 차이를 부정하고 타 집단에 대해 부정적으로 인식하는 경우는 동화주의적 다문화주의 정책으로 귀결될 가능성이 높고, 집단 간 차이를 인정하고 타 집단에 대해(특히 소수집단이 주류집단에 대해) 부정적으로 인식하는 경우 분리주의적 다문화주의 정책으로 귀결될 가능성이 높다.

표 3-1 다문화주의 정책의 종류

	문화집단 간 차이를 부정	문화집단 간 차이를 인정
타 문화집단을 긍정적으로 인식	평등주의적 다문화주의	다원주의적 다문화주의 상대주의적 다문화주의
타 문화집단을 부정적으로 인식	동화주의적 다문화주의	분리주의적 다문화주의

4 다문화주의에 대한 이데올로기적 접근

다문화주의는 일반적으로 하나의 국가에 다양한 문화가 공존하는 것 또는 하나의 국가에서 다양한 인종, 문화, 언어, 종교 간의 관용과 평화적 공존을 증진하고 실현하려는 이데올로기라고 정의된다. 그러나 이러한 일반적이고 추상적인 정의는 실천 프로그램과 정책에 있어서 구체적인 행동 강령을 제시하지는 못하는 문제를 지니고 있다. 달리 말해, 하나의 국가 내에서 어떻게 인종, 문화, 언어, 종교 간의 차이와 이질감을 극복하고 관용과 평화적 공존을 이룰 수 있는지에 대한 구체적인 방법을 제시해주지는 못한다. 구체적인 방법을 찾는 문제는 다문화주의가 어떤 이데올로기와 결합하느냐에 따라 결정된다는 것이 이 연구의 주장이다.

1) 공화주의와 다문화주의

공화주의(republicanism)는 고대 그리스 도시국가와 로마의 정치체제에서 유래하고 영향 받은 이데올로기이다. 그리스 도시국가인 폴리스에서 시민은 그리스 출신의 성인 남성이며 재산가에 한정되었다. 여성과 노예, 아동과 청소년 및 이방인은 시민이 아니었다. 아테네 등 폴리스에서 시민은 민회와 평의회에 참여함으로써 직접 민주주의 체제를 유지하였다. 폴리스 시민은 직접 민주주의를 통해 치자이자 피치자이며 피치자이자 치자의 지위를 행사했다. 시민들은 폴리스 공동의 일에 적극 참여했으며, 민회와 평의회의 정책결정과정에 직접 참여함으로써 자신의 이익을 지키는 동시에 공익도 추구하는 역할을 수행하였다. 시민 개인의 사익이 공익이 되고 공익이 다시 사익이 되는 정치 공동체를 결성한 것이다. 폴리스 시민들은 자신의 재산을 지닌 자유로운 시민이었으며, 외부 적의 침입에 공동으로 직접 대항하는 군인이자 정치 공동체의 현안과 미래를 결정하는 정치인이기도 했다. 시민 개인과 정치 공동체가 하나로 연결된 민주적이며 공화주의적인 정치체제를 구성한 것이다(데이비드 헬드, 1993: 25).

이렇게 본다면 공화주의는 '개인'과 '공동체'의 중간 부분에 위치하며, 개인과 공동체를 연결하는 일종의 가교적 성격을 지닌다고 이해할 수 있다. 물론 공화주의는 기본적으로 공동의 일과 공동선을 강조함으로써 자유주의보다 공동체주의에 더 친화적인 이데올로기임에는 틀림없지만, 공화주의를 통해 자유주의와 공동체주의가 연결되고 이들 간의 교집합을 찾아낼 수 있는 근거가 마련된다는 점 또한 거부하기 어려운 사실이다. 공동의 일과 공동선에 대한 시민의 적극적인 참여는 개인의 사익과 공동체의 공익이 서로 결합하는 접점을 제공한다는 점에서 공화주의는 개인의 사익이 공동체의 공익이 되고, 다시 공익이 사익이 되는 이론적이고 실천적인 공간을 지니고 있는 것이다. 시민 개개인의 사익이 공익이 되고 다시 공익이 사익이 되는 공화주의적 공동체는 시민의 공동체에 대한 자발적인 애정과 충성심을 불러일으키는 공동체이다. 공동체에 대한 자발적인 애정과 충성심을 지닌 시민은 공동체 안에서 더욱 자유롭다고 느낀다. 공화주의는 개인은 공동체 안에서 진정 자유롭다고 주장한다(김남국, 2005a: 108-109). 또한 공화주의는 공동체 공동의 일과 공동선이 결정되고 추진되는 정치 과정에 적극 참여함으로써 개인은 자유로워진다고 주장한다. 이렇듯 공화주의는 개인과 공동체를 분리하고 개인의 자유와 권리만을 주장하는 자유주의와는 인식론과 이론적으로 차이가 있다. 공화주의와 자유주의는 서로 대척점에 서 있는 것이다.

공화주의는 이러한 역사적이고 이론적인 맥락에서 이해해야 한다. 공화주의는 그 어원이 레스 푸블리카(res publica)라는 라틴어에서 기원하는데, 그 의미는 '공동의 일'이라는 뜻을 지닌다. 공화주의는 기본적으로 개인의 자유와 권리보다 공동체 '공동의 일'을 우선시하는 이데올로기인 것이다. 그러나 공화주의는 공동의 일과 공공선에 대한 시민의 적극적인 참여를 강조하고, 참여에 있어서 시민들의 정치적 효능감이 동등성과 평등성을 확보하고 있어야 한다는 점을 강조한다. 공화주의를 지향하는 정치 공동체 하에서 시민 개개인은 공동의 일과 공공선에 적극 참여함으로써 자신의 사익을 공익에 반영할 수 있는 정치적 기회를 지닌다. 그리고 참여에 있어서 시민들 간의 공정성과 평등성을 확보하는 것은 중요하다. 참여과정에서 누군가 다른 시민보다 더 큰 영향력을 행사한다면 그것은 공동의 일과 공공선이 오히려 침해받고 약화되는 결과를 초래하기 때문이다.

따라서 공화주의 이데올로기는 참여에 있어서 서로 동등한 시민을 확보하는 문제와 이들 동등한 시민들 간의 소통과 합의를 실현하는 문제가 중시된다. 공적인 일에 참여하고 공동선을 추구하는 데 있어서 영향력이 동등한 시민들을 만들기 위해서는 모든 시민이 법 앞에 평등한 공동체를 만들고, 공동의 일과 공동선을 추구할 수 있는 경제력 여력을 지닌 시민을 만드는 일이 중요하다. 법 앞에 평등한 시민과 정치에 관심을 가지고 참여할 수 있는 경제적 여력이 있는 시민이 바로 공화주의적 시민인 것이다. 공화주의는 그래서 '법 앞 평등'을 강조하며, 경제력 여력을 지닌 시민을 양성하는데 깊은 관심을 가진다(비롤리, 2006: 12; 권용림, 2003: 102).

공화주의는 이런 측면에서 공동체주의와 친화적이다. 사실 공동체주의는 시민의 덕을 강조하는 동시에 공공의 일과 공동선에 대한 시민의 적극적인 참여와 소통을 강조한다는 점에서 공화주의와 유사하고 친화적이다. 공동체주의는 자유주의를 비판하며 고대와 근대 초기의 공화주의를 현 시대에 복원하려는 이데올로기인 것이다(김동수, 1994: 277).

그러나 공화주의는 몇 가지 문제점을 지닌다. 첫째, 개인보다 공동체를 강조하고 공동의 일과 공동선을 강조하고 추구하는 공화주의는 개인의 자율성보다 다수의 지배를 우선시하고, 다수의 지배가 개인과 소수집단에 대한 억압적 상황을 야기하는 '다수의 전제(tyranny of majority)' 가능성을 지닌다(김남국, 2005a: 111). 다수의 전제는 정도가 지나치면 전체주의나 전제주의로 왜곡될 가능성도 지닌다. 공화주의가 공동체 구성원 모두의 이해관계를 추구하는 것이 아니라 다수집단과 주류집단의 이해관계를 공동의 일과 공동선으로 인식하고 추구하는 상황이 실제로 존재한다는 것이다. 이 경우 공화주의는 '좋은 공화주의'가 아니라 '타락한 공화주의'라고 볼 수 있다. 둘째, 공화주의는 참여에 있어서 동등한 정치 효능감을 지닌 시민을 중시하면서 시민 간의 법 앞 평등과 경제적 평등을 강조하지만, 이 두 가지 조건을 모두 성취하기는 쉽지 않다. 국가 공동체에서, 특히 다문화 국가에서 시민들이 모두 실질적으로 법 앞에 평등하고 정치에 참여할 수 있는 정도의 경제적 여력을 지니기는 쉽지 않다는 것이다. 다문화 사회와 국가에서 자본가나 주류집단의 법에 대한 영향력과 경제력은 노동자나 소수집단에 속하는 시민들의 영향력보다 훨씬 강하다. 적지 않은 노동자와 소수집단 구성원은 경제적 여력이 없어서 정치에 관심을 보이기 어렵고 정치에 참여하기도 어려운 상황에 직면해 있는 경우가 많다. 다문화 국가에서 자본가와 노동자 그리고 주류집단과 소수집단이 법 앞에 서로 평등하고, 노동자와 소수집단이 정치에 적극 참여할 수 있을 만큼 경제적으로 여력이 있다고 믿는 사람은 그다지 많지 않다.

이러한 문제점을 지니는 공화주의는 다문화주의를 추구하는 데 있어서 몇 가지 특징을 드러낸다. 첫째, 공화주의적 다문화주의는 개인과 공동체를 연계하려는 노력을 강조하지만, 기본적으로 개인이 아닌 공동체 공동의 일과 공동선을 강조한다는 점에서 개인과 소수보다 공동체와 다수의 이해관계를 우선시한다. 그리고 이 지점에서 공화주의적 다문화주의는 다수의 억압과 전제 가능성을 지닌다(Young, 1990: 117; 김남국, 2005b: 92 재인용). 둘째, 개인보다 공동체를 그리고 소수보다 다수를 중시하는 경향을 지닌 공화주의적 다문화주의는 동화주의적 다문화주의로 귀결되기 쉽다(김남국, 2005a: 114). 개인과 소수의 문화적 가치보다 공동체와 다수의 문화적 가치를 더 우선시할 수 있다는 것이다. 셋째, 공화주의적 다문화주의는 공동의 일과 공동선이 무엇인지에 따라 다문화주의의 목표와 내용이 달라진다. 이상적인 공화주의적 정치 공동체 하에서 공동체 공동의 일과 공동선은 동등한 구성원 모두가 참여하여 소통하고 민주적으로 결정해야 한다. 공동의 일과 공공선이 무엇인지 공동체 구성원 모두가 동등한 영향력을 지니고 참여하고 심의하고 합의해야 한다는 것이다. 이 경우 공화주의는 '이상적 공화주의' 혹은 '좋은 공화주의'라고 볼 수 있는데, 좋은 공화주의는 다원주의적 다문화주의를 추구하기 쉽다. 좋은 공화주의는 공동체 구성원과 집단 모두의 참여와 소통과 동등성을 강조하고 추구하기 때문이다. 반면, 공동의 일과 공공선이 공동체 구성원 모두의 참여와 소통과 합의에 기초한 것이 아니라면 공화주의적 다문화주의는 다수의 전제나 비민주적인 국가주의 혹은 전체주의로 귀결될 수 가능성이 상존한다. 좋지 않은 공화주의의 사례인 것이다. 예컨대, 프랑스에서 부르카 금지법을 놓고 발생한 프랑스 공화주의 공동체의 분열은 공화주의적 다문화주의의 문제점을 잘 보여준다. 프랑스는 공화주의적 전통을 강조하는 국가로 프랑스 혁명의 정신인 자유, 평등, 박애와 관용 정신을 국가 공동체의 핵심 정체성으로 추구한다. 프랑스 정부는 부르카가 여성의 자유와 평등을 침해하는 성격이 강하다는 점에서 공공장소에서 부르카 착용을 금지했지만, 이슬람 세력은 정부의 부르카 금지법이 종교의 자유를 침해하고 관용 정신에도 위배된다고 강하게 항의하면서 폭력사태가 발생하는 문제가 생겨났다. 공화주의적 다문화주의는 다수의 전제 가능성에 직면해 있는 것이다.

프랑스의 공화주의적 다문화주의의 특징은 공화주의적 원칙을 견지하며 프랑스의 다문화 현상에 대응하기 위한 목적에서 1989년 창설된 사회통합위원회의 보고서 내용을 살펴보면 명확하게 드러난다(홍태영, 2010: 371). 1997년 보고서는 프랑스 보편주의는 소수자나 소수집단의 특수성을 인정할 수 없으며, 프랑스 공화주의는 특정 소수자와 특정 집단의 권리를 인정하지 않는다는 내용을 담고 있다. 또한 이 보고서는 프랑스 공화주의가 추구해야 할 것은 소수집단의 권리가 아니라 프랑스 공화국이 지향하는 목표와 가치이며 법 앞 평등이라는 점도 명시하고 있다. 프랑스 공화주의는 다문화주의에 대해 명백하게 부정적인 입장을 표명하고 있는 것이다. 프랑스 공화주의는 다문화주의를 공화주의에 대한 도전으로 인식하고, 다문화주의가 궁극적으로 공화국 자체를 부정할 가능성이 있다는 점을 우려하고 있는 것이다(홍태영, 2010: 372).

2) 자유주의와 다문화주의

자유주의(liberalism)는 몇 가지 특징을 지닌다. 첫째, 자유주의는 계몽주의의 산물로 이성과 합리성을 지니고 추구한다. 따라서 자유주의는 불합리하고 부정의한 사회현상과 본질에 대해 그것을 개선해야 한다는 개혁 성향을 지닌다. 둘째, 자유주의는 개인의 자유, 생명, 권리(특히 사유재산권)는 천부인권이고 따라서 그 누구도 침해할 수 없다는 믿음을 지닌다. 자유주의는 공동체주의가 아닌 개인주의 성향이 있으며, 국가 중심주의가 아닌 반국가주의 성향을 지닌 것이다. 개인의 자유와 생명, 권리를 그 무엇보다 중시한다는 점에서 개인주의 성향이 강한 것이며, 국가가 개인의 자유, 생명, 권리에 개입하고 침해하는 것에 반대한다는 점에서 반국가주의 성향을 드러내기 때문이다. 자유주의의 반국가 성향은 자유주의가 경제적 측면에서 자유시장주의(자유방임주의)와 사유재산권을 강조하는 입장으로 연결되며, 정치적 측면에서는 최소국가나 야경국가 혹은 필요악 국가를 강조하는 태도로 연결된다(Guerriere, 2001). 자유주의 이데올로기는 자유시장, 사유재산권, 최소국가 등과 같은 핵심어로 대변되는 것이다. 셋째, 자유주의는 낙관적이고 조화로운 세계관을 지닌다. 자유주의는 합리적인 개인이나 단체가 자신의 이익을 이기적으로 추구해도 사회 전체는 조화롭게 발전한다는 믿음을 지닌다. 이러한 낙관론이 경제 영역으로 연결된 것이 바로 비교우위론이다. 자유주의의 낙관적이고 조화로운 세계관은 국가들이 이기적으로 자기이익을 추구해도 각국이 비교우위를 확보한 산업에 특화하고 자유무역을 한다면, 무역에 참여한 모든 국가가 함께 득을 볼 수 있다는 낙관적인 경제이론으로 귀결된 것이다.

자유주의의 이러한 이데올로기적 특징은 자유주의가 추구하는 다문화주의에 지대한 영향을 미친다. 첫째, 자유주의의 합리적이고 이성적이며 개혁적인 측면은 자유주의적 다문화주의가 자문화중심주의나 문화 제국주의, 인종 차별주의 등에 반대하는데 기여한다. 자유주의적 다문화주의의 이러한 입장은 자유주의의 핵심 가치인 자유, 인권 개념에 기초한다. 특히 사회적 소수집단이나 소외집단이 처해 있는 어려움과 불평등을 해소하기 위한 자유주의적 다문화주의의 노력은 자유주의의 합리적이고 계몽주의적인 전통에 근거한다(심승환, 2009: 131).

둘째, 자유주의의 개인주의 성향과 국가 개입에 대한 거부감과 혐오감은 국가가 다문화주의 정책에 참여하거나 다문화정책을 주도하는데 반대하는 입장으로 귀결된다. 자유주의는 국가가 특정 소수 집단이나 그 집단의 문화를 지원하는 것에 반대한다. 자유주의는 인종, 종교, 문화, 민족 등이 얽혀 있는 국내문제에 개입하지 않는다는 원칙을 고수하고 있는 것이다. 특히 자유주의가 신성시하는 사유재산권에 대한 강조는 자유주의적 다문화주의가 개인의 사유재산권을 침해할 소지가 있는 다문화정책에 반대하는 입장으로 귀결된다. 자유주의적 다문화주의는 소수집단과 그들의 문화 보호를 위한 국가의 경제·사회적 지원에 반대한다. 국가의 경제·사회적 지원은 세금인상 등으로 개인의 사유재산권을 국가가 침해할 가능성을 높인다고 보기 때문이다.

셋째, 자유주의의 개인주의 성향은 집단주의 성향을 지닌 다문화주의에 대한 거부감으로 연결된다. 자유주의자들은 다문화주의가 지닌 집단주의 성향이 자유주의가 중시하는 자유주의적 가치와 개인주의적 가치를 훼손한다고 주장한다(곽준혁, 2007: 28-29). 예컨대, 자유방임주의적 시각에서 철저하게 개인주의적 입장을 견지하는 케이텝(Kateb)은 특정 집단에 대한 강한 소속감과 일체감은 개인의 자유를 침해하고 개인의 삶을 지배할 가능성이 있다고 비판한다(Kateb, 1994: 517-523; 김남국, 2005b: 93 재인용). 또한 자유주의적 다문화주의는 다문화주의를 통해 국가가 소수 집단의 권리를 보호하는 경우, 소수 집단 내에 거주하는 특정 개인의 권리나 인권이 침해를 받는 상황이 발생할 수 있다는 점에 강한 우려감을 나타낸다.

넷째, 자유주의의 낙관적이고 조화로운 세계관은 다문화주의를 추구하는 데 있어서도 그 모습을 드러낸다. 자유주의적 다문화주의는 다문화주의를 추구하는 데 있어서 국가의 주도력이나 지원이 필요하다고 보지 않는다. 다양한 집단과 개인은 그대로 놔두더라도 서로 조화롭게 발전한다고 자유주의는 믿고 있기 때문이다.

다문화주의에 대한 자유주의의 이러한 인식과 접근은 몇 가지 문제를 야기한다. 첫째, 현재 지구상에 존재하는 대개의 다문화 사회는 실질적으로 평등하지 않다. 대다수 다문화 사회에서 주류집단과 소수집단 간의 불평등은 분명히 존재하는 현상이며, 그 격차가 더욱 커지고 있는 것이 현실이다. 따라서 집단 간의 불평등과 차별과 소외를 해소하기 위해 국가가 다문화주의 정책에 개입하는 것에 반대하는 자유주의적 다문화주의의 입장은 보수적이고 기득권 친화적이며 현상유지적인 측면이 존재한다. 이러한 상황은 자유주의가 추구하는 합리성과 이성주의 및 개혁 성향과는 기본적으로 거리가 멀다. 이 경우 자유주의는 다문화주의와 충돌하고 갈등한다. 예컨대, 미국의 자유주의가 추구하는 문화 다원주의는 주류집단과 소수집단 간의 사회경제적 불평등과 위계적 권력관계를 해소하는데 성공하지 못했다. 문화 다원주의는 집단 간 권력구조를 개혁하는 데 근본적인 한계를 지닌 것이다(하윤수, 2009: 120-121).

둘째, 자유주의와 다문화주의는 서로 내적으로 바로 연계되는 논리 구조를 지니고 있지 않다. 즉, 자유주의와 다문화주의는 서로 직통하지 못한다. 개인의 자유와 자율을 강조하는 자유주의와 집단의 자유와 자율을 강조하는 다문화주의는 서로 직접 연결되기 어려운 것이다. 자유주의와 다문화주의는 '다원주의'를 매개로 연결된다(김남국, 2005a: 107). 우선 자유주의는 다원주의와 유사하며 서로 통한다. 개인의 자유와 권리를 중시하는 자유주의는 개인들이 참여하여 구성한 다양한 집단 간의 공존과 자유로운 경쟁이 벌어지는 현상에 대해 다원주의의 이름으로 우호적이다. 자유주의 사회는 개인주의 사회이자 다원주의 사회인 것이다. 이렇듯 자유주의와 다원주의는 서로 통한다.

하지만 자유주의와 다문화주의는 서로 직접적으로 통하지 못한다. 개인주의를 지향하는 자유주의는 다원주의를 통해서만 집단에 대한 접근성을 확보할 수 있으며, 이를 통해 다문화주의와 연결된다. 다원주의는 집단을 중시한다는 점에서 다문화주의와 서로 통한다. 다원주의는 기본적으로 다문화주의와 일맥상통하는 것이다. 이렇듯 다원주의는 자유주의와 다문화주의를 연결하는 일종의 다리 역할을 수행한다. 하지만 결과적으로 자유주의는 집단과 집단주의보다 개인과 개인주의를 선호한다는 점에서 그리고 다문화주의는 개인과 개인주의보다 집단과 집단주의를 중시한다는 점에서 자유주의와 다문화주의는 서로 쉽게 좁히기 어려운 거리감을 지니고 있다. 자유주의와 다문화주의는 서로 직접적으로 연계되기에는 거리감이 존재하는 것이다. 결국 자유주의와 다문화주의는 다원주의를 매개로 서로 연결되어 있을 뿐이며, 다원주의가 약화되면 자유주의와 다문화주의는 다시 멀어지고 서로 공존하기 어려운 상황에 봉착할 가능성이 높아진다.

정리하면, 자유주의는 다원주의와 친화적이며 그 바탕 위에서 문화와 인종과 집단의 다양성과 공존을 추구한다. 이렇듯 자유주의는 다원주의와 연계하여 모든 문화와 집단을 동등하게 대할 수 있는 다문화주의적 근거를 지니고 있지만, 소수 문화와 주류 집단 간의 불평등을 개선하기 위한 국가의 개입과 경제적 지원을 반대한다는 점에서 다문화주의와 충돌한다. 자유주의가 신성시하는 개인주의와 사유재산권은 자유주의가 다문화주의를 추진하는 데 있어서 가장 큰 장애물로 작용한다. 반면에 자유주의가 이성과 합리성에 기초한 자신의 사회개혁 성향을 견고히 추구한다면 자유주의는 다문화주의와 더욱 친화적인 관계를 맺을 수 있는 이론적 토대를 지닌다.

사실 자유주의는 단일한 이데올로기가 아니다. 자유주의는 역사적으로 변화를 거치면서 폭 넓은 이데올로기적 스펙트럼을 확보하고 있기 때문이다. 자유주의는 스미스(Adam Smith)와 로크(John Locke)로 대변되는 고전적 자유주의, 밀(John Stuart Mill)과 그린(Thomas Hill Green)으로 대변되는 근대(modern) 자유주의, 롤즈(John Rawls)로 대변되는 평등주의적 자유주의, 하이에크(Friedrich Hayek)와 프리드먼(Milton Friedman)으로 대변되는 신자유주의, 노직(Robert Nozick)으로 대변되는 자유지상주의(Libertarianism)로 변화를 거듭해오며 자신의 이데올로기적 내용과 특징을 확장해 왔다. 고전적 자유주의와 신자유주의 그리고 자유지상주의는 개인주의, 사유재산권, 최소국가, 자유시장주의라는 핵심 개념을 통해 서로 유사점을 공유한다. 반면, 근대 자유주의와 평등주의적 자유주의는 과도한 자유시장주의와 사유재산권의 신성시가 가져오는 불평등과 사회 부정의 문제를 해결하기 위해 자유주의가 자신의 이성과 합리성에 기초한 개혁성향을 되살려낸 자유주의이다.

자유시장과 개인의 사유재산권을 강조한다는 점에서 자유주의는 결과적 평등이나 분배 정의에 있어서 근본적으로 취약한 이데올로기이다. 결과적 평등을 추구하는 사회주의나 공산주의 이데올로기는 모든 유형의 자유주의와 근본적으로 충돌한다. 그리고 빈부격차 악화와 독과점, 교육의 기회 상실 등 소위 '시장의 실패'를 대변되는 고전적 자유주의의 문제점을 개선하기 위해 등장한 근대 자유주의와 평등주의적 자유주의는 분배 정의를 위한 국가의 개입을 인정하지만, 그것이 자유시장 체제와 개인의 사유재산권을 근본적으로 부정하거나 심각하게 침해하는 선에서 이루어지는 것은 아니다. 근대 자유주의와 평등주의적 자유주의가 분배 정의를 위한 국가의 시장 개입을 인정하지만 그것은 어디까지나 자유시장 체제와 사유재산권을 보호하는 틀 안에서 이루어지는 것이다.

이처럼 고전적 자유주의, 근대 자유주의, 평등주의적 자유주의, 신자유주의, 자유지상주의는 평등과 사회 정의 문제에 있어서 두 집단으로 나뉘며 차이를 보이고 있지만, 그럼에도 불구하고 두 부류의 자유주의는 '법 앞 평등'과 '기회 평등'이라는 평등관을 공유한다는 점에서 서로 동질적이다(Goodwin, 1987: 37-47; Heywood, 1992: 18-40; Gray, 2007: 16-17). 경제적 평등과 결과적 평등에 대해서는 강한 거부감을 지니고 있지만 그 대신 법 앞 평등과 기회 평등을 통해 사회 구성원 간의 평등을 추구하는 것이 모든 자유주의의 평등관인 것이다.

따라서 같은 자유주의라 하더라도 다문화주의를 대하는 고전적 자유주의, 신자유주의, 자유지상주의의 입장과 근대 자유주의, 평등주의적 자유주의의 입장은 서로 차이가 있다. 고전적 자유주의와 신자유주의, 자유지상주의는 다문화주의에 대해 적극적이지 않다. 특히 이들은 소수 집단을 지원하기 위한 국가의 경제적 지원을 달가워하지 않고 반대한다. 반면 근대 자유주의와 평등주의적 자유주의는 소수 집단을 지원하기 위한 국가의 경제적 지원에 동의한다. 결국 자유주의적 다문화주의는 하나로 분류하기 어렵다. 자유주의적 다문화주의는 자유주의가 고전적 자유주의, 신자유주의, 자유지상주의인지, 아니면 근대 자유주의, 평등주의적 자유주의인지에 따라 목표와 내용이 달라지는 것이다.

이미 살펴본 대로 자유주의는 다원주의와 친화적이다. 따라서 자유주의적 다문화주의는 다원주의적 다문화주의로 이해되는 것이 일반적이다. 여기서 중요한 점은 다원주의적 다문화주의와 상대주의적 다문화주의를 구분하는 것이다. 다원주의적 다문화주의를 상대주의적 다문화주의와 혼용하여 이해하는 경우가 종종 발생하기 때문이다. 상대주의적 다문화주의는 모든 문화가 독자적인 존립체계를 지니고 있기 때문에 서로 비교할 수 있는 대상이 아니며, 따라서 모든 문화는 저마다의 존재 이유를 지니고 서로 우열을 따지기 어렵다는 문화 상대주의적 시각을 지닌다. 한 마디로 상대주의적 다문화주의는 이성에 기초한 보편적인 도덕률을 인정하지 않는다(Crowder, 2008: 248-251). 상대주의적 다문화주의는 극단적인 경우 비합리적이고 반인권적이며 비윤리적인 문화도 그것의 존재 가치를 인정하는 인식론적인 문제를 지니고 있는 것이다. 이 경우 문화의 이름으로 문화 공동체 구성들에게 가해지는 억압과 폭력이 정당화되는 불합리한 상황이 발생한다.

반면에 문화 다원주의는 인간이 공유하는 이성에 기초한 보편적 도덕률이 사회·문화·종교적 차이를 떠나 존재한다고 보고, 그러한 보편적 도덕률을 신뢰하고 추구한다. 문화 다원주의는 문화의 이름으로 개인에게 가해지는 비이성적이고 반인권적인 억압과 폭력에 반대하는 것이다. 자유주의가 추구하는 다원주의적 다문화주의는 자유주의와 문화 다원주의가 결합한 것이다.

따라서 자유주의적 다문화주의는 다원주의적 다문화주의와 친화적이며 그 내용과 특징에 있어서 자유주의 가치와 문화 다원주의 가치를 공유한다. 첫째, 자유주의적 다문화주의는 자유주의 가치인 개인의 자유와 권리와 생명을 중시한다. '공동체 구성원으로서의 개인'과 '개인주의적인 개인' 중에서 후자를 더 우선시하는 것이다. 이 말은 자유주의적 다문화주의가 기본적으로 공동체보다 개인을 우선시한다는 말이다. 예컨대, 공동체의 가치와 개인의 가치가 서로 경쟁하고 충돌하는 경우에 자유주의적 다문화주의는 개인의 가치를 더 중시한다. 특정 공동체가 문화와 종교와 전통의 이름으로 공동체 구성원의 인권을 침해한다면, 자유주의적 다문화주의는 공동체의 자율과 자유보다 공동체 구성원 개인의 인권을 더 중시한다는 것이다. 둘째, 자유주의적 다문화주의, 특히 고전적 자유주의, 신자유주의, 자유지상주의는 다문화 집단을 위한 국가의 경제적 지원에 반대한다. 개인의 사유재산권을 신성시하고 경제적 평등 개념을 도외시하는 이들 자유주의는 국가의 경제적 지원이 개인의 사유재산권을 침해한다고 이해한다. 셋째, 그럼에도 자유주의적 다문화주의는 법 앞 평등과 기회평등을 추구함으로써 다문화 집단을 평등주의 차원에서 지원할 수 있는 이데올로기적 근거를 지닌다. 넷째, 자유주의적 다문화주의는 자유주의가 지닌 이성 중심 사고에 기초하여 불합리한 사회구조를 개선하려는 개혁성향을 지닌다. 다문화 집단 간의 사회경제적 불평등이 가속화되고 특정 다문화 집단이 억압과 차별과 폭력에 노출되어 있다면, 자유주의적 다문화주의는 이성에 기초한 개혁성향에 의해 그러한 불합리하고 부정의한 상황을 개선하기 위해 노력할 가능성을 본래적으로 지니고 있는 것이다. 예컨대, 자유주의자인 거트만(Gutman)은 다양한 문화집단이 존재하는 것은 자유주의와 다원주의 이데올로기가 희구하는 이상적인 상황으로 기본적으로 바람직한 현상이라고 인식한다. 하지만 여기서 중요한 것은 특정 문화집단이 자유주의의 핵심 가치인 자유, 인권, 기회평등, 법치주의 등을 준수하고 증진하는지 여부라고 주장한다(Gutmann, 2003: 16-26; 김남국, 2005b: 94 재인용). 소수집단이 자유주의의 핵심가치를 문화와 전통의 이름으로 침해하거나 훼손한다면, 자유주의는 그러한 소수집단에 대한 지지를 철회하고 그들의 잘못된 문화와 전통을 개혁하는 움직임에 나설 수 있다는 것이다.

3) 보수주의와 다문화주의

보수주의(Conservatism)는 과거로부터 내려오는 전통과 제도와 문화는 인류의 지혜가 쌓여 축적되어온 것으로 기본적으로 좋은 것이고, 그래서 지키고 보전하는 것이 사회 질서와 안정을 위해 필요하다는 인식에 기초한 이데올로기이다. 전통과 제도와 문화는 역사적이고 지속적으로 개량되어 온 것으로 현재적 시점에서 볼 때 최적화 된 것이자 좋은 것이라고 생각하는 것이다. 따라서 보수주의는 사회의 전통과 제도와 문화를 급속히 개혁하거나 해체하는 일은 사회의 무질서와 불안정을 야기하는 주요 원인이라고 주장한다(Roskin et al., 2003: 96).

이러한 점에서 보수주의는 다문화주의를 국가와 사회의 질서와 안정 유지 측면에서 접근한다. 다문화주의는 국가와 사회의 질서와 안정에 도움이 되는 방향으로 추진되어야 하며, 만약 다문화주의가 질서와 안정을 약화시키는 방향으로 작동한다면 보수주의는 다문화주의에 반대하고 거부한다. 달리 말해, 보수주의는 다문화주의를 정치 공동체의 안정과 질서와 공동선을 유지하고 강화하기 위한 수단으로 인식한다(김창근, 2009: 26).

이러한 인식의 연장선상에서 보수주의는 다문화주의가 국가나 사회의 정체성을 약화시키는지 여부에 대해 관심과 우려를 드러낸다. 다문화주의로 인해 다양한 인종과 종교와 언어가 섞인다면 과거로부터 내려오는 제도와 문화가 약해지거나 붕괴할 수 있고, 그렇게 될 경우 국가와 사회는 불안정과 무질서로 빠져들 가능성이 높다는 것이다. 달리 말해, 한 나라의 국가 정체성이 다문화주의가 야기한 문화다양성에 의해 약화되고 마침내 그 특징을 찾아보기 어렵게 되어버리는 상황에 대해 보수주의는 강한 불만과 우려를 보이고 있는 것이다. 예컨대, 영국 총리이자 보수당 당수였던 캐머론(David Cameron)은 영국이 다문화주의를 신봉하고 추진하면서 영국인으로서 느끼는 정체성과 국가적 일체감이 상당 부분 훼손되었다고 주장했다. 지난 2011년 캐머론은 다문화주의가 테러리즘의 발생과 연계되어 있고 그 결과 시민의 자유를 억압하는 결과를 초래했다고 주장하고, 영국으로 들어오는 사람은 누구든지 영국의 핵심 가치들을 공유하고 받아들일 준비가 되어 있어야 한다고 주장했다(Kelly & Crowcroft, 2012: 110). 다문화주의에 대한 보수주의의 이러한 두려움과 우려는 보수주의적 다문화주의를 동화주의적 다문화주의로 이끈다. 보수주의의 다문화주의는 동화주의인 것이다.

보수주의는 다문화주의가 세 가지 방식으로 국가 정체성을 약화시킨다고 주장한다(Uberoi, 2008: 404). 첫째, 다문화주의는 사람들이 국가 정체성보다 자신이 속한 문화의 정체성에 더욱 관심을 갖고 일체화하게 함으로써 국가 정체성이 중요하지 않은 것으로 느끼게 한다는 것이다. 둘째, 다문화주의는 국민들이 공유하는 국가 정체성이나 국민 정체성을 약화시켜 결국에는 국민들이 더 이상 공동의 정체성을 공유하고 있지 않다는 인식에 도달하게 만들 수 있다는 것이다. 셋째, 다문화주의는 국가가 교육이나 방송을 통해 국민들이 공유하는 국가 정체성이나 국민 정체성을 만들어가는 작업을 어렵게 하거나 금지시킬 수 있다는 것이다. 국민 공동의 정체성을 만들기 위한 국가의 노력이 어렵게 되면 국가 정체성은 점차 모호해지고 결국에는 무엇인지 알기 어려워질 가능성이 존재한다는 것이다. 결국 국가는 자신의 고유의 영토를 지니고 그 안에서 공동의 신화와 역사와 문화를 지닌 공동체인데, 다양한 집단과 문화의 차이를 존중하고 이들 간의 공존을 추구하는 다문화주의는 동질적인 국가 정체성을 약화하고 종국에는 해체하는 상황을 가져오기 쉽다는 것이다.

예컨대, 미국의 보수주의는 미국의 자유주의가 추진한 다문화주의에 대해 거부감과 비판을 드러내는데(Guerriere, 2001), 다문화주의를 좌파의 새로운 아편이며, 천박한 마르크스를 대체하는 반동적 좌파라고 비난한다(홍태영, 2010: 372). 미국의 자유주의가 문화 간 평화공존을 추구해왔지만 문화 간 차별이 해소된 것이 아니라, 오히려 적대와 갈등과 살인으로 귀결되었으며 결국에는 미국의 발칸화(Balkanization)를 야기했다는 것이다. 미국의 보수주의는 다문화주의를 급진적 자유주의자들이 만들어낸 실패한 정치-도덕적인 의제라고 인식하고 있는 것이다. 여기서 말하는 급진화된 자유주의 혹은 급진적 자유주의(radical liberalism)는 1960년대 이후 등장한 미국식 자유주의를 미국 보수주의 시각에서 지칭한 것이다. 급진적 자유주의는 사회 구성원들의 평등을 강조한다. 억압 받고 차별 받는 사회 구성원이 존재하다는 사실은 이성과 개혁 성향을 지닌 자유주의자들이 무시하기 어려운 불합리하고 불평등한 사회 현상이기 때문이다. 따라서 급진적 자유주의는 사회적 소수자인 유색인종, 여성, 동성애자, 장애인 등에 대한 차별 극복과 평등을 추구하며, 미국 사회의 인종차별과 가부장제를 극복하기 위해 노력한다. 또 급진적 자유주의는 미국 사회가 인종, 문화, 종교 등의 영역에서 동등하고 평등한 짜깁기(patchwork) 사회로 재편되어야 한다고 주장한다(Guerriere, 2001).

또 다른 사례는 영국의 보수당과 호주의 보수당이 추진하는 다문화주의 정책에서 확인된다. 영국의 보수당은 다문화주의를 사회와 국가의 결속을 해치는 위협이라고 인식한다. 영국 보수당은 다문화주의가 영국의 영국다운 특성을 훼손하고 있다고 판단하는 것이다(Kelly and Crowcroft, 2012: 110). 호주의 보수당도 마찬가지이다. 호주의 다문화정책은 몇 번의 변화를 거쳤는데, 호주 다문화정책이 동화주의에 기초한 시기는 보수당 집권기인 1945년~1972년 사이의 시기이다. 이 시기 호주는 백호주의에 기초한 자문화중심주의를 추진하며 이주민들에게 자신의 문화와 언어를 포기하도록 강요하였다(정종진, 2011: 49).

보수주의는 고전적 보수주의와 신보수주의로 구분된다. 고전적 보수주의가 위에서 설명한 내용을 핵심으로 한다면, 신보수주의는 미국에서 발생한 이데올로기이다. 미국에서 신보수주의가 등장한 배경은 미국 자유주의에 대한 미국 보수주의의 새로운 대응에서 찾을 수 있다. 미국의 자유주의를 이해하기 위해서는 미국의 역사와 맥락을 이해해야 한다. 미국의 자유주의는 근대 자유주의이다. 미국의 보수주의는 자신이 보존하고 유지해야 하는 전통으로 영국의 고전적 자유주의 특히 로크(Locke)의 사유재산권과 최소국가 개념을 중시했다. 미국의 보수주의는 영국의 고전적 자유주의를 핵심내용으로 추구한다.

반면에 1930년대 대공황 시기에 등장하고 1960년대에 급진화된 미국의 자유주의는 영국의 '근대 자유주의'에 영향을 받은 것이다. 시장실패와 사회 불평등은 국가가 나서야 개선해야 한다는 주장을 펼친 밀(Mill)과 그린(Green)과 케인스(J. M. Keynes)의 근대 자유주의에 영향을 받은 것이다. 미국의 자유주의는 케인스주의적 뉴딜과 문화 상대주의를 추구한 히피문화로 대변된다. 뉴딜은 국가가 나서서 유효수요를 관리함으로써 공급과잉 문제를 해결한 것이며, 히피문화는 미국 중심주의와 일방주의를 거부하고 문화 상대주의를 추구한 사례이다. 문제는 1960년대 들어 미국의 자유주의가 급진화 되면서, 급진적 자유주의가 유색인종, 장애인, 동성애자 등의 인권을 강조하고 전통적인 기독교 윤리에 도전하는 동시에 미국의 일방주의적 외교정책을 비판하면서 발생하였다.

미국의 보수주의는 이러한 미국 자유주의의 도전에 대응하지 않을 수 없었는데, 그 반격은 신보수주의 등장으로 귀결되었다. 신보수주의는 미국의 고전적 보수주의를 복원한 것이다. 신보수주의는 미국 보수주의의 핵심 가치인 최소국가, 자유시장주의, 사유재산권, 기독교 종교 가치, 가족의 중요성, 미국 중심주의 외교, 자문화중심주의를 다시 추구한 것이다(Roskin et al., 2003: 108). 신보수주의 시각에서 바라보면, 과대성장 국가와 동성애는 결코 용납될 수 없는 현상이다. 뉴딜식 국가는 과대성장한 국가이므로 최소국가로 다시 돌아가야 하며, 동성애 권리 확대는 종교 가치의 복원을 통해 다시 철저히 제한되어야 하는 것으로 인식되었다. 신보수주의는 과도한 미국의 자유주의, 즉 급진화된 미국의 자유주의가 문화 상대주의를 야기하여 미국 사회의 인종적이고 문화적인 분열과 갈등을 부추겼다고 인식한다. 신보수주의는 기본적으로 다문화주의에 대해 부정적인 입장을 지닌 것이다.

정리하면, 보수주의와 신보수주의는 다문화주의를 급진적 자유주의나 좌파의 정치 이데올로기적 기획으로 인식한다. 다문화주의가 급진적 자유주의와 좌파의 이데올로기적 확대물이라고 보는 것이다(Kelly and Crowcroft, 2012: 109). 이렇듯 보수주의와 신보수주의는 기본적으로 다문화주의와 서로 배타적이며 공존하기 쉽지 않다. 보수주의와 신보수주의가 다문화주의와 서로 공존할 수 있는 유일한 접점은 동화주의적 다문화주의이다. 보수주의는 기본적으로 다문화주의에 대해 부정적이며, 다문화주의를 추구하더라도 동화주의적 다문화주의를 추구하는 것이다.

4) 진보주의와 다문화주의

진보주의(progressivism)는 역사와 인간 사회는 바람직하고 좋은 방향으로 나아간다고 그리고 나아가야 한다고 믿으며, 이러한 발전을 추구하는 데 있어서 기존 사회질서와 구조의 급진적이고 근본적인 변화를 추구한다는 점에서 보수주의와 대척점에 서 있는 이데올로기이다(홍익표·진시원, 2015: 169). 보수주의는 현존하는 제도와 전통을 유지하는 것이 사회 안정과 질서 유지에 유리하다고 판단하는 반면, 진보주의는 현존 제도와 관습을 개선하거나 타파하는 것이 사회 발전을 위해 필요하다고 믿는다. 또한 보수주의는 점진적이고 관리가능하고 수용가능한 변화만을 추구하는 반면, 진보주의는 사회의 발전과 진보를 저해하는 구조적 장애물을 급진적이고 근본적이고 전면적으로 개혁하는 것이 필요하다고 믿는다.

진보주의는 구체적으로 사회민주주의, 사회주의, 공산주의 등과 같은 이데올로기로 표현되는데, 몇 가지 이데올로기적 특징을 지닌다. 첫째, 역사와 인간 사회는 진보한다고 믿는다. 둘째, 진보주의가 추구하는 진보와 발전은 계몽주의의 산물이다. 계몽주의가 추구하는 이성주의를 진보주의가 계승하고 있는 것이다. 진보주의는 이성을 통해 인간의 인간에 대한 착취와 인간사회의 불평등과 같은 비합리적인 측면을 개혁하고자 하며, 궁극적으로 이성을 통한 인간해방과 평등을 추구한다. 진보주의는 평등주의를 추구하는 이데올로기인 것이다. 셋째, 진보주의는 결국 인간과 인간 사회의 유토피아를 추구한다. 중세 신본주의가 신을 통한 하늘의 유토피아, 즉 천국을 추구했다면, 계몽주의의 산물인 진보주의는 인간의 이성을 통한 땅의 유토피아를 추구하는 것이다.

이러한 이데올로기적 특징을 지닌 진보주의는 다문화주의에 대해 몇 가지 특징적인 모습을 지닌다. 첫째, 진보주의적 다문화주의는 다문화 집단 간의 불평등과 불합리한 구조는 이성의 이름으로 개혁되고 극복되어야 한다고 믿는다. 진보주의적 다문화주의는 이것이 인간과 인간사회의 진보라고 믿는다. 예컨대, 진보주의적 다문화주의는 다문화주의를 소외받고 억압 받아온 소수집단을 보호하고 지원하기 위한 수단으로 인식한다(김창근, 2009 26).

둘째, 진보주의적 다문화주의는 다문화 집단의 자유와 자율보다 다문화 집단 간의 평등을 중시한다. 예컨대, 사회주의와 공산주의 체제 하에서 진보주의적 다문화주의는 다문화 집단의 자유와 자율보다 다문화 집단 간의 동등성과 평등이 강조되었다. 그러나 다문화 집단 간의 동등성이 너무 강조되면서 부작용이 발생하기도 하였다. 소수집단의 자유와 자율을 경시하고 다문화 집단 간에 동등성만을 강조하다보니 다문화 집단 간에 존재하는 정치, 경제, 사회, 문화적 불평등이 경시되었으며, 그 결과 소수집단에 대한 정책적이고 강제적인 이주와 문화 간 혼합이 추진되었던 것이다. 사회주의와 공산주의가 다문화 집단에 대해 오히려 불평등하고 억압적인 측면을 지녔던 것이다. 예컨대, 현존하는 중앙아시아의 고려인 디아스포라(diaspora)는 강압적이고 불평등한 소련 공산주의 다문화 정책의 역사적 산물이다.

셋째, 따라서 이러한 부작용을 극복하기 위해 진보주의적 다문화주의는 다문화 집단 간의 평등만을 추구하는 데 그치는 것이 아니라, 다문화 집단 간의 불평등과 불합리한 구조를 야기한 사회 구조를 개혁하는데 관심과 노력을 기울인다. 다문화 집단에 대한 현상적이고 표면적인 처방과 대응이 아니라 구조적이고 근본적인 대응과 개혁을 추구하는 것이다.

넷째, 진보주의적 다문화주의는 자본주의와 관련하여 다문화주의가 야기한 부정적인 측면에 대해서도 비판적 입장을 견지한다. 예컨대, 진보주의적 다문화주의는 다문화주의가 인종과 문화 집단의 동등성과 다양성에 관심을 집중하다보니, 사회·경제적 불평등 같은 문제에 무관심하게 되고 결국에는 이를 직간접적으로 은폐하는 데 기여한 측면이 있다고 지적한다(Higham, 1993; 곽준혁, 2007: 29 재인용). 이외에도 진보주의적 다문화주의는 다문화주의가 값싼 노동력을 확보하기 위한 선진 자본주의 국가들의 숨겨진 의도의 산물이라고 강조한다. 선진 자본주의 국가는 공식적으로는 인종과 문화 간의 존중과 평화적 공존을 내세우고 있지만, 속으로는 제3세계 국가로부터 유입되는 값 싼 노동력을 확보하기 위해 다문화주의를 활용하고 있다는 것이다.

이런 시각에서 바라보면, 다문화주의는 후기 자본주의 시대의 원활한 자본축적을 위해 자본주의의 내적 갈등을 조절하고 통제하는 기능을 수행하는 친자본주의적 이데올로기로 이해된다(조상식, 2009: 144). 예컨대, 진보주의적 다문화주의는 신자유주의와 다문화주의 간의 관계에 대해서 비판적인 입장을 견지한다. 신자유주의적 무역과 투자 자유화 그리고 지구적 차원의 노동 이동은 주류문화와 소수 문화 간의 빈부격차와 억압, 착취를 가속화하는 측면이 존재하는데, 다문화주의가 문화 간 동등성과 다양성만을 강조하다보니 문화 간 억압과 착취와 불평등 같은 문제에 무관심하게 되고 결국에는 이러한 부정적인 현실을 은폐하는 데 기여하고 있다는 것이다. 신자유주의가 노동착취와 인종갈등을 야기하고 있는데, 다문화주의가 이러한 부정적인 현실을 보기 좋게 은폐하는 예쁜 포장지 기능을 수행하고 있다는 것이다(Melamed, 2006: 13).

진보주의적 다문화주의의 특징을 더 구체적으로 알아보기 위해서는 사회주의와 공산주의의 다문화주의에 대한 비판적 검토가 필요하다. 냉전 시기에 사회주의와 공산주의는 다문화주의에 대해 깊은 관심을 보이지 않았다. 사회주의와 공산주의 국가에서 인종, 민족, 언어, 종교는 그리 중요한 변수가 아니었기 때문이다. 이들 변수는 자본주의와 자유민주주의 체제와의 경쟁에서 사회주의와 공산주의 이데올로기를 수호하는 일이 비하면 그리 중요하지 않은 국가의제였으며, 인종·민족·종교·언어적 갈등과 충돌은 사회주의와 공산주의 이념의 강한 영향력과 지도력에 의해 쉽게 해소될 수 있는 부차적이고 사소한 문제로 이해되었던 것이다. 이 결과 사회주의와 공산주의의 다문화주의는 동화주의적·다문화주의 성격이 강했으며, 잘 해야 소수집단의 형식적인 자치를 허용하는 선에서 다문화정책이 추진되었다.

그러나 냉전 질서가 붕괴되고 탈냉전 시기가 도래하면서, 인종과 민족, 종교, 언어 차이가 야기하는 다문화 갈등과 충돌은 사회주의에서 자본주의로 체제전환을 한 국가들에게 심각한 문제로 부상했다. 사회주의와 공산주의 지배 하에서 강하게 억눌려 있던 인종과 민족, 종교, 언어적 갈등이 탈냉전 시대를 맞아 터져 나오기 시작한 것이다. 예컨대, 전 유고슬라비아 공화국은 냉전 시기에는 인종 갈등을 잘 관리하는 국가로 정평이 나 있었지만, 탈냉전 시기에는 인종청소와 비인도적 학살이 자행되는 발칸지역의 대표적인 인종의 화약고로 전락했다.

따라서 탈냉전 시기의 진보주의를 논의하는 데 있어서 사회주의와 공산주의를 제외하는 것이 필요하다. 탈냉전 시기에 진보주의는 사회주의와 공산주의를 제외하고 근대 자유주의나 평등주의적 자유주의, 사회민주주의, 민주사회주의 정도를 의미하는 것으로 한정되는 것이다.

진보주의가 지니는 다문화주의에 대한 이와 같은 이데올로기적 입장은 진보주의적 다문화주의가 평등주의적 다문화주의나 다원주의적 다문화주의로 귀결되는 데 영향을 미쳤다. 예컨대, 호주는 1972년 23년간의 보수 정권이 물러나고 노동당 정부가 들어서면서 백호주의정책을 폐지하였다. 1972년 노동당의 등장을 기점으로 다문화정책이 동화주의에서 다원주의적 다문화주의로 바뀐 것이다 (정종진, 2011: 50). 이외에도 진보주의적 다문화주의는 분리주의에 대해 이분적 시각을 드러낸다. 분리주의가 소수집단의 인권과 자유를 보호하기 위해 필요하다면 진보주의적 다문화주의는 분리주의에 찬성하겠지만, 분리주의가 다수집단의 횡포로 소수집단을 공동체에서 배제하고 쫓아내는 목적을 지닌 것이라면 진보주의적 다문화주의는 그러한 분리주의에 반대할 것이기 때문이다.

5) 민족주의와 다문화주의

민족주의는 일반적으로 민족의 단일성과 위대함에 대한 과장된 신념에 기초한 이데올로기로 이해된다(Roskin et al., 2003: 104). 그러나 민족주의를 이해하기 위해서는 nation에 대한 이해를 먼저 하는 것이 중요하다.

Nation은 국민, 민족, 국가로 번역할 수 있다[2]. 맥락에 따라 국

2) nation에 대한 번역이 민족, 국민, 국가 모두 가능하기 때문에, 이 글에서는 nation-state를 국민국가나 민족국가로 번역하지 않고 그냥 영어 단어인

민, 민족, 국가로 다르게 번역될 수 있는 것이다. 따라서 nationalism은 국민주의, 민족주의, 국가주의로 다르게 번역될 수 있다. Nationalism은 nation-state와 관계 깊은 용어이다. 국민국가, 민족국가로 번역되는 nation-state는 근대의 산물이다. 중세 이후, 특히 1648년 베스트팔렌 조약 이후 국제체제는 nation-state 체제로 변환되기 시작했으며, 현재의 국제체제는 200여 개의 nation-states로 구성되어 있다. 근대 시기에 들어 국제체제는 영토, 국민, 주권을 지닌 국가들의 모임인 nation-state 체제로 변화하기 시작했으며, nationalism을 통해 자국 영토 안에 존재하는 사람들이 공동체 의식을 지니게 만드는 일에 매진해왔다. nationalism은 nation-state에 대한 공동체 의식과 소속감과 일체감을 만들기 위해 동원된 이데올로기인 것이다.

그런데 nationalism은 다문화 현상과 밀접한 관계를 지닌 이데올로기이다. Nationalism은 nation-state의 등장과 공고화, 약화와 해체 과정에 밀접하게 관여해 있다는 점에서 다문화주의와 관계가 깊다. 예컨대, 동화주의는 nation-state의 건설 과정에서 강하게 추진된 두 번의 역사적 경험을 지닌다. 우선 1648년 베스트팔렌 조약 이후 유럽에서 nation-state가 본격적으로 건설되면서 동화주의가 강하게 추진된 경험이 있으며, 제2차 세계대전 이후 독립한 제3세계 신생국들이 새로운 nation-state를 건설하는 과정에서 다시 한 번 동화주의가 강하게 추진된 것이다(김창근, 2009: 31-32).

Nation-state가 형성되는 시기에 민족이나 인종은 국가형성에 있

nation-state를 사용한다. 그리고 nationalism도 민족주의, 국민주의, 국가주의, 애국주의로 모두 번역이 가능하기 때문에 혼란을 방지하기 위해 그냥 영어 단어인 nationalism을 사용한다.

어서 중요한 변수였다. Nation-state의 형성과정이 단일민족이 하나의 국가를 만드는 과정이라면 nation-state는 '민족국가'의 의미를 지니지만, nation-state의 형성과정이 여러 민족이 하나의 국가를 만드는 과정이라면 그것은 '국민국가'의 의미를 지닌다. Nation-state의 이상적인 모습은 하나의 민족이 하나의 국가를 건설하는 것이다. 하지만 이러한 이상적인 국가건설은 역사적으로 보면 오히려 예외적인 상황에 해당한다. 오히려 nation-state의 건설과정은 여러 민족이 하나의 국가를 건설하는 다문화 현상과 얽혀 있는 경우가 많은 것이다. 특히 여러 민족이 하나의 국가를 건설한 경우, nationalism을 '민족주의'로 그리고 nation-state를 '민족국가'로 지칭하는 것은 문제가 있다. 민족주의라는 용어를 사용할 경우, 그것은 다민족 국가를 구성하는 여러 소수민족들에게 분리·독립하여 자신의 단일민족국가를 만들라는 의미를 수반한다는 점에서 기존 다문화 국가의 약화와 해체를 가져올 수 있기 때문이다.

따라서 여러 민족이 하나의 국가를 형성한 경우 nationalism은 '국민주의', nation-sate는 '국민국가'의 의미를 지닌다. '민족' 개념이 아니라 '국민' 개념을 강조함으로써 국가를 구성하는 여러 인종이나 민족이 하나의 동등한 '국민'이라는 공동체 의식을 형성하고 공고히 하는 것이 국가 건설과 존속을 위해 필수적인 조건이기 때문이다. 이렇게 본다면 'nation(민족, 국민)' 개념은 두 가지 의미를 지닌다. 하나는 피를 나누는 '실체적인 민족' 개념이고, 다른 하나는 '만들어진 국민' 개념 즉, 상상의 공동체(imagined community)적 의미를 지닌다. Nation-state가 nationalism을 동원하여 자국 내 사람들을 하나의 민족이나 국민으로 만드는 과정은 실체적인 측면과 만들어진 상상의 공동체적 측면을 모두 지니고 있는 것이다.

이런 측면에서 이해하면, 한 나라에서 공동의 종족과 혈통을 강조하는 사람이 많을수록 그 나라 다문화주의 정책은 소수집단에 배타적이고 동화주의 정책을 추구할 가능성이 높은 반면, 종족이나 혈통이 아닌 공동의 영토와 시민성을 중시하는 사람들이 많을수록 소수집단에 대해 개방적이고 다원주의적 다문화주의 정책을 추진할 가능성이 높다고 볼 수 있다(이재봉 2012, 209).

Nationalism은 nation-state의 건설 과정뿐 아니라 nation-state의 공고화 및 해체 과정과도 밀접한 연관성을 지닌다(홍태영 2010, 374). 특히 세계화 시대를 맞아 지구적 차원의 인구이동이 활발해지면서 다문화 현상은 이제 보편적인 현상이 되었으며, 어떠한 nation-state도 다문화 현상에서 벗어나기 어려운 상황이 되었다. 한국이나 일본 같은 한때 대표적인 단일민족 국가도 다문화 현상을 벗어나기 어렵게 되었다는 말이다. 따라서 세계화와 다문화 시기에 nation-state를 유지하고 관리하고 영속화하려는 노력은 다문화주의의 내용과 실현에 깊은 연관성을 지닌다. 다문화 현상에 적절하게 대응하지 못한 nation-state는 국가의 유지, 존속, 번영에 심각한 어려움과 도전을 맞을 가능성이 높기 때문이다. 결국 nationalism은 nation-state의 형성과 공고화와 존속과 번영에 강한 연관성을 지니며 깊게 개입되어 있는 이데올로기이다. 이런 측면에서 nationalism을 중시하는 사람들은 다문화 현상이 심화되어 일국의 nationalism이 약화되면 공동체 의식과 일체감과 애국심이 함께 약화되는 현상이 발생하고, 그 결과 국가의 결속과 존속이 위협받게 된다고 우려한다(곽준혁, 2007: 30).

Nationalism은 다문화주의에 대해 기본적으로 동화주의적 입장을 취하기 쉽다. 주류문화와 주류집단은 타문화와 소수집단에 대해 배타적이며 동화주의적인 입장을 지니기 쉽기 때문이고, 주류집단은 국가의 분열과 해체보다 국가의 일체성과 통일성을 유지하고 싶어 하기 때문이다. 반면 일국 내의 소수집단과 소수문화는 분리주의적 다문화주의를 추구하기 쉽다. 1민족 1국가라는 nation-state의 이상적인 모습은 소수집단과 소수민족에게는 하나의 성취해야 할 지상과제로 인식되기 때문이다.

정리하면, nationalism은 국가 공동체의 '국민 만들기'와 '민족 만들기' 그리고 '국가 만들기'와 깊은 관련이 있다. 국가 공동체는 nationalism(국민주의, 민족주의, 국가주의)을 동원하여 국가의 통일성과 구성원들의 공동체 의식을 고취한다. 국가가 단일민족 국가라면 국가 공동체는 '민족주의'를 동원하여 국민의 공동체 의식을 고취하고 국가의 결속을 공고히 하지만, 이와 달리 국가가 다문화 국가라면 국가 공동체는 '국민주의'를 동원하여 다문화와 다인종으로 분열 가능성 있는 국가의 일체감과 동질성, 통일성을 고취하려고 노력한다. 따라서 국가별로 다문화주의의 내용과 특징은 그 나라가 단일민족 국가인지 아니면 다문화 국가인지에 따라 그 내용과 특징을 달리하기 쉽다. 단일민족 국가는 '민족 만들기'와 동화주의적 다문화주의를 추구할 가능성이 높은 반면, 다민족 국가는 '국민 만들기'와 다원주의적 다문화주의를 추구하는 것이 국가의 존속과 결속을 위해 유리하다. 다문화 국가에서 동화주의적 다문화정책을 추진할 경우 이질적인 문화와 인종, 민족 간에 갈등과 충돌이 벌어질 가능성이 높기 때문이다. 이 경우 다문화 국가의 '국가 만들기'와 '국가 유지하기'는 실패하기 쉽다. 따라서 다문화 국가는 다원주의적 다문화주의를 통해 문화 집단 간의 공존을 추구하고, '국민 만들기'를 통해 다문화 집단 간의 문화적 차이를 약화시키는 것이 국가 공동체의 결속과 존속에 기본적으로 유리한 정책방향이다.

6) 세계시민주의와 다문화주의

세계시민주의는 개인이 자신의 정체성을 인식하는데 있어서 자신이 속한 인종이나 민족, 문화, 국가 등과 일체감을 느끼는 것이 아니라 지구 공동체나 인류 공동체와 일체감을 느끼는 이데올로기이다. 개인 정체성의 근원이 지구 공동체나 인류 공동체라는 것이다. 이렇듯 세계시민주의는 인종이나 민족, 문화, 국가 공동체에 대한 일체감과 충성심을 우선시하지 않고 지구 공동체와 인류애 그리고 이성에 기초한 보편선을 우선시한다. 세계시민주의는 개인이 소속감과 충성심, 헌신을 바치고 연대성과 동일성을 느끼는 대상이 인종이나 민족, 문화, 국가가 아니라 인류 공동체와 인류애, 보편선인 이데올로기인 것이다(곽준혁, 2009: 276).

모든 인류는 본래적이고 생득적으로 동등하다고 인식하는 세계시민주의는 자유주의나 공동체주의와 여러 점에서 연계되며 서로 유사점과 차이점을 드러낸다. 먼저 세계시민주의와 자유주의는 인간이 지니는 이성과 그에 기초한 보편선과 보편적 도덕률이 존재한다는 점에 인식을 같이 한다. 세계시민주의와 자유주의는 특정 공동체의 가치나 도덕률, 정의관보다 인간으로서 지니는 보편적인 도덕률과 정의관을 우선시하는 유사점을 지닌 것이다. 자유주의자이며 세계시민주의자인 칸트는 자신의 『영구평화론』에서 인간이 지니는 보편적 권리는 자국민에게만 한정되는 것이 아니라 자국에 들어와 거주하는 모든 이방인에게도 동등하게 주어진 것이라고 주장하고, 모든 사람은 타국을 방문할 권리가 있으며 그 나라에서 차별받지 않을 권리를 지닌다고 주장했다(칸트, 2015). 마찬가지로 세계시민주의자인 베이츠와 싱어는 인종이나 민족, 국가 중심주의 사고를 벗어나 지구 공동체의 윤리와 정의를 우선시해야 한다고 주장한다(Beitz, 1985; 싱어, 2003).

그러나 여기서 중요한 점은 모든 자유주의자들이 칸트와 같은 세계시민주의적 입장을 추구하지는 않는다는 것이다. 대표적인 예는 롤즈(John Rawls)에게서 확인된다. 롤즈는 자신의 『정의론』에서 차등의 원리를 주장하며, 사회의 최소 수혜자가 득을 볼 수 있는 경우에 한하여 사회 불평등은 정당화된다고 주장하였다. 사회적 약자를 보호할 수 있는 복지체제를 확보하는 경우에 한해서 사회 불평등이 정당화될 수 있다는 것이다. 그러나 평등주의적 자유주의자 롤즈는 자신의 차등의 원리를 일국을 벗어나 지구적 차원으로 확대·적용하지는 않았다(김지현·손철성, 2009: 114). 반면, 세계주의자 베이츠는 롤즈가 자신의 정의론을 일국 내에서만 제한적으로만 다루었다고 비판하고, 정의론을 지구적 차원으로 확대·적용하고 차등의 원칙을 지구적 차원에서 준수해야 하는 정의의 원칙으로 삼아야 한다고 주장한다(Beitz, 1985; 김지현·손철성, 2009: 115 재인용). 세계주의자인 싱어는 롤즈의 입장은 국민 국가에 한정되는 모델이지, 지구적 차원에 확대 적용될 수 있는 모델이 아니라고 비판한다(싱어, 2003: 226-231; 김지현·손철성, 2009: 115 재인용). 이렇듯 자유주의적 세계시민주의는 하나가 아니다. 칸트와 롤즈는 같은 자유주의자이지만 세계시민주의를 추구하는 데 있어서 서로 다른 입장을 견지한다.

세계시민주의도 마찬가지이다. 하나가 아니다. 세계시민주의도 온건한 입장과 급진적인 입장이 존재한다. 온건한 입장은 개인이 속한 인종이나 민족, 문화, 국가보다 세계 공동체를 반드시 우선시하지 않는다. '온건한 세계시민주의'는 개인이 속한 인종, 민족, 문화, 국가, 세계 공동체를 모두 동등하게 중시한다. 온건한 세계시민주의는 개인의 이웃이나 개인의 국적, 개인의 문화적 소속감과 일체감을 모두 버리고 인류애와 보편적 도덕률만을 추구하는 급진적 세계시민주의는 문제가 있다고 본다. 자신의 둘레에 있는 가족과 동료와 시민과 국민들을 배려하지 않고 무조건적으로 인류애만을 추구하는 것은 도덕적으로도 문제가 있고, 국민국가들로 구성된 세계를 살아가는 개인의 자세로서도 문제가 있다는 것이다. 예컨대, 현재와 같은 국민국가 체제(nation-state system)에서 개인이 국가 정체성을 도외시한 채 세계시민적 정체성만을 지니고 살아가는 것은 곤란하다는 것이다. 이러한 점에서 온건한 세계시민주의는 위에서 살펴 본 싱어나 베이츠가 대변하는 '급진적 세계시민주의'와 구별된다. 급진적 세계시민주의는 인종, 민족, 문화, 국가 공동체보다 세계 공동체를 최우선시하는 세계시민주의이다. 결국 세계시민주의는 인종, 민족, 문화, 종교, 국가, 세계 등 개인의 정체성과 일체감과 충성심을 규정하는 여러 층위들 중에서 '세계'라는 가장 큰 층위만을 중시하는가, 아니면 '세계'라는 층위와 다른 여러 하위 단계의 층위들을 동등하게 중시하는가에 따라 차이를 드러낸다.

세계시민주의는 공동체주의와도 다양한 관계를 지닌다. 우선 세계시민주의와 공동체주의는 기본적으로 서로 양립하기 어려운 측면을 지닌다. 세계시민주의는 세계와 인류 공동체에 대한 개인의 충성심과 헌신과 일체감을 추구한다면, 공동체주의는 특정 공동체에 대한 개인의 충성과 헌신과 일체감을 추구하기 때문이다.

하지만 세계시민주의와 공동체주의가 서로 무관한 것만은 아니다. 세계시민주의와 공동체주의는 '온건한 세계시민주의'와 '다원적 공동체주의'를 통해 서로 교차하는 교집합을 지니기 때문이다. 공동체주의는 개인이 자신이 속한 소수집단이나 국가, 지구공동체 중 어느 것을 더 우선시하느냐에 따라 다양한 형태를 지닌다는 점은 앞에서 살펴보았다. 개인이 속한 소수집단, 예컨대 다문화 집단을 최우선시하는 공동체주의는 다문화 집단 간의 동동성과 자율성 그리고 다문화 집단을 위한 국가의 적극적인 지원을 추구한다. 반면 '국가 공동체'를 최우선시하는 공동체주의는 다문화 집단보다 국가 공동체의 존속과 발전을 우선시한다. 그리고 '세계 공동체'를 우선시하는 '세계 공동체주의[3]'는 세계시민주의와 유사하게 인류공동체에 대한 일체감과 충성과 헌신을 우선시한다. 이외에도 공동체주의 중에는 인종과 민족, 문화, 국가 공동체를 세계 공동체와 동등하게 중시하고 추구하는 '다원적 공동체주의'가 존재한다. 결국 세계시민주의와 공동체주의는 '다원적 공동체주의'와 '온건한 세계시민주의'를 통해 서로의 유사점을 공유하고 있는 것이다(김지현·손철성, 2009: 107)[4].

그러나 온건한 세계시민주의와 다원적 공동체주의는 해결하기 어려운 근본적인 문제를 지닌다. 즉, 온건한 세계시민주의와 다원

3) 대다수의 공동체주의는 인종이나 민족, 문화, 종교, 언어를 우선시하는 '문화 공동체주의'이거나 아니면 국가 공동체를 우선시하는 '국가 공동체주의'의 내용과 특징을 지닌다. 세계 공동체를 우선시하는 '세계 공동체주의'는 쉽게 찾아보기 어렵다.

4) 김지현과 손철성은 '다원적 공동체주의'와 '다원적 세계시민주의'라는 용어를 사용한다. 필자는 이 글에서 다원적 세계시민주의라는 용어 대신 '온건한 세계시민주의'라는 용어를 사용했다. 급진적 세계시민주의와 대조적인 개념은 다원적 세계시민주의가 아니라 온건한 세계시민주의라고 생각했기 때문이다.

적 공동체주의는 인종, 민족, 문화, 국가, 세계 공동체를 동등하게 중시하는 입장을 취하는데, 바로 이 지점에서 문제가 발생한다. 어느 공동체에 우선성과 중요성을 둘지 결정해야 하는 경우에 최종 판단과 결정을 내리기 쉽지 않기 때문이다. 모든 공동체가 동등하게 소중하다면 가장 먼저 우선시해야 할 공동체가 무엇인지 결정하기는 쉬운 일이 아니다. 예컨대, 국가 공동체를 우선시하는 국가 공동체주의는 국내 빈부격차 해소를 더 중시하겠지만, 세계 공동체를 우선시하는 급진적 세계시민주의는 최빈국 빈곤문제 해결을 더 중시한다. 하지만 온건한 세계시민주의와 다원적 공동체주의는 국내 빈부격차 문제와 국제 사회의 최빈국 빈곤문제 중 어느 것을 먼저 해결해야 하는지 쉽게 결정하기 어렵다.

정리하면, 세계시민주의는 기본적으로 평등주의에 근거한 이데올로기이다. 급진적 세계시민주의는 세계 공동체를 우선시하며, 모든 인류는 세계 공동체의 구성원으로서 모두 평등하게 대우받아야 한다고 주장한다. 온건한 세계시민주의도 마찬가지다. 온건한 세계시민주의도 인종과 민족, 문화, 국가, 세계 공동체가 동등하게 소중하다고 인식하며, 이들 간의 차별과 착취, 불평등을 거부한다. 온건한 세계시민주의도 평등주의에 근거한 것이다. 이러한 내용과 특징을 지닌 세계시민주의 이데올로기는 다문화주의를 추구하는 데 있어서 인류애와 보편적인 도덕률, 보편선을 강조한다. 인류애와 보편적인 도덕률과 보편선에 부합하는 한 세계시민주의는 모든 유형의 인간 공동체를 동등하게 대우할 것을 요구한다. 세계시민주의는 평등주의적 다문화주의나 다원주의적 다문화주의를 추구할 가능성이 높은 것이다. 반면에 세계시민주의는 상대주의적 다문화주의와 결합하기 어렵다. 보편적 도덕률과 보편선을 거부하는 상대주의는 이성에 기초한 보편적 도덕률과 보편선을 추구하는 세계 시민주의와 양립하기 어려운 내용과 특징을 지니기 때문이다.

7) 공동체주의와 다문화주의

공동체주의는 말 그대로 공동체를 개인보다 중시하는 이데올로기이다. 공동체주의는 자유주의가 지닌 개인주의 성향의 문제점을 지적하고 이러한 문제점은 공동체를 우선시하고 중심적으로 사고함으로써 해결할 수 있다고 믿는다(홍익표·진시원, 2015: 183-184). 공동체주의 이러한 특징은 공동체주의가 공화주의의 부활을 추구하기 때문에 생겨나는 측면이 강하다(김동수, 1993: 8). 공동체주의는 공화주의에 영향 받아 공동체 공동의 일과 공동선, 시민의 덕성, 시민의 참여와 소통 등을 강조한다(김동수, 1994: 277).

공동체주의는 자유주의가 몇 가지 점에서 문제가 있다고 인식한다. 첫째, 자유주의는 개인의 자유, 생명, 권리를 너무 강조하다보니 개인주의 성향으로 경도되었으며, 그 결과 인간 사회와 공동체의 중요성을 간과하고 있다는 것이다. 자유주의가 개인의 자유와 자율을 너무 강조하다보니 공동체 구성원, 즉 시민으로서 지녀야 할 덕성[5]을 상실하고 있다는 것이다. 개체적이고 고립된 개인은 시민으로서 지녀야 할 공동체 '공동의 일'이나 '공동선'에 대한 관심과 참여를 상실하고 있다는 주장이다(김동수, 1993: 13; 전상국, 2009: 220).

5) 덕성(virtue)은 사람이 지니는 좋은 도덕적 질(quality), 좋은 도덕적 행위, 옳은 것을 행하고 옳지 않은 것을 거부하는 생각과 행동 등을 의미하는데, 정의, 용기, 신중, 인내, 애국심, 헌신, 명예 등이 덕성의 사례이다. 시민의 덕성(civic virtue)은 이상적인 시민의 특징을 나타내는 의지와 행위를 의미하며, 참여, 공동체의식, 소통, 합의, 애국심, 준법정신 등이 그 사례이다.

둘째, 자유주의가 주장하는 합리적이고 이성적이며 자율적인 개인은 무연고적이고 추상적이며 원자적이고 고립적이라는 것이다(손철성, 2007: 26; 전상국, 2009: 216-217). 공동체주의는 개인이 하늘에서 뚝 떨어진 독립적 개체가 아니라고 본다. 공동체주의는 개인을 공동체의 뿌리와 테두리 안에서 태어나고 살아가는 사회적 인간, 즉 공동체적 인간으로 본다. 개인은 공동체에 배태(embedded)되어 있는 존재라는 것이다. 공동체주의는 개인이 공동체의 역사, 문화, 전통, 언어, 종교, 가치 등에 지대하게 영향을 받는 존재이며 공동체와 분리되어 살아갈 수 없다고 본다(심승환, 2009: 130; 박기범, 2009: 46; 전상국, 2009: 215). 개인은 공동체적 존재이고 개인이 공동체 안에서 다른 개인들과 함께 살아가는 것을 고민하고 행동하는 것이 중요하다는 주장이다. 이는 공동체주의가 개인이 자신의 본래적이고 생득적인 이성에 기초하여 그 이성의 명령에 따라 자율적이고 윤리적이며 합리적인 생활을 영위한다고 믿는 자유주의와는 서로 다른 대척점에 서 있다는 점을 의미한다. 공동체주의와 자유주의는 인간과 사회를 이해하는 데 있어 서로 이질적이고 경쟁적이며 갈등적이다. 결국 자유주의는 개인의 자유와 권리와 생명을 우선시하는 반면, 공동체주의는 공동체의 존속과 결속 그리고 일체감과 전체성을 중시하기 때문이다(김동수, 1994: 280).

이렇듯 공동체주의는 개인보다 공동체를 중시한다. 이렇다보니 공동체주의도 공화주의와 유사한 비판에 직면한다. 공동체주의가 공동체 공동의 일과 공공선을 강조하다보니, 개인과 소수집단의 자율성과 자유를 경시하고 극단적인 경우 전제정치와 다수의 폭정 가능성을 야기한다는 것이다(김동수, 1994: 286; 전상국, 2009: 227-228).

그러나 공동체주의는 자신이 추구하고 강조하는 공동체가 어떤 공동체인가에 따라 서로의 입장이 달라지는 이론적인 문제점을 지닌다. 상위 공동체와 하위 공동체 간의 관계가 불확실한 것이다(전상국, 2009: 228). 인간 공동체는 가족, 마을, 지방(local), 인종이나 민족, 문화, 종교, 국가, 지역(region), 세계 등 다양한 층위로 구성된다. 공동체주의는 이들 다양한 층위 중에서 어떤 공동체를 더 우선시하냐에 따라 입장이 서로 달라진다. 예컨대, 다문화주의를 이해하는데 있어서 공동체주의는 어떠한 공동체를 더 우선시하느냐에 따라 입장이 달라진다. 예컨대, 인종이나 문화, 종교 공동체를 국가 공동체보다 중시하는 입장이 존재하는 반면, 국가 공동체를 더 중시하는 입장도 있고 세계 공동체를 더 중시하는 입장도 있다.

국가 내 소수집단 공동체를 우선시하는 '소수집단 공동체주의'는 국가 공동체보다 이들 소수집단의 존속과 공존을 더 중시하는 다문화주의를 추구한다. 반면, 국가 공동체를 자국 내 소수집단 공동체보다 우선시하는 '국가 공동체주의'는 소수집단의 존속과 공존보다 국가 공동체의 존속과 결속을 더 중시한다. 이와 달리, 세계 공동체를 우선시하는 '세계 공동체주의'는 소수집단 공동체나 국가 공동체보다 세계 공동체를 더 중시한다. 이 경우 세계 공동체를 더 우선시하는 공동체주의는 세계시민주의와 일맥상통한다. '세계시민주의적 공동체주의'는 모든 인종 민족, 종교, 언어, 문화, 국적의 차이와 무관하게 모든 인간은 동등하다는 만민평등 사상을 지닌다.

따라서 다문화주의에 대한 공동체주의적 접근은 하나가 아니라 다양하다는 점을 이해하는 것이 중요하다. 공동체주의가 어떤 공동체를 우선시하는지를 먼저 이해하는 것이 중요하다는 것이다. 국가 내 인종, 문화, 종교, 언어적 소수집단을 우선시하고 중시하는 '소수집단 공동체주의'는 '국가 공동체'의 존속과 결속보다 이들 소수집단 공동체의 존속과 결속을 더 중시하고, 이들 소수집단 공동체에 대한 인정(recognition), 소수집단 공동체와 국가 공동체의 공존 그리고 국가 공동체의 이들 소수집단 공동체에 대한 적극적인 배려와 지원을 강조한다. 소수집단 공동체주의는 '인정의 정치'와 '공존의 정치' '배려의 정치'를 추구하는 것이다. 이 경우 소수집단 공동체주의는 다원주의적 다문화주의나 상대주의적 다문화주의를 선호하고 추진하는 입장을 지니기 쉽다.

반면 '국가 공동체'를 '소수집단 공동체'보다 우선시하는 공동체주의는 국가 공동체의 통일성과 일체감을 더 중시한다. 국가 공동체주의는 국가 내 소수집단보다 국가 공동체의 존속과 결속을 더 중시하는 것이다. 이 경우 공동체주의는 개인이나 소수집단의 가치와 권리보다 국가 공동체의 가치와 통일성, 일체감을 우선시하면서 전체주의나 다수의 폭정으로 귀결될 가능성도 지닌다. 국가 공동체의 이름으로 개인의 인권과 소수집단의 권리가 경시할 가능성이 존재한다는 것이다. 결국 국가 공동체주의는 문화 간의 평화적 공존을 추구하는 다문화주의와는 근본적으로 상충하는 이론적 측면을 지닌다(김창근, 2009: 29). 이와 같은 인식론적이고 이론적인 특징을 지닌 국가 공동체주의는 다원주의적 다문화주의나 상대주의적 다문화주의보다 공화주의적 다문화주의나 동화주의적 다문화주의를 선호하는 입장을 지니기 쉽다.

반면 소수집단 공동체나 국가 공동체보다 세계 공동체를 우선시하는 '세계 공동체주의'는 세계시민주의적 입장을 견지한다. '세계시민주의적 공동체주의(세계 공동체주의)'는 인간은 모두 동등하게 소중하며 이러한 인간의 동등함과 평등함은 소수집단이나 국가 공동체의 존속과 결속보다 더 우선적으로 존중되고 보호되어야 한다고 생각한다. 세계시민주의적 공동체주의는 이론의 본질상 평등주의적 다문화주의를 추구한다고 볼 수 있다.

5 결론

국제 사회와 다수의 국가는 다문화 현상으로 인해 오랜 기간 고민해왔다. 서방 선진국들은 멀게는 1970년대, 짧게는 1990년대부터 자국의 다문화주의 정책기조를 동화주의에서 다원주의로 이행한지 오랜 시간이 지났지만, 다문화 현상이 야기하는 불안정과 무질서, 두려움과 위협을 극복하지 못했다. 예컨대, 호주나 캐나다처럼 다원주의정책을 오랜 기간 추구해 온 나라도 소수집단의 소외와 불평등이 확산되는 것을 막아내지 못했다(Rickard, 1994: 143). 오히려 21세기 들어, 다문화 현상이 촉발한 무차별 테러는 다문화 현상에 대한 두려움과 공포를 증폭시키고 있다. 다문화 현상은 다문화 국가의 갈등과 분열, 무차별 테러뿐 아니라 급기야 영국의 브렉시트(Brexit)처럼 지역통합에도 악영향을 미치고 있다. 다문화 현상은 세계화시기를 맞아 그 어느 나라도 쉽게 해결하기 어려운 정책과제로 떠오른 것이다.

이 글의 목적은 개별 이데올로기가 다문화주의를 어떻게 이해하는지 살펴보고, 그것을 바탕으로 개별 이데올로기가 자신의 다문화주의 정책을 어떠한 내용과 특징으로 채우고 있는지를 알아보는데 있다. 이 글은 먼저 다문화주의 정책을 동화주의, 분리주의,

다원주의, 상대주의, 평등주의로 구분하고, 개별 이데올로기가 다문화주의를 어떻게 이해하는지 구체적으로 비교·검토한 후 다시 각각의 이데올로기가 동화주의, 분리주의, 다원주의, 상대주의, 평등주의정책 중 어느 정책과 서로 동질성과 친화력을 갖는지 살펴보았다. 이와 관련하여 본론에서 다룬 내용을 정리하면 **표 3-2**와 같다.

표 3-2 다문화주의 정책과 다문화주의 이데올로기의 관계

다문화주의 정책	다문화주의 이데올로기
평등주의적 다문화주의	진보주의, 급진적 세계시민주의, 세계 공동체주의
동화주의적 다문화주의	보수주의, 신보수주의, 공화주의, 다수집단 민족주의, 국가 공동체주의, 사회주의와 공산주의
다원주의적 다문화주의 상대주의적 다문화주의	자유주의, 근대 자유주의, 평등주의적 자유주의, 급진적 자유주의, 온건한 세계시민주의, 공화주의, 소수집단 공동체주의, 진보주의
분리주의적 다문화주의	소수집단 민족주의, 진보주의

이 글은 다문화주의 정책이 지니는 이데올로기적 측면을 연구했다. 개별 국가의 다문화주의 정책이 질적으로 크게 변화하는 것은 이질적인 인구가 유입되면서 다문화 사회가 확대·심화된 데도 기인하지만, 문화집단 간의 사회·경제적 불평등이 확대된 점에도 기인한다. 그러나 이 두 가지 요인 이외에도 다문화정책의 질적 변화는 그 나라의 정치 리더와 집권당 그리고 의회와 국민들이 지배적이고 중점적으로 신뢰하는 이데올로기가 무엇인가에 따라서도 이루어진다. 다문화주의를 이해하는 데 정치 이데올로기를 이해하는

것이 중요하다는 것이다. 이 글이 각국의 주도적인 이데올로기가 어떻게 그 나라의 다문화주의 정책에 영향을 미치는지 알아보기 위한 이론적 기초를 제공하는 데 기여하기를 바란다.

Reference

참고문헌

권용립. 2003.『미국의 정치문명』. 서울: 삼인.
곽준혁. 2007. “다문화 공존과 사회적 통합”,『대한정치학회보』, 15(2): 23-42.
곽준혁. 2002. “민족주의와 세계화, 글로벌 거버넌스”, 최상용 외.『인간과 정치사상』. 서울: 인간사랑.
그레이 존. 손철성 역. 2007.『자유주의』. 서울: 도서출판 이후.
김남국. 2005. “다문화 시대의 시민: 한국 사회에 대한 시론”,『국제정치논총』, 45(4):97-121.
김남국. 2005. “심의 다문화주의: 문화적 권리와 문화적 생존”,『한국정치학회보』, 39(1):87-107.
김동수. 1993. “현대 공동체주의의 사상적 기초: 자유주의적 개인주의 비판을 중심으로”,『한국정치학회보』, 제26(3):7-21.
김동수. 1994. “민주주의와 공동체주의: 자유주의·공동체주의 논쟁을 넘어서”,『한국정치학회보』, 28(1):275-296.
김창근. 2009. “다문화 공존과 다문화주의: 다문화 시민성 모색”.『윤리연구』, 73:21-50.
김지현, 손철성. 2009. “세계시민주의, 공동체주의, 자유주의”,『시대와 철학』, 20(2):93-126.
데이비드 헬드. 이정식 역. 1998.『민주주의의 모델』. 서울: 인간사랑.
모리치오 비롤리. 김경희·김동규 역. 2006.『공화주의』. 서울: 인간사랑.
박기범. 2009. “공동체주의 관점에서 본 다문화교육의 과제”,『사회과교육』, 48(1):45-55.
손철성. 2007. “자유주의와 공동체주의의 주요 논쟁점에 대한 검토”,『동서사상』, 3:17-32.
심승환. 2009. “다문화교육의 의미에 대한 교육철학적 고찰”,『교육철학』, 45:121-150.
이재봉. 2012. “한국의 민족주의와 다문화주의”,『다문화교육연구』, 5(1): 199-215.

이충호. 1993. “이데올로기의 양면성과 정치적 기능에 관한 소고”, 『호남정치학회보』, 5:235-266.

임마누엘 칸트, 박환덕·박열 역. 2015. 『영구평화론』. 서울: 범우사.

전상국. 2002. “자유주의와 공동체주의 논쟁”, 최상용 외. 『인간과 정치사상』. 서울: 인간사랑.

정종진. 2011. “호주 학교에서의 다문화교육 전개 과정과 현황”, 『한국교육논총』, 10(1):47-73.

조상식. 2009. “비판이론의 관점에서 본 다문화교육의 한계”, 『교육철학』, 44:139-155.

칼 만하임 저. 1979. 임석진 역. 『이데올로기와 유토피아』. 서울: 자학사.

피터 싱어. 김희정 역. 2008. 『세계화의 윤리』. 서울: 아카넷.

하윤수. 2009. “미국 다문화교육의 동향과 사회과 교육과정”, 『사회과교육』, 48(3):117-132.

홍익표, 진시원. 2015. 『세계화 시대의 정치학(개정판)』. 서울: 오름,

홍태영. 2010. “공화주의적 통합과 프랑스 민주주의”, 『사회과학연구』, 18(2):348-378.

Baradat, Leon P. 1991. Political Ideologies: Their Origins and Impact, 4th Edition. New Jersey: Prentice Hall.

Beitz, Charles R. 1985. “Justice and International Relations”, in Charles R. Beitz, Marshall Cohen, Thomas Scanlon, and A. John Simmons ed. International Ethics, Princeton New Jersey: Princeton University Press.

Crowder, George. 2008. “Pluralism and Multiculturalism”, 45(3):247-252.

Ecclershall, Robert, Vincent Geoghegan, Richard Jay, Rick Wilford. 1985. Political Ideologies: An Introduction. London: Hutchinson.

Elizabeth, Fox-Genovese. 1999. “Ideologies and Realities”, 43(4):531-539.

Guerriere, Daniel. 2001. “Multiculturalism: American Success, Liberal Education, or Political Correctness?”, Modern Age, 43(2):175-180.

Goodwin, Barbara. 1987. Using Political Ideas 3th Edition. New York: John Wiley & Sons.

Gutmann, Amy. 2003. Identity in Democracy. Princeton: Princeton

University Press.

Hahn, Adam, Charles M. Judd, Bernadette Park. 2010. "Thinking about Group Differences: Ideologies and National Identities", Psychological Inquiry, 21(2):120-126.

Heywood, Andrew. 1992. Political Ideologies: An Introduction. London: Macmillan.

Higham, John. 1993. "Multiculturalism and Universalism: A history and Critique". American Quarterly, 45(2):195-219.

Kelly, Richard, Robert Crowcroft. 2012. "From Burke to Burkha: Conservatism, Multiculturalism and the Big Society", Political Quarterly, 82:109-119.

Keteb, George. 1994. "Note on Pluralism", Social Research, 61(3):511-537.

Leach, Robert. 1999. British Political Ideologies. London: Philip Allan.

Melamed, Jodi. 2006. "The Spirit of Neoliberalism: From Racial Liberalism to Neoliberal Multiculturalism", Social Text, 24(4):1-24.

Michael G. Roskin, Robert L. Cord, James A. Medeiros, Walter S. Jones. 2003. Political Science: An Introduction, 8th Edition. Upper Saddle River: Prentice Hall.

Rickard, Maurice. 1994. "Liberalism, Multiculturalism, and Minority Protection", Social Theory and Practice, 20(2):143-170.

Schattle, Hans. 2008. "Education for global citizenship: Illustration of Ideological Pluralism and Adaptation". Journal of Political Ideologies, 13(1):73-94.

Uberoi, Varun. 2008. "Do Policies of Multiculturalism Change National Identities?", The Political Quarterly, 79(3):404-417.

Young, Iris. 1990. Justice and the Politics of Difference. Prinseton: Princeton University Press.

04 CHAPTER

다문화주의와 민주주의[1)]

진시원

1 서론
2 민주주의 유형
3 다문화주의와 민주주의의 관계
4 결론

초 록

다문화주의는 민주주의의 다양한 유형에 따라 그 내용과 특징이 달라진다. 다문화주의를 잘 실현하기 위해서는 좋은 정책과 좋은 이데올로기도 중요하지만 좋은 민주주의도 필요하다. 그런데 기존의 다문화주의 연구는 특정 국가의 다문화주의 내용과 특징과 한계가 그 나라 민주주의의 유형과 상당히 밀접한 관계가 있다는 점을 간과해 온 문제점이 있다. 이 글은 기존연구의 이러한 한계를 극복하기 위해서 다양한 민주주의 유형과 다문화주의 간의 관계를 이론적으로 탐구한다. 이 글은 대의민주주의와 직접민주주의, 자유민주주의, 사회민주주의, 합의민주주의, 공화민주주의, 심의민주주의, 참여민주주의 등이 다문화주의와 어떤 관계를 지니는지를 검

1) 이 글은 진시원. 2019. “민주주의와 다문화주의의 관계에 관한 이론적 검토”, 『법교육연구』, 제14권 3호에 실린 글이다.

토한다. 구체적으로 이 글은 다양한 민주주의 유형이 자유와 평등 그리고 주권이론을 바라보는 시각의 유사점과 차이점을 포착하여 민주주의와 다문화주의의 관계를 탐구한다. 이 글은 다양한 민주주의 유형과 다문화주의가 지니는 관계의 장점과 단점 그리고 특징과 한계를 살펴본 후, 다문화주의를 실현하는 데 있어서 민주주의 제도도 중요하지만 사람을 바꾸는 다문화교육도 중요하다고 주장한다.

주요어: 다문화주의, 다문화정책, 다문화 이데올로기, 민주주의 유형, 자유와 평등, 주권이론, 다문화교육

1 서론

민주주의는 다문화주의에서도 중요하다. 민주주의의 유형 즉, 어떤 민주주의인가에 따라 특정 공동체의 다문화주의 정책이 그 본질과 내용에 있어서 달라지기 때문이다. 그런데 지난 기간 국내외 다문화주의에 대한 논의는 다문화정책에 집중해왔거나 다문화주의와 이데올로기와의 관계를 규명하는 일에 집중해왔다. 예컨대, 다문화정책에 관한 연구에서는 여러 나라에서 시행 중인 동화주의 정책, 상대주의정책, 다원주의정책, 통합주의정책 등에 대한 학문적이고 실천적인 논의를 심도 깊게 진행해왔고, 다문화주의와 이데올로기와의 관계에 관한 연구에서는 자유주의, 공동체주의, 공화주의 같은 이데올로기가 각국의 다문화주의 정책에 미치는 영향에

대해 집중적으로 탐구해왔다(김범춘, 2013; 전형권, 2014; 진시원, 2018).

그런데 기존 다문화주의 연구의 이와 같은 특징은 특정 국가의 다문화주의 내용이 그 나라 민주주의의 유형과도 밀접하게 연계되어 있다는 점을 간과해 온 문제점이 존재한다. 다문화주의와 민주주의의 관계에 대한 논의는 산발적이고 분산적으로 이루어져 체계적이고 심도 있게 이루어지지 못한 것이다.

이렇듯 특정 국가의 다문화주의는 그 나라의 다문화정책과 지배적인 이데올로기뿐 아니라 그 나라가 채택하고 있는 민주주의 유형에 따라 지대한 영향을 받는다. 그런데 민주주의는 하나가 아니다. 민주주의는 다양한 유형과 의미를 지닌다(헤이우드, 2007b: 309). 민주주의는 참여방식에 따라 대의(간접)민주주의, 직접민주주의, 참여민주주의, 심의민주주의, 풀뿌리민주주의, 결사체민주주의, 전자민주주의, 광장민주주의 등이 존재하며, 어떤 이데올로기와 결합하느냐에 따라 자유민주주의, 사회민주주의, 공화민주주의, 생태민주주의 등으로 구분할 수 있다. 또한 의사결정방식에 따라 다수결민주주의와 합의민주주의 등으로 구분할 수도 있으며, 운영의 주체가 누구냐에 따라 엘리트민주주의, 대중민주주의, 인민민주주의 등으로 구분이 가능하다.

이 글의 목적은 민주주의 유형과 다문화주의 간의 관계를 이론적으로 탐구하는 데 있다. 그런데 민주주의 유형은 위에서 살펴본 것처럼 다양하여 모든 민주주의 유형과 다문화주의 간의 관계를 다루기는 지면관계상 한계가 있다. 따라서 이 글에서는 가장 지배적인 민주주의 유형인 대의민주주의와 자유민주주의가 다문화주의와 어떤 관계를 지니는지를 검토하고, 이런 작업을 통해 대의민주주의와 자유민주주의의 특징과 한계를 살펴봄으로써 사회민주주의와 합의민주주의, 공화민주주의, 심의민주주의 등 다른 유형의 민주주의와 다문화주의 간의 관계도 함께 살펴보고자 한다. 이 글은 이러한 목적을 수행하기 위해 먼저 2장에서 민주주의가 무엇인지 다양한 유형을 중심으로 살펴보고, 3장에서는 다양한 유형의 민주주의가 다문화주의와 맺고 있는 관계를 살펴본다.

2 민주주의 유형

1) 대의민주주의와 직접민주주의

민주주의는 엄밀하게 이게 무엇이라고 딱 부러지게 말하기 어렵다. 민주주의라는 용어는 합의된 정의가 없고, 그 결과 혼란하게 다양한 의미를 내포하는 용어라는 것이다(Outhwaite et al., 1993: 142; 헤이우드, 2007: 139). 민주주의(democarcy)는 데모스(demos)와 크라토스(kratos)라는 고대 그리스어가 합성된 용어이다. 데모스는 인민(people)을 의미하며 크라토스는 지배(rule)를 의미한다. 민주주의는 본래 '인민에 의한 지배(rule by people)'라는 의미를 지닌 것이다. 하지만 '인민'이 누구를 지칭하는지 그리고 '지배'가 어떤 지배를 의미하는지에 대해서는 합의된 바가 없다(헤이우드, 2007: 141; 홍익표, 2013: 58).

인민이 누구인지에 대한 논쟁은 인민을 '엘리트'로 한정하여 보는 시각과 인민을 '일반 대중' 모두로 확대하여 보는 시각이 서로 경쟁해왔다(Held, 1997: 79; 김범수, 2008: 177). 인민을 엘리트로 보는 시각은 플라톤의 철인정치에서 시작하여 현대에 들어서는 대의민주주의를 선호하는 방향으로 계보학적인 연계를 진행해왔다. 인민을 엘리트로 축소하여 해석하려는 시각은 인민의 속성에 대한 부정적인 인식에 기초한다. 이 시각은 인민을 감성적이고 즉자적이며 일관성을 상실한 존재로 이해한다. 인민은 이성적이지 않고 통찰적이지 못하며 즉흥적인 관계로 대자적인 존재가 아니므로 공동체의 정치를 수행하고 공동체 공동의 일에 관여하며 공동체의 운명을 결정할 능력과 자질을 지니지 못한 존재라는 것이다.

반면, 인민을 일반 대중으로 확대해서 보는 시각은 고대 그리스 폴리스의 시민정치에서 시작하여 현대에 들어서는 직접 민주주의와 참여 민주주의를 선호하는 방향으로 지적 계통도를 이어왔다. 그리스 폴리스의 시민들은 민회와 평의회에 직접 참여하여 공동체의 정책과 운명을 결정하고 따르는 치자이자 피치자의 지위를 지닌 서로 동등한 존재였다. 공동체 공동의 일에 대한 시민 모두의 직접 참여와 직접 지배가 시행된 것이다. 이렇듯 인민을 엘리트로 볼 것인지 아니면 대중 전체로 볼 것인지 문제는 지금도 논쟁적이며 경쟁적이다.

반면 지배가 무엇인지 그리고 어떤 지배인지에 대한 논쟁은 지배를 인민에 의한 '직접 지배'로 보는 시각과 엘리트에 의한 '간접 지배'로 보는 시각이 서로 경쟁해왔다. 지배를 인민에 의한 직접 지배로 보는 시각은 인민들이 정치에 직접 참여하는 직접 민주주의와 참여민주주의를 선호해 온 반면, 지배를 간접 지배로 보는 시각은 인민들이 자신의 대표를 선출하여 인민들의 대표가 정치를 수행하는 대의 민주주의를 선호해 왔다.

이렇듯 민주주의가 무엇인지를 놓고 민주주의를 '인민에 의한 직접 지배'로 보는 시각과 '인민의 대표에 의한 간접 지배'로 보는 시각이 과거부터 현재까지 서로 경쟁해 오고 있지만, 민주주의가 무엇인지에 대한 논쟁은 직접 민주주의와 대의 민주주의 간의 양자택일의 문제로 단순화된 것은 아니다. 논쟁에서 이기기 위한 양 진영의 자기 이론 견고화 작업은 치밀하다. 예컨대, 대의 민주주의를 선호하는 사람들은 대의 민주주의가 인민들이 선거를 통해 자신의 주권을 직접 행사하는 직접 지배 형태를 지니는 동시에 선거를 통해 대표를 선출하여 정치를 위임하는 간접 지배 형태도 동시에 내포한다는 점에서 인민에 의한 지배와 엘리트에 의한 지배를 모두 포함하는 혼합정체라고 주장한다. 대의 민주주의가 인민에 의한 직접 지배와 대표에 의한 간접 지배를 혼합한 정체이고 인민과 엘리트가 서로 독주하지 못하고 견제하게 만드는 혼합 정체라는 점에서 인민에 의한 일방적인 지배형태인 직접 민주주의보다 우월하다는 것이다(헤이우드, 2007b: 311). 이러한 주장을 하는 대의 민주주의자들은 인민에 의해 일방적으로 정치가 주도되는 직접 민주주의보다 인민과 엘리트가 서로 견제하는 구조를 지닌 대의 민주주의가 훨씬 우월한 정체라고 주장한다. 인민에 의한 일방적인 지배나 엘리트에 의한 일방적인 지배와 같은 단일정체보다는 인민과 엘리트가 서로 견제하는 혼합정체가 더 우월하다는 인식을 지니고 있는 것이다.

대의민주주의자들의 이러한 주장에 대해 직접 민주주의자들은 동의하지 않는다. 대의민주주의자들이 대의민주주의가 혼합정체이고 그래서 인민에 의한 지배만을 추구하는 단일정체인 직접민주주의보다 우월하다고 주장하는 것에 동의하기 어렵다는 것이다. 직접민주주의자들은 대의민주주의는 실체적으로 엘리트에 의한 단일정체이지 혼합정체가 아니라고 주장한다. 직접민주주의자들은 대의민주주의에서 이루어지는 선거를 통한 인민의 정치참여는 다분히 형식적이라고 본다. 대의민주주의는 근본적으로 엘리트민주주의이지 대중민주주의가 아니기 때문에 선거를 통한 인민의 형식적인 정치참여는 실질적인 정치참여가 아니라는 것이다. 직접민주주의자들은 대의민주주의와 선거민주주의만으로는 제대로 된 좋은 민주주의가 실현되기 어렵고, 따라서 인민의 직접 지배를 강화하는 방향으로 현대 민주주의가 재설계되어야 한다는 입장을 견지하고 있는 것이다. 재설계 방향은 기본적으로 엘리트주권이 아니라 인민주권을 강화하는 방향이다.

대의민주주의와 직접민주주의의 갈등과 경쟁은 주권이론을 둘러싸고 더욱 결렬하게 전개되었다. 주권이론은 프랑스 혁명 직후 등장한 국민주권론과 인민주권론 그리고 보통선거권 제도가 다수의 국가로 광범위하게 확산되면서 등장한 주권원리설과 주권실체설로 구분할 수 있다(전제철, 2006: 141; 진시원 · 홍익표, 2016: 362). 시민혁명 특히 프랑스 혁명 당시 성직자, 절대군주, 귀족 등 구체제의 패권집단에 도전하기 위해 공동전선을 형성했던 부르주아(자본가), 노동자, 농민, 빈민 등은 혁명이 성공한 이후 지속적인 협력이냐 분열이냐의 갈림길에 놓였다. 특히 혁명을 주도한 부르주아 입장에서는 구체제 주역들과의 투쟁에서 성공하기 위해 노동자, 농민, 빈민 등과 연대했지만, 혁명에서 성공한 이후 쟁취한 권력을 자신들을 제외한 인민들과 공유해야 하는지에 대해 고민에 빠졌다. 이런 상황에서 부르주아의 대응은 두 갈래로 나뉘었다. 혁명이 성공한 이후 '주권'은 이제 절대군주에게 있는 것이 아니라 '인민대중 전체'에게 있다는 인민주권론을 주장하는 그룹과, 주권은 인민대중 전체가 아니라 '부르주아 엘리트'에게 있다는 국민주권론을 주장하는 그룹으로 나

뉜 것이다. 인민주권론은 그 당시 진보적이며 급진적인 성격을 지니며 그리스 폴리스 민주주의가 시행했던 직접민주주의의 전통을 잇는 성격이 강했다면, 국민주권론은 그 당시 자기이익 추구적인 부르주아의 당파적이며 보수적인 성격을 지니며 엘리트민주주의와 대의민주주의의 시작을 알리는 성격이 강했다.

시민혁명 이후 민주주의가 더욱 발전하고 보통선거권이 점차 보편적인 민주주의 제도로 여러 나라에 자리 잡으면서, 주권은 절대군주에게 있는 것도 아니고 부르주아 엘리트에게 있는 것도 아니며 인민 모두에게 있다는 사고가 확대·강화되었다. 주권은 인민에게 있다는 사고는 민주주의의 보편적인 규범이 되어갔지만 이러한 원론적인 규범만으로는 대의민주주의와 직접민주주의 간의 근본적인 인식의 차이와 간극을 좁히기는 어려웠다. 그래서 등장한 주권이론이 주권원리론과 주권실체론이다.

주권원리론은 주권은 인민에게 있지만 주권을 행사하는 주체는 선거에서 선출된 엘리트라고 보는 반면, 주권실체론은 주권은 인민에게 있으며 주권의 행사도 인민이 직접 하는 것이라고 본다. 주권원리론은 주권의 소지자는 인민이지만 주권의 행사자는 선출된 엘리트라는 입장인 반면, 주권실체론은 주권의 소지자도 인민이며 주권의 행사자도 인민이어야 한다는 입장인 것이다. 결국 주권원리론은 국민주권론을 승계한 것이며 주권실체론은 인민주권론을 승계한 것인데, 주권에 대한 이러한 인식의 차이는 결국 직접민주주의와 대의민주주의 중 어느 민주주의를 선호하느냐에 따라 달라진다. 국민주권론과 주권원리론을 주장하는 사람들은 대의민주주의를 선호하는 사람들인 반면, 인민주권론과 주권실체론은 주장하는 사람들은 직접민주주의나 참여민주주의를 선호하는 사람들인 것이다.

정리하면, 직접민주주의와 대의민주주의는 아직도 경쟁 중이다. 근대 국민국가가 등장하면서 영토가 커지고 국민의 수가 늘어나면서 직접민주주의를 실행하기 어렵게 되었고, 그 결과 대의민주주의가 자유민주주의와 사회민주주의 형태로 지구적 차원에서 광범위하게 확산된 것은 사실이지만, 그렇다고 해서 대의민주주의가 직접민주주의와 참여민주주의보다 좋은 민주주의이며 경쟁에서 완전히 승리했다고 보기는 어렵다. 대의민주주의가 지닌 국민주권론와 주권원리론의 문제, 즉 부르주아나 선출된 엘리트와 같은 기득권층의 계급적이며 당파적이며 보수적인 성향을 대의민주주의가 지금도 완전히 극복한 것은 아니다. 대의민주주의는 기본적으로 엘리트민주주의이며 고대 그리스에서 의미했던 민주주의의 본래적 의미, 즉 '인민에 의한 지배'에서 많이 이탈한 민주주의이다.

반면 직접민주주의가 지닌 진보성과 평등성은 인민주권론과 주권실체론을 통해서 다시 확인된다. 주권은 인민 모두에게 있으며 인민은 주권의 소지자이자 행사자라는 인식은 평등을 강조하는 민주주의의 본래적 의미와도 깊게 맥이 닿아 있다. 특히 그리스 시대의 직접민주주의가 지닌 광장민주주의, 참여민주주의, 심의민주주의, 공화민주주의적인 성향은 현대 사회에 들어 대의민주주의를 보완하거나 대체하는 대안민주주의로 새롭게 해석되고 있다. 예컨대, 현대 대의민주주의 국가에서 광장민주주의, 참여민주주의, 심의민주주의, 공화민주주의는 대의민주주의의 강력한 경쟁자이자 보완자로서 연구되고 실천되고 있는 것이다. 또한 직접민주주의는 지방분권자치와 함께 주민수가 적은 풀뿌리 차원에서 제대로 실현될 수 있으며, 전국 차원에서도 대의민주주의를 보완하는 차원에서 더욱 강화될 수 있다. 예컨대, 국민투표제, 국민발안제, 국민소환제, 시민의회 등은 전국 차원에서 대의민주주의의 문제점을 보완할 수 있는 직접민주주의 제도들이다. 결국 직접민주주의가 영토가 넓고 국민의 수가 많은 국가에서는 운영하기 부적합하다는 주장은 과도한 주장이고 맞는 주장도 아니다.

2) 자유민주주의, 사회민주주의, 합의민주주의

현대 사회에 들어 대의민주주의는 자유민주주의나 사회민주주의, 다수결민주주의나 합의민주주의와 연계되어 운영되고 있다(최태욱, 2010: 220). 자유민주주의는 미국, 영국, 일본, 한국 등에서 운영되고 있으며, 사회민주주의는 서유럽이나 북유럽 등 복지국가에서 운영되고 있다. 자유민주주의와 사회민주주의는 그것의 작동방식이 대의민주주의와 엘리트민주주의라는 점에서 서로의 공통점이 있다.

자유민주주의는 자유주의 이데올로기와 민주주의가 결합된 민주주의이며, 참여방식에서는 대의민주주의로, 의사결정방식에서는 다수결민주주의로 운영되고 있는 민주주의이다. 자유민주주의는 그것의 작동방식에 있어서 대의민주주의와 다수결민주주의로 표출되고 있는 것이다.

우선 자유민주주의는 자유주의와 민주주의가 결합한 형태로 자유주의와 민주주의 사이에 긴장과 경쟁과 갈등과 모순이 존재하는 민주주의이다(Held, 1997: 78-79). 그러나 자유주의와 민주주의 간의 이러한 복잡한 관계에도 불구하고 자유민주주의는 기본적으로 자유주의 가치를 민주주의 가치보다 더 중시하고 우선시한다. 이 말은 자유민주주의는 민주주의의 핵심 가치인 '평등'보다 자유주의의 핵심 가치인 개인의 자유와 사유재산권, 그리고 이 가치들을 보호하기 위한 최소국가(야경국가)와 자유시장, 법치주의 등을 더 우선시하는 민주주의라는 말이다.

잘 알다시피 자유주의 이데올로기는 근대 부르주아의 이데올로기이다. 근대 시기 들어 자본주의 태동과 성장을 통해 부를 축적한 부르주아는 교황이나 성직자 등 교회권력, 절대군주, 귀족 등과 같은 구체제 주역들의 자의적인 권력 행사를 제약하고 자신들의 부와 권력을 강화하여 마침내 신체제의 주역이 되기 위한 제도적 장치를 개발해 왔는데, 그것은 개인(당시 부르주아)의 자유와 인권 강화 및 사유재산권의 신성시, 법치주의 확립, 자유권과 참정권의 확대, 최소국가와 자유시장의 제도화 등이었다.

자유주의자들은 인본주의와 계몽주의에 영향을 받은 합리적이고 이성적인 성향을 지닌 사람들이었으며, 자본주의 하에서 자신의 자유와 사유재산권을 보호하고 지속하는 데 많은 관심을 지닌 사람들이었다. 자유주의의 이러한 합리적이고 이성적인 측면은 자유주의자들이 인권과 자유권과 참정권을 확대하고 이들 가치가 근대 이후 지구적 차원에서 확대되는 데 크게 기여해왔다(최장집, 1993: 19). 하지만 사유재산권과 최소국가 및 자유시장에 대한 신성시는 자유주의자들이 보수화되는 주요 배경으로 작용해왔다.

자유주의가 영국과 미국, 프랑스에서 근대 시민혁명을 촉진하고 그 이후 인권, 자유권, 참정권, 법치주의 등이 인류의 보편규범으로 확대되는 데 진보적인 성향을 발휘했다면, 사유재산권과 최소국가 및 자유시장을 신성시하는 자유주의의 모습은 노동3권과 교육권, 복지권, 환경권 등 사회권이 확대되는 데 있어서 보수적이고 저항적인 요인으로 작동해왔다. 사회권은 기본적으로 부르주아의 사유재산권을 제한하고 침해하는 성격이 강하며, 최소국가와 자유시장은 빈부격차와 사회적 양극화가 지속하고 가속화하는 데 기여해왔다. 최소국가와 자유시장은 빈부격차와 사회 양극화 등 시장실패를 교정하기 위한 국가의 역할을 근본적으로 배척하기 때문이다.

이처럼 자유민주주의의 대표적인 특징은 진보적 성향과 보수적 성향의 공존에 있다(이근식, 2009: 243). 자유민주주의의 진보적 성향은 인권, 자유권, 참정권의 확장과 강화에 기여해왔지만, 자유민주주의의 보수적 성향은 민주주의의 평등지향성을 부정하고(헤이우드, 2007b: 315) 사유재산권과 자유시장을 신성시화한 결과 기본권 중 사회권의 미발달과 빈부격차 및 사회 양극화의 존속과 가속화에 기여해온 것이다.

그런데 자유민주주의는 진보적 성향과 보수적 성향만 지니는 것이 아니라 다원주의적인 성향도 지닌다(헤이우드, 2007b: 311). 자유민주주의는 두 가지 측면에서 다원주의적 성향을 지닌다. 우선 자유민주주의는 경제와 사회가 발전하면서 직업과 계층이 분화하고 인민들이 추구하는 가치가 다원화되면서 더욱 발전한다. 그리고 자유민주주의에서 중시하는 '개인의 자유'는 국가가 개인의 자유권을 보호하면서 개인의 다양한 취향과 개성과 선호가 더욱 다양하게 발휘되는 데 기여해왔다. 결국 자유민주주의 체제에서 자유로운 인민들은 다양한 이해와 선호를 지니며, 그 결과 다원주의 사회를 구성한다. 그리고 다원화된 사회에서 인민 개개인은 자유롭게 집단(결사체)을 만들고 결사체 간의 자율적인 견제와 균형을 통해 권력의 집중을 통제한다. 자유민주주의는 다원주의적 민주주의 그리고 결사체민주주의와 친화적인 것이다.

그런데 소수자들은 다원주의적 민주주의와 결사체민주주의 안에서 다수자들에 비해 유리한 것이 아니다. 다원주의적 민주주의에서 소수자는 다원화된 사회의 수많은 다양성들 중에 하나의 다양성일 뿐이며, 결사체민주주의에서도 소수자는 수없이 많은 다양한 결사체 중에서 하나의 결사체 지위를 지니기 때문이다. 예컨대, 다문화주의를 둘러싼 논쟁은 다원화된 사회의 수없이 많은 사회 이슈 중에 하나일 뿐이며, 소수자의 자발적인 결사체나 소수자 권익보호 결사체도 다원화된 사회에 존재하는 수없이 많은 결사체 중의 하나일 뿐이다. 이렇게 본다면 자유민주주의의 다원주의적 민주주의와 결사체민주주의 성향은 소수자 인권보호와 문화다양성 및 문화공존이라는 다문화주의의 목적을 성취하는 데 그리 도움이 되지 않는다고 평가할 수 있다.

자유민주주의의 또 다른 특징은 자유민주주의가 현실적인 작동방식에 있어서 대의민주주의와 다수결민주주의 그리고 엘리트민주주의로 표출되어 왔다는 점이다. 특히 자유민주주의는 대의민주주의와 다수결민주주의로 작동하며 일종의 삼위일체 민주주의로 서로 유기적으로 결합하여 작동해왔다. 이미 살펴보았듯이 자유주의를 주도해온 부르주아는 자유민주주의를 통해 민주주의의 핵심 요소인 인권, 자유권, 참정권 등의 확대와 강화에 기여하면서 민주주의의 발전에 진보적으로 기여해왔다. 하지만 부르주아의 이러한 진보주의 성향이 부르주아의 엘리트주의와 보수주의 성향을 완전히 대체한 것은 아니다. 시민혁명 이후 부르주아의 엘리트주의 성향은 직접민주주의가 아닌 대의민주주의에 대한 선호로 귀결되었으며(최장집, 1993: 145), 부르주아의 보수주의 성향은 사회권 확대에 대한 저항과 반대로 표출되었다. 예컨대, 부르주아는 시민혁명 당시 공동전선을 형성하여 구체제 주역들에게 함께 저항했던 노동자, 농민, 여성, 노예, 빈민 등 사회적 약자에 대한 차별적 성향을 완전히 극복하지 못했다. 자본가이자 엘리트 남성으로서의 계급적 성향을 드러낸 것이다. 부르주아의 이런 엘리트주의 성향과 보수주의 성향은 로크(Locke)나 밀(Mill)과 같은 부르주아 자유주의자들이 대의민주주의와 차등투표제를 주장하는 것으로 표출되었다. 로크는 대의민주주의, 즉 엘리트민주주의의 열렬한 지지자였으며, 로크와 밀은 유권자의 재산과 학력수준에 따라 투표권을 차별해서 제공하는 차등(복수)투표제를 주장했다(헤이우드, 2007: 149; 서병훈, 2015: 309; 정원규, 2017: 125). 부르주아 자유주의의 이러한 엘리트민주주의(정원규, 2017: 130)와 보수주의 성향은 자유민주주의가 대의민주주의로 외피를 입는 데 기여했다. 부르주아 자유주의자들의 엘리트주의 성향은 인민에 의한 직접지배를 추구하는 직접민주주의에 대한 거부와 엘리트에 의한 지배, 즉 대의민주주의에 대한 선호로 귀결된 것이다. 그런데 자유민주주의가 대의민주주의로 작동하는 것은 소수자에게 불리하다. 대의민주주의에서 주기적으로 치러지는 선거는 주류집단과 다수자에게 유리하기 때문이다. 대의민주주의는 기본적으로 소수자들의 인권보호와 문화적 다양성 및 문화공존을 실현하기에는 부족한 민주주의인 것이다(김비환, 2011: 17).

자유민주주의의 또 다른 작동방식은 다수결민주주의이다. 미국, 영국, 한국처럼 대표적인 자유민주주의 국가는 정치적 의사결정에 있어서 다수결을 채택하고 있다. 자유민주주의는 일반적으로 다수결민주주의를 운영하고 있는 것이다. 그런데 다수결민주주의의 근본적인 문제점은 '모든 인민에 의한 결정'과 '다수에 의한 결정'은 분명히 다르다는 데 있다(Outhwaite et al., 1993: 142). 민주주의를 다수결과 동일시할 수는 없다는 것이다. 또 다른 문제점은 다수결민주주의가 다수에 의한 전제, 즉 다수독재와 소수배제라는 심각한 비민주적인 문제를 지닌다는 것이다. 다수결민주주의가 지닌 다수독재와 소수배제의 위험은 다수결민주주의가 지닌 치명적인 한계이다. 엄밀히 말해서 다수결민주주의는 민주주의의 핵심가치 중의 하나인 '평등' 개념을 상실한 민주주의이기 때문이다. 민주주의의 핵심 원리 중 하나인 '평등'이라는 가치는 모든 인민이 동등하게 소중하고 평등하다는 인식에 기초한다. 그런데 다수독재와 소수배제는 모든 인민의 동등성이라는 평등의 원리를 위반한다. 다수결민주주의는 특히 소수자에게 지극히 불리하다. 다수결민주주의는 소수자를 무시하는 결과를 가져오기 때문이다(정원규, 2017: 89).

다수결민주주의의 또 다른 문제는 승자독식의 문제이다. 특히 대표선출방식에 있어서 단순다수결은 다량의 사표를 양산하며 승자독식의 표결구조를 지닌다. 권력이 승자에게 독점되는 것이다. 예컨대, 미국과 한국의 대통령 선거제도는 단순다수결이며 선출된 대통령은 권력을 승자독식한다. 또 미국, 영국, 한국은 의회선거에서 소선거구 단순다수결 제도를 지니며, 그 결과 기본적으로 많은 사표를 발생시키며 승자독식의 권력구조와 양당제 정당구조를 지닌다. 뒤베르제(Duverger)는 단순다수결 제도가 양당제와 친화적이며 비례대표제는 다당제에 친화적이라는 점을 밝혔다. 뒤베르제 법칙은 단순다수결 제도와 양당제의 결합이 비례대표제와 다당제의 결합에 비해 사표가 많으며, 유권자들의 다양한 이해관계와 선호가 다양한 정당을 통해 정치적으로 대표되는 것에 취약하다는 점을 알려준다.

따라서 다수결민주주의에 대한 비판과 대안 찾기 노력은 지속되어 왔다. 다수결민주주의에 대한 대표적인 대안은 합의민주주의이다. 합의민주주의는 반대보다는 합의를 강조하고 배제보다는 포함을 강조하여 권력을 공유하는 자들을 최대화하는 민주주의이다(홍익표, 2004: 180; 최태욱, 2010: 224; 홍익표・진시원, 2015: 218). 이러한 합의민주주의는 유럽 국가들의 민주주의로 비례대표제 대표결정방식과 다당제 정당구조가 결합된 민주주의이다(최태욱, 2010: 220-221). 일반적으로 다당제 하에서는 과반 이상을 득표한 다수당이 등장하기 어려우며, 그 결과 정당들은 연정을 통해 의회에서 다수를 구성하는 일에 익숙하다. 합의민주주의에서 작동 중인 연정을 위한 '포함의 정치'와 정당 간 권력분담과 합의노력은 다수결민주주의의 특징인 '배제의 정치'와 권력독점과는 확연히 구분되는 특징을 드러낸다(홍익표, 2004: 180). 합의민주주의는 다수결민주주의가 지닌 다수독재와 소수배제의 문제를 해결하는 데 유익한 민주주의인 것이다. 특히 이데올로기적 갈등이나 지역갈등, 세대갈등뿐 아니라 인종이나 문화, 종교적 차이에 의한 다문화 갈등을 겪고 있는 나라에서는 다수결민주주의보다 합의민주주의가 정치적 갈등과 분열을 극복하는 데 기여할 수 있다. 합의민주주의는 유럽 복지국가에서 자리 잡은 민주주의 유형이라는 점에서 유럽의 사회민주주의와 친화적인 민주주의이다.

역사적으로 보면 민주주의는 부르주아를 한 축으로 하고 노동자 등 사회적 약자를 한 축으로 하는 두 진영 간의 협력과 갈등이라는 상호작용을 통해 발전해왔다(최장집, 1993: 140). 부르주아 자유주의자들의 이성적이고 합리적인 사고는 인권의 발전을 주도해왔다. 자연권인 인권이 실정법으로 헌법에 보장된 것이 기본권이며, 기본권은 자유권, 참정권, 사회권으로 이어지며 발전해왔다. 이미 살펴보았듯이 자유주의는 자유권과 참정권이 보편적 규범으로 자리 잡는데 기여해왔다. 하지만 부르주아 자유주의의 이러한 진보성은 사회권의 확장 앞에서 보수성으로 돌변한다. 사유재산권과 자유 시장을 중시하는 자유주의자들에게 노동3권, 교육권, 복지권, 환경권과 같은 사회권은 사유재산권과 자유 시장을 침해하고 위협하는 기본권으로 인식된다. 자유주의의 보수적 성향이 사회권이 발전하는 데 장애로 작용한 것이다. 결국 자유주의 가치를 중시하는 자유민주주의는 자유권과 참정권이 발전하는 데는 주도적으로 기여해왔지만, 사회권이 발전하는 데는 핵심적인 장애요인으로 작동해온 것이다(정원규, 2017: 95). 이러한 이유로 인해 자유민주주의 국가에서 사회권의 발전은 한계가 있을 수밖에 없다. 미국의 자유민주주의는 복지권 같은 사회권이 다른 선진국에 비해 더디게 발전한 근본적인 원인으로 작동하고 있다. 이렇게 본다면 자유민주주의 또 다른 특징은 사유재산권과 자유 시장을 중시하는 민주주의라는 점이다. 경제적 측면에서 자유민주주의는 부르주아 민주주의이며 자본주의적 민주주의이고 사유재산권 민주주의이며 자유 시장 민주주의인 것이다(헤이우드, 2007b: 313).

결국 사회권의 발전은 부르주아가 아니라 노동자 등 사회적 약자가 강하게 요구하면서 실현되는 성격이 강하다. 복지국가인 서유럽과 북유럽 상당수 국가에서 사회권이 발전한 것은 부르주아가 주도한 것이 아니라 노동자들이 주도한 것이다. 독일의 사회민주당이나 영국의 노동당 등 노동자 정당이 결성되고 이들이 선거에서 승리하는 등 강력한 정치적 영향력을 확보하면서 유럽국가에서 사회권이 먼저 발전하였다. 노동자 정당의 등장과 사회권 발전이 이들 국가들이 사회민주주의 국가로 전환하는 데 기여한 것이다.

사회민주주의는 자유권과 참정권은 물론 사회권 보장에서 앞서 있다는 점에서 자유민주주의보다 진일보한 민주주의라고 볼 수 있다.

자유민주주의와 사회민주주의의 차이는 자유와 평등을 바라보는 입장에서 확연히 드러난다. 자유는 소극적 자유와 적극적 자유로 구분할 수 있다. 소극적 자유는 '국가로부터의 자유', 즉 국가나 공권력으로부터 개인의 자유, 생명, 권리(특히 사유재산권)를 보호하는 데 중점가치를 두는 자유이다. 고전적 자유주의자 로크와 같은 보호적 민주주의자가 중시한 것이 바로 자유권이었다. 반면 적극적 자유는 '국가에로의 자유', 즉 국민 개개인이 인간다운 생활을 할 수 있는 권리를 국가에게 요구할 수 있는 자유이다. 자유권이 소극적 자유의 포현이라면 사회권은 적극적 자유의 표현인 것이다. 이렇게 본다면 자유민주주의는 소극적 자유를 중시하는 반면 사회민주주의는 적극적 자유를 중시하는 민주주의라고 볼 수 있다. 자유민주주의는 자유권과 참정권의 발전에 만족한 반면, 사회민주주의는 자유권과 참정권뿐 아니라 사회권까지 추구하고 있다는 점에서 기본권의 발전 정도에 있어서 사회민주주의가 자유민주주의보다 진일보한 민주주의라고 볼 수 있는 것이다.

평등은 형식적 평등과 실질적 평등으로 구분할 수 있다. 민주주의와 관련하여 대표적인 형식적 평등은 보통선거권과 국민주권론이다. 보통선거권은 특정 연령 이상의 국민은 누구나 동등하게 선거권을 지닌다는 점에서 정치적 평등을 의미하며, 국민주권론은 주권이 모든 국민에게 있다는 점을 명시한다는 점에서 정치적 평등의 성격을 지닌다. 반면 실질적 평등은 정치적 평등뿐 아니라 사회경제적 평등을 강조하고 국민주권론이 아닌 인민주권론을 강조한다. 실질적 평등을 강조하는 사람들은 보통선거권으로 상징되는 정치적 평등만으로는 실질적인 평등을 확보하기 어렵다고 주장하며, 정치적 평등에 사회경제적 평등이 더해져야만 실질적인 평등이 구현될 수 있다고 주장한다. 실질적 평등주의자들은 경제적 불평등과 빈곤은 정치적 평등을 침해할 수 있다고 본다. 가난한 사람들은 생계활동을 위해 자신에게 주어진 보통선거권을 제대로 행사하기 어려우며 정치적 참여 또한 제한당하기 쉽다는 것이다.

실질적 평등주의자들은 국민주권론이 가지는 엘리트주의 성향에도 반대한다. 이미 살펴보았지만 국민주권론은 주권은 국민에게 있지만 주권의 실질적인 행사는 선출된 엘리트들이 한다고 본다. 국민주권론은 주권 행사 측면에서 일반 국민과 엘리트 간의 차별 즉 불평등을 당연시한다. 반면, 인민주권론은 주권은 인민에게 있으며 주권의 행사도 인민의 몫이라고 주장한다. 실질적 평등주의자들은 주권의 실질적 평등은 국민주권론이 아니라 인민주권론을 통해 실현될 수 있다고 보는 것이다.

이렇게 본다면 자유민주주의와 사회민주주의는 평등을 바라보는 시각에서도 차이가 존재한다. 자유민주주의는 형식적 평등 즉 보통선거권과 국민주권론에 만족하는 반면 사회민주주의는 사회경제적 평등을 주장하며 실질적 평등을 추구한다는 점에서 양자 간의 명확한 차이가 드러난다. 그러나 자유민주주의와 사회민주주의는 모두 국민주권론과 대의민주주의를 추구한다는 점에서 서로의 공통점을 지닌다. 자유민주주의와 사회민주주의는 공히 인민주권론과 직접민주주의를 추구하는 단계로 나아가지는 못하고 있는 것이다.

민주주의가 무엇인지에 대한 답안은 최소주의적 정의와 최대주의적 정의로 나누어 살펴볼 수 있다. 민주주의를 최소주의 차원에서 이해하는 사람들은 민주주의를 절차적 민주주의나 정치적 민주주의로 한정하여 이해한다. 주기적인 선거가 존재하고 이를 통한 엘리트 간의 경쟁과 순환이 이루어지며 시민들이 정치적 자유를 누릴 수 있다면 그 국가를 민주주의 국가로 인정할 수 있다는 것이다. 쇠렌센(Sørensen)으로 대표되는 민주주의에 대한 최소주의이론가들은 민주주의를 선거, 엘리트 경쟁과 순환, 정치적 자유로 이해하며 민주주의를 절차적 차원과 정치적 차원에 한정해서 이해하는 것이다(홍익교 · 진시원, 2015: 196). 반면, 민주주의를 최대주의적으로 접근하는 사람들은 민주주의는 정치적이고 절차적인 차원에 한정되는 것이 아니라 경제사회적이고 실질적인 차원으로 확대해서 이해해야 한다고 주장한다. 최대주의자들은 공동체 구성원 간에 경제적 평등과 같은 사회경제적 민주화가 이루어져야 실질적인 민주주의가 이루어진 것으로 볼 수 있다고 주장한다. 민주주의는 정치 민주주의에 한정되는 것이 아니라 경제민주주의와 문화민주주의 그리고 환경민주주의를 포괄하는 것으로 확장해서 이해해야 한다는 것이 최대주의자들의 입장이다(홍익표 · 진시원, 2015: 220-224).

이렇게 본다면 민주주의에 대한 최소주의 입장은 자유민주주의에 만족하는 측면이 존재하는 반면, 민주주의에 대한 최대주의 입장은 사회민주주의를 추구하는 측면이 존재한다고 판단할 수 있다. 주기적인 선거와 정치적 자유를 강조한다는 점에서 최소주의적 입장은 대의민주주의와 자유권 및 참정권을 강조하는 자유민주주의와 친화력이 있는 반면, 경제사회적 평등을 강조한다는 점에서 최대주의적 입장은 공동체 구성원들의 복지권, 노동3권, 교육권, 환경권 등 사회권을 추구하는 사회민주주의와 친화적인 것이다. 자유주의 국가인 영미권에서 최소주의적 민주주의를 강조하는 반면 사회민주주의 국가인 유럽대륙권에서는 최대주의적 민주주의를 강조하는 것은 이러한 배경을 지닌다고 볼 수 있다.

3) 심의민주주의와 공화민주주의

현대 사회에 들어 민주주의 논의는 대의민주주의의 문제를 극복하기 위한 다양한 대안민주주의가 무엇인지를 놓고 펼쳐지고 있다. 대안민주주의를 찾기 위한 노력 중에서 가장 두드러진 노력은 고대 그리스나 로마의 민주주의 전통을 되살려 대의민주주의를 극복할 수 있는 대안민주주의를 새롭게 구성하는 것이다.

예컨대, 민주주의의 역사적 발전에 기여한 직접민주주의의 특징은 그리스 민주주의에서 몇 가지 모습을 드러낸다. 그리스 직접민주주의는 현재적 시각에서 바라보면 광장민주주의, 참여민주주의, 심의민주주의, 공화민주주의의 원천적인 성향을 지녔다. 그리스 직접민주주의가 광장민주주의, 참여민주주의, 심의민주주의, 공화민주주의의 기원이나 원천으로 작용한 것이다. 그리스 직접민주주의는 아고라(agora)에서 광장민주주의의 원형을 보였으며, 시민들이 공동체 공동의 일에 대한 정치적 결정에 직접 참여함으로써 참여민주주의의 기원을 이루었다. 그리스 시민들의 직접적인 정치참여에서 원형을 찾을 수 있는 참여민주주의는 현대 사회에서 대의민주주의의 간접지배 문제와 선출된 대표의 정당성과 대표성 문제를 극복하는 대안민주주의로 자리 잡았다. 또한 그리스 민주주의는 민회와 평의회 그리고 아고라에서 시민들 사이에 토론과 심의가 벌어짐으로써 심의민주주의의 기원을 이루었으며, 동등한 시민들이 공동체 공동의 일에 적극 참여하고 소통함으로써 사익과 공익의 조화를 이루고 공동체에 대한 강한 소속감과 자발적인 충성심을 이루었다는 점에서 공화민주주의의 원천적 성격을 지녔다. 예컨대, 한나 아렌트는 폴리스의 아고라는 공론장으로 기능했으며, 아고라에서 이루어진 시민들의 공동체 공동의 일에 대한 적극적인 참여와 소통은 시민들의 공동체에 대한 자발적인 애국심과 소속감을 키웠으며 그 결과 공화민주주의가 실현되었다고 주장한다(장명학 2009, 31-32). 그리스 직접민주주의가 보여준 이렇듯 다양한 민주주의의 원형과 기원은 이후 로마와 근대 그리고 현대 시기를 거치면서 지속적으로 발전해왔다. 현대 사회에서 뿌리내린 광장민주주의, 참여민주주의, 심의민주주의, 공화민주주의는 그리스 직접민주주의의 역사적 계승물인 것이다.

현대 사회에 들어 심의민주주의는 이성과 합리성에 기초해 작동하는 공론장에서 계몽된 인민들 간의 대화와 토론과 설득을 통해 정치적 결정이 이루어지는 민주주의를 지향한다. 공론장은 계몽된 인민들의 이성과 합리성이 대화와 토론과 설득을 통해 상호작용하는 공간이며, 심의민주주의는 인민들의 선호가 심의과정에서 '심의적 전환'을 이루고 그러한 과정을 통해 최종결정이 내려지는 것을 목적으로 한다(홍익표, 2013: 78). 심의민주주의는 인민들의 선호가 시민들 간의 심의과정을 통해 변할 수 있고 변해야 한다는 입장을 지닌 민주주의이다. 정치적 결정은 단순히 인민들의 선호를 결집하여 다수의 선호를 따르는 것으로 이루어지는 것이 아니라, 인민들의 선호가 서로의 대화와 토론과 설득을 거쳐 합의라는 형식으로 이루어져야 한다고 보는 것이다. 심의민주주의가 지닌 이러한 특징은 대의민주주의나 다수결민주주의와는 완전히 다른 모습이다. 대의민주주의와 다수결민주주의는 기본적으로 인민들의 선호를 결집하는 선호결집민주주의이다. 대의민주주의와 다수결민주주의는 주기적인 선거를 통해 인민들의 선호를 결집하며 다수집단의 선호를 최종적인 정치적 결정으로 인정한다. 대의민주주의와 다수결민주주의는 선호결집민주주의이며 다수집단의 선호를 최종결정으로 인정하는 민주주의인 것이다(조기제, 2002: 101). 소수자들의 입장에서 바라보면 대의민주주의와 다수결민주주의는 다수자들의 선호가 항상 정치적 최종결정으로 귀결된다는 점에서 좋은 민주주의로 받아들이기 어렵다. 반면, 심의민주주의는 소수자와 다수자 간의 이성적이고 합리적인 대화와 토론과 설득을 통해 다수자의 선호가 전환, 즉 변화될 수도 있다는 점에서 소수자들이 받아들일 수 있는 좋은 민주주의 모델로 인식되고 있다.

하지만 심의민주주의가 문제가 없는 것은 아니다. 첫째, 심의민주주의는 모든 인민을 계몽된 인민으로 당연시한다. 그러나 모든 인민이 항상 합리적이고 이성적인 것은 아니다. 모든 인민이 합리적이고 이성적으로 공론장의 대화와 토론과 설득에 참여할 수 있다는 가정은 근거와 설득력이 취약하다. 심의민주주의자들의 인민에 대한 신뢰는 과대하게 낙관적이라는 것이다.

둘째, 심의민주주의도 결국에는 엘리트가 주도하는 경우가 존재한다(조기제, 2003: 103; 정원규, 2017: 131). 심의적 전환 과정에서 결국에는 전문지식을 지닌 엘리트들의 의견과 설득이 인민들의 의견과 설득보다 더 큰 영향력을 발휘하게 된다는 것이다. 예컨대, 원전정책에 대한 심의민주주의적 결정이 그렇다. 일반 시민들로 공론화위원회를 구성하여 심의과정을 거쳐 탈원전 정책의 찬반을 결정하는 경우, 결국에는 원자력전문가들의 입김이 셀 수밖에 없다. 이렇게 보면 심의민주주의는 엘리트민주주의의 다른 이름에 불과하다.

셋째, 심의민주주의는 심의적 전환이 발생하지 않는 경우도 적지 않게 존재하며 결정성이 부족한 경우가 많다(조기제, 2002: 103). 정치적 결정이 심의의 지속으로 인해 상당 기간 지체될 가능성이 높다는 것이다. 인민들이 계속 대화와 토론과 설득에만 빠져있고 정치적 최종결정을 계속 늦추는 경우가 발생할 수 있다는 것이다.

넷째, 심의민주주의는 기본적으로 공론장에서의 심의를 통해 인민들 간의 '합의'를 추구하지만, 실질적으로는 심의 이후 '다수결'로 최종 의사결정을 내리는 경우가 상당수 존재한다. 이럴 경우 심의민주주의는 결국 다수결민주주의의 다른 명칭으로 전락한다.

공화민주주의는 공화주의와 민주주의가 결합한 민주주의이며, 공화주의 가치를 민주주의 가치보다 우선시하는 민주주의이다. 공화주의는 기본적으로 개인의 자유와 권리보다 공동체 공동의 일과 공동선을 우선시하는 민주주의이다. 그런 의미에서 공화민주주의는 자유민주주의와 성격이 많이 다르다. 자유민주주의가 개인의 자유와 권리 특히 사유재산권을 중시하는 민주주의로 발전했다면, 공화민주주의는 공동체 공동의 일과 공동선을 우선시하는 민주주의로 발전해 온 것이다.

공화민주주의 특징은 몇 가지로 정리된다. 첫째, 공화주의는 그리스의 폴리스 민주주의에서 기원한다. 그런데 민회에 참여하는 그리스 시민들은 모두 동등한 시민들이었다. 그래서 '친구같이 동등한 시민'이라는 전제는 공화민주주의에서 상당히 중요하다(비롤리, 2006). 고대 그리스에서도 그랬으며 현대 사회의 공화민주주의도 동등한 시민은 법 앞 평등과 정치적 평등 그리고 경제적 평등을 모두 지닌 시민으로 인식한다. 공화국 시민은 모두 법 앞에 평등하고 정치적 평등을 지니며 정치에 참여할 수 있을 만큼의 경제적 여력을 지녀야 한다는 것이다. 가난한 시민은 공동체 공동의 일을 처리하는 정치에 참여에 여력이 없기 때문이다. 공화민주주의는 그래서 법치주의와 정치적 평등 그리고 최소한의 경제적 평등을 모두 중시한다. 공화민주주의의 법 앞 평등사상과 법치주의는 로마 시대 법치주의에서 영향 받은 결과물이다. 결국 공화민주주의의 기원은 그리스와 로마에서 찾을 수 있는 것이다.

둘째, 공화민주주의는 참여와 소통을 중시한다. 공동선과 공동체 공동의 일에 대한 자발적인 '참여'와 인민들 간의 '소통'은 공화민주주의에서 필수적이다. 그런데 동등한 인민들의 존재는 제대로 된 참여와 소통을 이루는 데 중요하다. 정치과정에 참여하는 인민들은 정치적 영향력과 효능감에 있어서 모두 동등해야 하며, 소통에 참여하는 인민들 역시 담론형성과정에서 모두 영향력이 동등해야 한다. 인민들 간에 정치적 영향력이 다르고 담론형성과정에서도 영향력이 다르다면 공화민주주의는 제대로 작동하기 어렵다. 영향력 있는 인민이 정책결정과정을 주도하고 담론형성과정을 독점한다면, 영향력이 적은 인민의 참여와 소통은 점차 줄고 결국에는 소멸될 가능성이 높기 때문이다. 이런 공동체에서 공화민주주의가 작동하기는 어렵다. 정책결정과정에서의 정치적 영향력과 소통과정에서의 영향력이 동등해야만 공동선과 공동체 공동의 일에 대한 인민들의 자발적 참여와 소통이 가능해진다.

셋째, 공화민주주의는 공동선과 일반의지를 중시한다. 공동체 구성원 모두가 바라는 공동선과 일반의지는 프랑스의 경우 자유, 평등, 박애, 관용(똘레랑스), 라이시떼(정종분리)라는 가치로 표현되고 있다. 프랑스 민주주의는 공화주의가 발현되고 발전해 온 민주주의이다

(홍태영, 2010: 350). 프랑스 공화민주주의는 자유, 평등, 박애, 관용, 라이시떼를 인민들의 일반의지이자 공동체의 공동선으로 추구하고 있는 것이다. 그런데 일반의지와 공동선은 개인적인 차이와 집단적인 차이를 중시하지 않는다(홍태영, 2010: 371). 일반의지와 공동선은 소수자의 특수성을 인정하지 않는 보편성의 표현이기 때문이다. 예컨대, 프랑스 공화국에서 이슬람 소수자에 대한 차별과 지원은 둘 다 거부된다. 프랑스 공화민주주의가 지켜내야 할 가치는 소수자의 권리가 아니라 공동체의 일반의지이자 공동선이기 때문이다(홍태영, 2010: 371). 그런 차원에서 이슬람 여성 소수자의 부르카 착용은 라이시떼와 자유의 이름으로 프랑스 공화국에서는 금지되었다. 프랑스 의회는 학교에서의 부르카 착용을 학교에서의 라이시떼와 이슬람 여성의 자유를 침해하는 종교적 상징물로 이해한 것이다. 공화민주주의에서 공동선과 일반의지는 공동체의 결속과 단일성 및 보편성을 유지하는 기능을 수행하지만, 소수자 입장에서는 특수성과 예외를 인정받지 못한다는 점에서 전체주의와 다수의 전제로 기능하는 측면도 존재한다.

넷째, 공화민주주의의 또 다른 특징은 공동체 구성원들의 자발적인 애국심에서 찾을 수 있다. 공화국은 구성원 모두의 나라이다. 법적이고 정치적이고 경제적으로 동등한 인민들이 공동체 공동의 일에 적극 참여하고 소통함으로써 개인의 사익이 공익이 되고 공익이 사익이 되는 공화국이 형성되면, 구성원들은 공동체와 자신을 하나의 운명공동체로 느끼는 정체성을 지니기 쉽다. 이 경우 공화국 구성원들은 모두 자발적인 애국심을 가질 수밖에 없다. 예컨대, 소수자가 적극적으로 정책결정과정에 참여하여 소수자 차별과 혐오를 개선하는 정책을 의회에서 법제화하는 경우, 소수자들은 자신들의 사익이 공익(정책)이 되는 상황을 경험하게 된다. 이 경우 소수자들의 공동체에 대한 애정은 자발적인 소속감과 충성심으로 귀결될 가능성이 높다.

3 다문화주의와 민주주의의 관계

1) 다문화주의와 대의민주주의

앞 장에서 살펴보았듯이 대의민주주의는 기본적으로 제한적이고 간접적인 민주주의이다(헤이우드, 2007: 150). 정부에 대한 인민의 참여가 드물고 일시적이라는 점에서 제한적이며 인민의 대표를 선출하여 주권을 위임한다는 점에서 간접적이다. 대의민주주의는 그것의 작동방식에 있어서 간접민주주의이고 엘리트민주주의이다. 그런데 대의민주주의가 간접민주주의이고 엘리트민주주의라는 말은 인종, 민족, 언어, 종교적 소수자나 소수집단에게 유리한 것이 아니다. 선출된 정치인과 같은 주류집단의 엘리트 그룹에 소수자가 들어가기는 쉬운 일이 아니기 때문이다. 주류집단에서도 엘리트와 대중간의 관계는 상당히 배제적이다. 주류집단 엘리트의 정치, 경제, 사회, 문화적 권력 독점은 주류집단의 일반대중들에게도 상당히 배타적이다. 이런 구조에서 소수자가 주류집단의 엘리트 그룹에 들어가기는 절대 쉬운 일이 아니다. 예컨대, 소수자가 주류집단 엘리트로 구성된 의회에 들어가기는 쉽지 않다. 대의민주주의에서 의회는 인민의 대표들이 주권을 위임받아 공동체 공동의 일을 처리한다. 의회에서 소수자를 찾아보기 어렵다는 말은 소수집단의 이해와 선호를 대변하는 구조가 근본적으로 제약되고 있다는 말이다. 대의민주주의에서 소수집단의 대표가 의회에 진출하기 어려운 것은 전혀 민주적이지 않다. 소수자 할당제를 도입하더라도 마찬가지이다. 의회나 정부 위원회 등에 소수자를 위한 강제 할당제를 도입하더라도 소수집단의 이해와 선호가 정치적 결정과 정책으로 제대로 대변되기는 어렵다. 대의민주주의의 엘리트주의 성향이 다문화주의에 미치는 부정적인 영향은 이렇게 자명한 것이다.

또한 대의민주주의 국가 중에서 대다수의 국가는 다수결민주주의를 채택하고 있다. 그런데 정치적이고 사회경제적으로 무엇이 옳고 정의로운지를 결정하는 것은 '다수'가 아니라 공동체 구성원들의 이성과 합리성과 객관성이다(박의경, 2013: 74). 이런 점에서 '다수'에만 전적으로 의존하는 다수결민주주의는 근본적인 한계를 지닌다. 또한 다수결민주주의는 소수집단에게 절대적으로 불리하다(정원규, 2017: 90). 다수결민주주의의 반민주적인 특징은 그것이 다수독재와 소수배제의 결과를 야기하는 구조적 한계를 지니기 때문이다. 다수독재와 소수배제는 공동체 구성원들이 누릴 수 있는 인권과 자유와 평등의 근간을 위협한다는 점에서 위험하다(박의경, 2013: 74). 소수자가 이런 식으로 대의민주주의에서 지속적으로 배제되고 주변화 되는 것은 소수집단에게 보통선거권, 국민주권론, 법 앞 평등과 같은 '형식적 평등'이 주어지더라도 실질적으로는 도움이 되지 않는다는 점을 의미한다. 대의민주주의의 엘리트민주주의와 다수결민주주의 성향은 다문화주의의 목표인 문화다양성과 문화공존을 이루는 데 도움이 되지 않으며, 오히려 다문화주의의 실현을 가로막는 부정적인 요인으로 작동하기 쉬운 것이다.

2) 다문화주의와 자유민주주의, 사회민주주의, 합의민주주의

대의민주주의와 자유민주주의는 상당한 제도적 친화력을 지닌다. 자유민주주의는 크게 두 가지 점에서 다문화주의와 연계성을 지닌다. 하나는 긍정적인 측면이고 다른 하나는 부정적인 측면이다.

첫째, 긍정적인 요인으로 자유주의의 합리적이고 이성적인 전통은 차별과 혐오에 대한 자유주의자들의 비판과 개선노력을 가져온다. 자유주의자들은 계몽주의의 후예로 이성과 합리성을 강조하고, 사회의 부조리한 문제는 그대로 방치하기보다 개선하기 위해 노력하는 성향이 있다. 자유주의의 개혁 성향이자 진보성이 표현된 것이다. 자유주의자들은 인권을 보편적인 가치로 전지구적으로 확산시키는 데 크게 기여해왔다. 자유주의자들은 기본적으로 인종, 민족, 문화, 종교, 언어, 국적의 차이로 소수자를 차별하고 혐오하는 것에 거부감을 지니고 개선하기 위해 노력한다. 이런 점에서 자유주의는 다문화주의가 지향하는 문화다양성과 문화공존을 지지하고 지원할 수 있다. 자유주의가 지닌 다문화주의와의 친화력은 이 지점에서 발생하는 것이다. 또한 자유주의는 기본권 중에서 자유권과 참정권이 강화되는데 주도적인 역할을 수행해왔다. 국가 공동체 안에서 다수자는 물론 소수자에 대해서도 자유권과 참정권(특히 보통선거권)을 서로 동등하게 보장한다는 측면에서 자유주의가 지닌 다문화주의와의 긍정적인 관계를 찾을 수 있는 것이다.

둘째, 하지만 자유주의는 다문화주의와 부정적인 관계도 지닌다. 우선 자유민주주의는 자유주의 가치를 민주주의 가치보다 강조하고 우선시한다. 자유주의는 개인의 자유와 생명과 권리(특히 사유재산권)

그리고 자유시장과 최소국가를 신성시한다. 따라서 자유주의는 기본권 중 자유권과 참정권이 보편적 규범으로 자리 잡는 데는 크게 기여해왔지만, 사유재산권과 최소국가와 자유 시장을 침해하고 규제할 수 있는 사회권이 확장되는 데에는 반대해왔다(이근식, 2009: 243). 자유주의의 보수성을 드러내는 것으로, 다문화주의와 관련하여 자유주의가 지닌 부정적인 영향은 바로 이 지점에서 발생한다. 특정 국가공동체에서 소수자는 대체로 사회경제적인 약자인 경우가 많다. 소수자들은 사회적 차별뿐 아니라 경제적 어려움도 상당 부분 겪고 있는 것이다. 그런데 자유주의자들은 국가(정부)가 나서서 소수자에 대한 사회권을 확장하고 경제적 지원을 강화하는 것에 쉽게 찬성하지 않는다. 사유재산권과 자유 시장 논리가 침해된다고 판단하기 때문이다. 그런데 경제적 어려움을 겪는 소수자는 사회권을 통한 복지지원 등 인간답게 살 권리를 국가로부터 지원받지 못하는 경우, 인간으로서의 존엄을 지니고 삶의 질을 유지하기 어렵다. 자유민주주의는 이런 점에서 다문화주의와 부정적인 관계를 지닌다.

자유민주주의가 다문화주의에 미치는 부정적인 영향은 여기서 그치지 않는다. 자유민주주의는 이미 살펴보았듯이 그것의 작동방식에 있어서 대의민주주의이고 다수결민주주의이다. 그런데 대의민주주의가 지닌 엘리트주의 성향과 다수결민주주의 성향은 소수자에게 불리하다. 자유민주주의와 대의민주주의 그리고 다수결민주주의가 삼위일체적으로 유기적으로 결합되어 있는 한 문화다양성과 문화공존을 추구하는 다문화주의는 제대로 실현되기 어려운 것이다.

대의민주주의가 미국과 영국, 일본, 한국에서 자유민주주의와 결합했다면 유럽에서는 사회민주주의와 결합했다. 사회민주주의는 다문화주의와의 관계에 있어서 자유민주주의보다는 진일보한 측면을 지닌다. 사회민주주의는 기본권 중 자유권과 참정권을 보호하고 신장하는 데 있어서 자유민주주의와 공통점이 있지만, 사회권을 자유민주주의보다 더 강하게 추구한다는 점에서 서로의 차이점이 있다. 자유민주주의는 소극적 평화와 형식적 평등 그리고 최소주의적 민주주의를 추구하는 반면, 사회민주주의는 적극적 평등과 실질적 평등 그리고 최대주의적 민주주의를 추구하는 것이다. 사회민주주의는 바로 이 지점, 즉 자유민주주의보다 더 강하게 사회권 실현을 추진한다는 점에서 다문화주의의 목적인 문화다양성과 문화공존을 추구하는 데 있어서 더 앞서 있고 유리하다. 소수자는 경제사회적 약자인 경우가 많기 때문에 소수자를 보호하기 위해 사회권을 강화하는 것은, 사회민주주의가 다른 유형의 민주주의보다 소수자 보호에 있어서 앞서있다는 점을 의미한다.

하지만 사회민주주의는 자유민주주의보다 소수자의 사회경제적 평등을 위해 노력한다는 점에서 분명히 긍정적이고 유익한 측면이 있지만, 한계가 없는 것은 아니다. 사회민주주의는 다문화주의와의 관계에 있어서 명백한 한계를 지닌다. 예컨대, 사회권을 더 강하게 보장한다고 해서 문화갈등과 인종갈등 같은 구조적 폭력과 테러로 대변되는 직접적 폭력이 자동적으로 사라지는 것은 아니다. 유럽의 사회민주주의 국가, 즉 복지국가인 프랑스, 독일, 영국, 노르웨이, 벨기에 등에서 오랜 기간 추진해 온 다원주의적 다문화정책은 모두 실패했다. 연속적인 이슬람 테러 이후 사르코지 프랑스 대통령과 메르켈 독일 총리 그리고 케머런 영국 총리는 다문화주의의 실패를 선언했으며(김범춘, 2013: 63), 노르웨이에서 발생한 브레이빅

사건과 영국의 브렉시트 찬성투표는 이를 뒷받침한다. 이슬람 이주민과 난민의 급속한 유입은 유럽국가들이 지닌 전통적인 공동의 정체성인 기독교 정체성과 화합하거나 통합하지 못했다. 유럽국가들이 노력해 온 사회민주주의에 기초한 사회권의 강화도 다수자와 소수자 간의 근본적인 평등과 화합 및 통합을 실현하는 데 있어서는 명백한 한계를 드러낸 것이다.

유럽 사회민주주의가 경험한 이러한 다문화정책의 실패는 다문화주의가 추구하는 문화다양성과 문화공존은 자유권과 참정권 그리고 사회권 같은 기본권을 잘 보호한다고 해서 쉽게 실현될 수 있는 것이 아니라는 점을 시사해준다. 자유민주주의와 사회민주주의는 사회권 보호와 신장에 있어서 차이가 있지만, 다문화주의의 성공여부는 사회권의 존재유무와 실질적인 강화여부와는 그리 큰 관계가 없어 보인다는 것이다. 따라서 자유민주주의 국가인 미국에서의 다문화주의의 실패와 사회민주주의 국가인 유럽국가들의 다문화주의 실패는 다문화주의가 기본권의 제대로 된 실현 문제이기도 하지만 민주적 생활태도를 지니게 만드는 민주시민교육과 인권교육 그리고 다문화교육의 성공여부와도 결부된 문제라는 점을 알려준다. 다문화주의가 성공하기 위해서는 소수자의 자유권과 참정권 그리고 사회권을 형식적으로 보장하는 것이 아니라 실질적으로 보장하는 것이 중요하고, 이와 더불어 민주시민교육과 인권교육 그리고 다문화교육을 통해 소수자들을 대하는 다수자들의 인식의 전환을 실현하는 것이 중요하다는 것이다.

합의민주주의는 유럽 사회민주주의 국가들이 민주주의를 운영하는 방식이다. 자유민주주의가 다수결민주주의로 작동한다면 사회민주주의는 합의민주주의로 작동한다. 합의민주주의는 자유민주주의가 지닌 다수결민주주의의 문제 즉 다수독재와 소수배제 그리고 승자독식의 권력운영 방식과는 다른 민주주의를 지향한다. 합의민주주의는 기본적으로 소수자들을 권력에서 배제하기보다는 포함하는 민주주의이며, 권력을 행사하는 다수를 최대화하여 다수를 승자로 만드는 민주주의이다(홍재우, 2010: 11) 그리하여 합의민주주의는 인종, 종교, 문화, 언어적 소수자를 사회적으로 통합하는 데 유리한 민주주의로 인식되고 있다. 문화다양성과 문화공존을 민주주의라는 제도로 보장하는 것이다(김비환, 2011: 17-18). 합의민주주의의 또 다른 특징은 합의민주주의가 비례대표제 선출방식과 다당제 정당구조를 연계하여 '연정의 정치'와 '포함의 정치' 그리고 '타협과 합의의 정치'를 실행하는 민주주의라는 점이다. 이런 특징을 지닌 합의민주주의는 자유민주주의보다 소수자에게 유리하다. 소수자는 자유민주주의와 다수결민주주의가 실행하는 '배제의 정치'에서는 불리하지만, 합의민주주의가 실행하는 '포함의 정치'와 '합의의 정치'에서는 유리하다. 소수자는 연정의 정치에 참여할 가능성이 높으며, 타협과 합의의 정치에서 자신들의 이해와 선호를 정책결정과정에 반영할 정치적 공간을 확보할 수 있기 때문이다.

실제로 레이파트(Lijphart)는 승자독식의 다수결민주주의가 소수자들의 이해와 선호를 보장하지 못한다고 보고, 협의민주주의와 합의민주주의가 인종적이고 언어적이며 종교적인 소수집단에게 정책결정과정에서 다수집단과 등등한 참여의 기회를 제공하는 측면이 존재한다고 주장하였다(홍익표・진시원, 2015: 218-219). 합의민주주의는 정치과정에서 소수자들에게 다수자들과 동등한 참여의 기회를 제공하는 민주주의라는 것이다. 결국 합의민주주의는 소수자들에게 자유민주주의와 다수결민주주의보다 더 많은 동등성과 참여의 기회를 제공하는 민주주의인 것이다.

그런데 합의민주주의가 반드시 다문화주의에 유리한 것만은 아니다. 합의민주주의는 비례대표제와 다당제를 특징으로 하는 민주주의이다. 비례대표제는 주권자 인민들의 다양한 이해와 선호가 그대로 정당지지율에 반영되고, 정당지지율은 다시 그대로 의회 의석률에 반영되는 대표선출방식이다. 그리고 이러한 비례대표제 하에서는 다당제 정당구조가 자리 잡을 가능성이 높아진다. 비례대표제와 다당제는 소수자들에게 유리하기도 하고 불리하기도 한 결과를 가져올 수 있다. 예컨대, 소수자 권익보호에 앞장서는 정당이 등장할 수도 있고, 소수자를 차별하고 혐오하는 극우정당이 등장할 수도 있다. 이 경우 합의민주주의는 소수자들에게 유리할 수도 있고 불리할 수도 있는 것이다. 실제로 유럽연합 회원국들의 국내정치에서 인종차별과 혐오를 표방하는 극우정당의 약진이 최근 두드러지고 있다. 프랑스 국민전선이나 독일의 독일을 위한 대안(AfD), 네덜란드의 자유당 등이 대표적이다.

3) 다문화주의와 직접민주주의, 참여민주주의, 광장민주주의

그리스 직접민주주의 정신은 현대 사회에서 광장민주주의와 참여민주주의로 표출되고 있으며, 이와 동시에 국민(주민)투표제, 국민(주민)소환제, 국민(주민)발안제, 시민의회 등의 제도로도 구체화되어 표현되고 있다. 스위스의 란스게마인데(landsgemeinde)와 미국의 타운홀 미팅(town hall meeting) 그리고 우리나라의 촛불집회 등은 대표적인 직접민주주의와 참여민주주의 사례이다. 시민의회는 아일랜드 등에서 운영하고 있는 것으로 대의민주주의 대표들로 구성된 의회와는 달리 일반시민들로 구성된 의회를 말한다. 시민의회는 대의제 의회가 객관적으로 처리하기 어려운 사안들, 예컨대 선거제도 개혁이나 헌법 개정 같은 사안을 한시적으로 모여 처리하는 일반시민들로 구성된 의회이다. 시민의회 구성원은 일반국민들 중에서 추첨이나 샘플추출을 통해 이루어지기 때문에 이것 역시 대의제라는 주장도 있지만, 선출된 정치엘리트로 구성된 의회와 일반시민들로 구성된 시민의회는 대의민주주의와 직접민주주의, 대의민주주의와 참여민주주의 간의 차이로 보는 것이 더 설득력 있어 보인다.

그런데 이러한 직접민주주의 역시 다문화주의의 목적인 문화다양성과 문화공존을 추구하는 데 그리 큰 도움이 되지 못한다. 참여민주주의와 광장민주주의, 국민(주민)투표제, 국민(주민)발안제, 국민(주민)소환제, 시민의회 등에서 소수집단이 큰 목소리를 내고 이를 통해 자신들의 선호를 정책결정과정에 반영하기는 쉽지 않다. 참여민주주의와 광장민주주의에서 결국 중요한 것은 참여자의 수이기 때문이다. 참여와 광장에서 다수자는 유리한 반면 소수자는 불리하다. 마찬가지로 국민(주민)투표제, 국민(주민)발안제, 국민(주민)소환제, 시민의회 같은 직접민주주의와 참여민주주의 제도에서 소수자들이 자신들의 선호를 정책결정과정에 반영하기는 그리 쉬운 일이 아니다. 국민투표와 국민발안과 국민소환에 있어서도 결국 중요한 것은 참가자 수이며, 시민의회를 구성하더라도 소수자가 시민의회의 의원이 되기는 추첨과 표본추출 과정에서 쉽지 않다.

하지만 직접민주주의와 참여민주주의가 다문화주의에서 그리 부정적인 측면만을 지닌 것은 아니다. 소수집단의 직접참여와 직접지배를 확대할 수 있다는 점에서 직접민주주의와 참여민주주의는 대의민주주의보다는 다문화주의에 유익하다. 특히 풀뿌리민주주의나 결사체민주주의 차원에서 소수집단의 참여를 활성화할 수 있다는 점에서 직접민주주의와 참여민주주의는 다문화주의가 추구하는 문화다양성과 문화공존에 기여할 수 있다. 마을 단위의 소공동체에서 풀뿌리민주주의를 활성화하는 것은 문화다양성과 문화공존에 특히 유용하다. 소수집단이 집단적으로 거주하는 지역에서 풀뿌리민주주의가 활성화되는 것은 소수집단 자치와 권익보호에 기여할 수 있으며, 소수집단의 결사체가 만들어지고 결사체를 거점으로 소수집단이 자신들의 목소리를 키우는 것은 문화다양성과 문화공존에도 유리한 측면이 존재한다는 것이다.

4) 다문화주의와 심의민주주의, 공화민주주의

그리스 직접민주주의는 광장민주주의와 참여민주주의에도 영향을 미쳤지만, 심의민주주의와 공화민주주의의 원천적 모델로도 여겨져 왔다. 심의민주주의는 계몽된 시민들이 이성적이고 합리적인 토론을 통해 서로의 선호와 주장이 변화하는 '심의적 전환'을 이루고, 이를 통해 합의나 다수결 형식으로 최종결정을 내리는 민주주의이다. 즉, 심의민주주의는 소수자가 제 목소리를 낼 수 있고 심의에 참여하는 인민들 간에 상호존중과 대화와 합의가 촉진됨으로써, 다수자와 소수자가 동등한 입장에서 서로의 이해와 선호를 조정할 수 있는 공론장을 마련해준다. 심의민주주의가 이루어지는 공론장은 인민들 간의 자유롭고 합리적인 담론들이 서로 경합을 벌이는 민주적인 공간인 것이다(현남숙, 2009: 455). 하버마스(Habermas)는 공론장에서 이루어지는 심의민주주의에 많은 관심을 가졌다.

시민들의 선호를 단순하게 결집하는 다수결민주주의보다 이성적인 대화와 타협을 통해 시민들의 선호가 변화하고 이를 통해 서로 합의해서 최종결정을 내리는 심의민주주의를 더 바람직한 민주주의로 인식한 것이다. 시민들의 선호를 정태적으로 이해하고 이런 정체된 선호를 단순하게 결집하여 다수의 선호를 최종결정으로 환치시키는 다수결민주주의보다, 시민들의 선호를 동태적으로 이해하고 이성적인 담론교환을 통해 선호가 바뀌고 이상적인 방향으로 수렴되어 합의 형식으로 최종결정이 내려지는 심의민주주의가 더 좋은 민주주의라고 판단한 것이다.

이러한 심의민주주의에서 다수자와 소수자 간의 머리수 싸움은 그리 중요하지 않다. 다수자와 소수자가 서로 이성적이고 합리적으로 대화하고 타협하는 공론장은 다수자가 담론을 독점하지 않음으로써 소수자에게 기회의 공간으로 작동할 수 있다(현남숙, 2009: 456). 예컨대, 소수자의 선호가 합리적이고 객관적이며 공공성과 공익성에 더 가깝다면 다수자의 선호가 심의적 전환을 통해 소수자의 선호에 유사하게 바뀌고, 그 결과 소수자의 선호가 최종결정으로 이어질 가능성이 존재한다. 심의민주주의가 작동하는 공론장에서는 사람 수가 아니라 담론이 합리성과 객관성, 공공성, 공익성이 더 중요한 것이다. 그러나 하버마스가 상정한 심의민주주의와 공론장은 계몽된 다수자와 소수자의 존재를 전제한다(전형근, 2014: 260-261). 따라서 계몽된 인민이 부재하다면 심의민주주의는 작동이 근본적으로 불가능하다. 심의민주주의가 작동하기 위해서는 계몽된 인민을 양성하는 교육이 중요하다. 민주시민교육이나 인성교육, 인권교육의 필요성은 심의민주주의 실현에 중요하다.

이런 측면에서 심의민주주의는 다문화주의가 추구하는 문화다양성과 문화공존을 추구하는 데 한계로 작동할 수도 있다. 계몽된 인민의 부재는 심의민주주의와 공론장을 다수결민주주의와 엘리트민주주의로 전락하게 만들 가능성이 높다(정원규, 2017: 89). 이성과 합리성으로 무장한 계몽된 인민이 부재한 경우 공론장에서의 심의는 결국 전문가인 엘리트의 주장과 견해가 지배하기 쉽고, 합리적인 심의가 어려울 경우 결국에는 다수결이 공론장의 심의를 지배하게 될 가능성이 높아지기 때문이다.

공화민주주의가 다문화주의에 미치는 영향은 긍정적인 측면과 부정적인 측면으로 구분해서 볼 수 있다. 공화민주주의가 다문화주의에 미치는 긍정적인 측면은 공화주의의 핵심 작동 원리인 '동등한 친구 같은 인민들의 공동체'에서 찾을 수 있다. 프랑스 공화민주주의의 기원은 개인이 지니는 신분이나 직업, 지역, 종교적 차이를 극복하고 모든 인민을 법 앞에 평등하게 만드는 것에서 시작되었다(미누라 노부티카, 2005: 143-145). 그 이후 공화민주주의는 모든 인민들을 동등한 인민으로 만드는 데 관심이 많다. 공동체에서 동등한 인민을 만드는 장치는 법 앞 평등, 정치적 평등, 경제적 평등이다. 공화민주주의에서 인민들은 기본적으로 법 앞에 평등하고 정치적으로 평등해야 한다. 그리고 경제적 여력이 없으며 정치과정에 적극적으로 참여하기 어렵기 때문에 경제적인 평등도 확보되어야 한다. 동등한 인민들이 존재해야 소통을 통해 동등한 영향력을 발휘할 수 있으며, 동등한 정치적 영향력, 즉 동등한 정치효능감을 지녀야 공동체 공동의 일과 의사결정과정에 적극적으로 참여할 수 있기 때문이다. 소수자 입장에서 볼 때, 다수자와 자신을 동등한 친구 같은 인민으로 인정하고 대우하는 공화민주주의 정신은 다문화주의 측면에서 상당히 유리하다. 소수자가 다수자와 동등하게 법 앞 평등과 정치적 평등, 경제적 평등을 보장받는 것은 반가운 일이기 때문이다.

공화민주주의는 공동선과 공동의 일을 중시한다. 일반의지가 표현된 공동선은 프랑스에서 자유, 평등, 박애, 관용, 라이시떼 정신으로 상징되고 있다. 프랑스 공동체는 자유, 평등, 박애, 관용, 라이시떼 정신으로 통일된 단일 공동체를 유지하고 있는 것이다. 그런데 이런 정신들은 다문화주의에 긍정적인 영향 뿐 아니라 부정적인 영향도 미친다. 긍정적인 영향은 인종, 문화, 언어, 종교적 차이를 떠나 모든 공동체 구성원들은 자유, 평등, 박애, 관용, 라이시떼 정신을 공유하고 실천하는 한 어떠한 특별대우나 부당한 차별도 받지 않을 수 있기 때문이다. 소수자와 다수자가 일반의지와 공동선 앞에서 그 차이를 상실하는 것이다. 이렇게 본다면 공화민주주의는 분명히 다문화주의에 친화적이고 우호적이며 문화다양성과 문화공존을 촉진하는 민주주의이다.

그러나 공화민주주의는 다문화주의에 부정적인 영향을 미치기도 한다. 공동체가 합의한 공동선이 공동체의 단일성과 일체성, 통합성을 실현하고 유지하는 데 기여하는 것은 좋은 현상이지만, 이러한 단일성과 일체성, 통합성이 동화주의적 다문화정책으로 표출되거나(전형권, 2014: 252) 그렇지 못한 집단에 대한 차별과 부당한 대우로 귀결될 가능성도 존재하기 때문이다. 프랑스 공화민주주의는 소수집단에 대한 어떠한 특혜나 차별을 거부한다. 소수자이든지 다수자이든지 간에 프랑스 국민은 자유, 평등, 박애, 관용, 라이시떼 정신 하에서 모두가 동등하기 때문에 특정 집단을 특별히 지원하거나 차별할 필요가 없다는 것이다.

그러나 이러한 이론적이고 이상적인 기대와는 달리 공화민주주의가 추구하는 공동선은 그것이 전체주의화되고 독재화되어 문화다양성을 억압하고 문화공존을 어렵게 하는 요인으로 작용할 수도 있다. 공화민주주의가 지닌 지나친 공동체주의 성향은 의도하지 않은 전체주의로의 퇴행을 가져올 수 있으며, 공화민주주의가 추구하는 보편주의는 소수자들의 특수성을 무시하고 다수자 중심의 권력을 영속화하는 역기능을 수행할 수도 있기 때문이다. 공화민주주의가 공동체 민주주의의 이름으로 소수자의 인권과 민주주의를 위협하고 소수자들을 억압할 수도 있는 것이다(홍태영, 2010: 373).

주지하다시피 공동체주의는 개인주의와 대척점에 서있는 이데올로기이다. 개인주의를 대변하는 자유주의는 개인의 자유와 권리, 사유재산권을 침해하는 국가 공권력에 대해 항상 우려해왔다. 개인의 자유와 생명과 사유재산권을 지키기 위해 자유주의자들이 최소국가와 야경국가를 주장한 배경이 여기에 있다. 이에 반해 공동체주의자들의 자유관은 단순한 '개인만의 자유'가 아니라 '공동체 내에서의 자유'를 강조한다. 자유주의자와 공동체주의자가 바라보는 자유는 서로 다른 개념인 것이다. 예컨대, 프랑스 의회가 제정한 여학생들의 부르카 착용 금지법이 그렇다. 프랑스에서는 부르카 금지법이 라이시떼를 위한 조치인지 아니면 프랑스 공화국의 정신인 '관용'의 실종인지 아직도 논쟁 중이지만(김용환, 2018: 24), 자유민주주의 시각에서 바라보면 부르카 착용여부는 명백한 개인의 자유와 선택의 문제이다. 국가가 나서서 이래라 저래라 할 문제가 아닌 것이다. 하지만 공화민주주의 시각에서 바라보면 부르카 착용은 개인의 자유문제가 아니라 공동체의 공동선인 라이시떼와 자유를 위반한 문제가 된다. 개인의 자유는 공동체의 공동선 안에서 누리는 자유여야 한다는 것이 공화민주주의자들의 시각인 것이다.

더욱이 공화민주주의는 공동체 구성원들이 공동선에 대해 동의하지 못하거나 공동선이 부재할 경우 심각한 문제에 봉착한다. 공동선은 영원불변하는 것이 아니다. 특히 다문화현상은 특정 공동체가 쉽게 받아들이기 어려운 부분이 분명히 존재한다. 인종이나 민족 동질성을 지녀온 공동체나 구성원 누구나가 인정하는 보편적인 공동선을 지닌 공동체도 다문화현상의 도전으로부터 자유롭기는 어렵다. 오히려 더 취약하다. 다문화현상은 인종과 민족 동질성을 약화시키는 동시에 보편적인 공동선에 대한 이의제기와 새로운 해석을 만들어낸다. 예컨대, 부르카 사건이 그렇다. 이슬람인들의 급속한 유입은 프랑스 공동체가 보편적인 가치로 받아들여 온 자유, 평등, 박애, 관용, 라이시떼에 대한 회의감과 새로운 해석을 야기했다. 이슬람 여학생들의 부르카 착용은 종교의 자유이며 따라서 부르카 착용 금지법은 종교적 자유에 대한 침해라는 자유민주주의 자유관이 프랑스 공화민주주의에서 주장되기 시작한 것이다. 또한 얼마 안 되는 부르카 착용 여학생을 프랑스 공동체가 '관용'하지 못한다면, 이것은 관용이라는 프랑스 공동체의 공동선에 위배된다는 주장도 등장했다. 프랑스 국가 공동체가 상당히 이질적인 다문화 사회가 되면서, 자유, 평등, 박애, 관용, 라이시떼에 대한 새로운 해석이 등장하여 기존에 유지되던 공동선의 보편성과 일체감이 훼손되고 있는 것이다.

4 결론

다문화주의의 내용과 특징과 성공여부는 다문화주의가 어떤 정책, 어떤 이데올로기, 어떤 민주주의와 결합하느냐에 따라 달라진다. 이 글은 다양한 유형의 민주주의와 다문화주의의 관계를 살펴보았다. 다문화주의가 성공하기 위해서는 민주주의의 본래적 의미를 복원하는 노력이 필요하다. 그리스 민주주의의 본래적 의미는 '인민에 의한 지배'이다. 구체적으로는 '모든 인민에 의한 직접지배'를 의미하는데, 인민에 의한 직접지배가 가능하기 위해서는 두 가지 전제조건이 필요하다.

첫째, 모든 인민이 동등해야 한다. 즉, 모든 인민이 등등한 인권과 자유와 평등을 누려야 한다. 그래야만 소수 엘리트에 의한 간접지배가 아니라 모든 인민에 의한 직접지배가 가능해진다. 모든 인민에 의한 직접지배는 동등한 시민들이 존재할 때 실현가능하다(Outhwaite et al., 1993: 142). 동등하지 못한 인민이 존재할 때 모든 인민에 의한 지배는 불가능하기 때문이다. 그런데 모든 인민이 동등한 공동체는 소수자에게 유리하다. 예컨대, 인종, 언어, 종교, 문화적 차이를 불문하고 모든 인민이 동등하게 존엄하고 자유롭고 평등한 공동체는 소수자에게 유리하다. 그런 공동체에서는 소수자와 다수자의 차이가 무의미해지고 차별이 존재하기 어렵기 때문이다.

민주주의의 핵심가치는 자유와 평등과 인권(인간의 존엄성)이다. 좋은 민주주의는 자유와 평등과 인권을 실현하는 민주주의이며, 좋은 다문화주의 역시 모든 인민의 자유와 평등과 인권을 실현하는 다문화주의이다. 좋은 민주주의는 소극적 자유와 적극적 자유, 형식적 평등과 적극적 평등 그리고 모든 인민의 동등한 존엄성을 동시에 실현하고자 노력하는 민주주의이다. 이런 민주주의가 다문화주의와 연결될 때 다문화주의가 추구하는 인권보호와 문화다양성과 문화공존이 성취될 수 있다.

그런데 여기서 중요한 것은 자유와 평등을 서로 분리해서 이해하는 것이 아니라 서로 연계해서 이해해야 한다는 것이다(김범춘, 2010: 123). 자유와 평등은 서로 배제적이고 경쟁적인 관계가 아니다. 모든 인민은 자유로워야 평등할 수 있으며 평등해야 자유로울 수 있다(박의경, 2013: 70). 소극적 자유를 대변하는 자유권과 적극적 자유를 대변하는 사회권이 둘 다 제대로 보장되어야 모든 인민은 진정으로 평등할 수 있으며, 형식적 평등을 대변하는 보통선거권과 실질적 평등을 대변하는 경제사회적 평등이 둘 다 제대로 보장되어야 모든 인민은 진정으로 자유로울 수 있다.

예컨대, 소수자에게 소극적 자유와 형식적 평등을 제공하는 것만으로는 다문화주의가 추구하는 인권보장과 문화다양성과 문화공존을 실현하기 어렵다. 경제적 어려움을 겪고 있는 소수자는 자유권이 보장되더라도 경제적 제약으로 인해 실질적으로 자유로울 수 없으며(헬드, 1993: 327), 보통선거권으로 대변되는 형식적인 정치적 평등 또한 실질적으로 누릴 경제적 여유가 없기 때문이다. 선거일에도 일을 해야 하는 가난한 소수자들에게 보통선거권은 형식적인 평등일 뿐이다. 사유재산권에 대한 일정 정도의 제약과 함께 경제적 평등에 관한 공동체 차원의 지향성이 마련되지 못하면 민주주의도 제대로 작동하기 어려운 것이다(헬드, 1993: 328). 결국 소수자에게 적극적 자유와 실질적 평등이 모두 제공되어야만 다문화주의가 추구하는 인권과 문화다양성과 문화공존이 실현될 가능성이 높아지는 것이다.

둘째, 특정 공동체에서 주권이론에 있어서 국민주권론과 주권원리론이 아니라 인민주권론과 주권실체론이 지배적인 지위를 차지할 때 '모든 인민에 의한 직접지배'가 가능해진다. 국민주권론과 주권원리론은 대의민주주의와 엘리트민주주의에 친화적인 주권이론이다. 그런데 대의민주주의와 엘리트민주주의는 모든 인민에 의한 직접지배가 아니라 인민의 대표에 의한 간접지배를 의미한다. 그런데 소수자는 인민의 대표, 즉 선출된 정치인이 되기가 쉽지 않다. 대의민주주의와 엘리트민주주의는 소수자에게 불리한 것이다. 따라서 직접민주주의와 '모든 인민에 의한 지배'에 친화적인 주권이론인 인민주권론과 주권실체론을 추구하는 공동체를 건설하는 것이 다문화주의를 실현하는 데 있어서 유리하다.

이런 측면에서 바라보면 자유민주주의는 다문화주의를 실현하는 데 있어서 '부족한 민주주의'이다. 우선 자유민주주의는 민주주의의 표준도 아니고 절대 진리도 아니다. 자유민주주의는 수없이 많은 민주주의의 유형들 가운데 하나에 불과하며(헤이우드, 2007b: 306), 자유와 평등과 인권을 실현하는 데 있어서도 결핍이 많은 민주주의이다. 자유민주주의는 소극적 자유와 형식적 평등을 추구하며 자유주의 가치를 민주주의 가치보다 우선시한다. 그리고 적극적 자유와 실질적 평등을 등한시하고 사유재산권과 자유 시장을 인권과 평등 가치보다 중시한다는 점에서, 자유민주주의는 좋은 다문화주의를 생산하는 데 있어서 분명한 한계를 지닌다. 자유민주주의는 특히 소수자 보호에 있어서 취약하다. 자유민주주의의 운영방식은 대의민주주의와 다수결민주주의이다. 그런데 대의민주주의가 지닌 엘리트주의 성향과 다수결민주주의가 지닌 다수독재와 소수배제 및 승자독식 성향은 소수자에게 특히 불리하다. 소수자가 다수자들이 독점하는 특정 공동체의 엘리트 집단에 들어가기는 쉽지 않으며, 다수결에 있어서 소수자는 항상 다수자에 비해 불리하기 때문이다. 결국 자유민주주의는 좋은 다문화주의를 생산할 이론적이고 실천적인 근거가 부족한 것이다. 더욱이 자유민주주의는 대의민주주의와 엘리트민주주의로 작동한다는 점에서 국민주권론과 주권원리론에 친근한 민주주의이다. 그런데 국민주권론과 주권원리론은 주류집단의 엘리트에게 주권이 있다는 엘리트 주권을 주장하는 주권이론이다. 소수자에게는 불리한 주권이론인 것이다. 결국 자유민주주의가 지닌 대의민주주의, 엘리트민주주의, 다수결민주주의 그리고 엘리트 주권론 성향은 소수자의 인권보호와 문화다양성 및 문화공존을 추구하는 다문화주의를 실현하는 데 있어서 부정적인 요인으로 작용할 가능성이 높은 것이다.

사회민주주의는 자유민주주의가 중시하는 자유권과 참정권뿐 아니라 자유민주주의가 거북해하는 사회권의 확장도 추구하는 민주주의라는 점에서, 다문화주의를 실현하는 데 있어서 자유민주주의보다 유익한 민주주의이다. 그러나 사회민주주의가 지향하는 사회권 확장도 소수자를 향한 다수자의 차별과 혐오를 근본적으로 차단하기에는 한계가 있다. 사회민주주의 국가에서 제공하는 소수자를 위한 사회권 보장은 다수자와 소수자 간의 커가는 빈부격차와 권력양극화를 해소하기에는 근본적으로 부족하다. 더욱이 사회민주주의 국가가 추구하는 소수자에 대한 사회권 확대는 기득권을 상실하고 경제사회적으로 주변화 된 다수자들이 소수자에 대해 더 강한 차별과 멸시와 혐오를 자행하는 주요 배경으로 작동할 수도 있다. 예컨대, 유럽 사회민주주의 국가에서 사회경제적으로 어려운 처지에 몰린 백인 다수자들은 이슬람 등 소수자를 위한 복지확대와 같은 사회권 강화에 강한 거부감을 드러내고 있다. 사회적 약자와 소수자를 위해 사회민주주의가 추구하는 사회권 강화가 다문화주의의 목표인 인권존중과 문화다양성과 문화공존을 오히려 퇴행시키는 결과를 초래하고 있는 것이다.

사회민주주의는 대의민주주의와 엘리트민주주의, 합의민주주의 형식으로 작동하며, 주권이론에 있어서는 국민주권론과 주권원리론에 기초한 민주주의이다. 자유민주주의와의 차이점은 자유민주주의가 다수결민주주의라면 사회민주주의는 합의민주주의로 작동하고 있다는 점이다. 따라서 사회민주주의도 대의민주주의와 엘리트민주주의 그리고 국민주권론과 주권원리론에 기초해 있다는 점에서 다문화주의를 실현하는 데 있어서 한계를 지닌 민주주의라고 볼 수 있다. 그러나 사회민주주의가 지닌 사회권 보장과 합의민주주의 성격은 다문화주의가 실현되는데 긍정적으로 기여할 수 있다 (김비환, 2011: 170). 사회민주주의가 제공하는 인민에 대한 사회권 보장은 소수자의 경제사회적 어려움을 일정 정도 해소하고 소수자에게 경제적 평등을 제공하는 기능을 수행한다. 이 부분은 자유민주주의가 지니지 못한 부분이다. 특히 사회민주주의의 작동방식인 합의민주주의와 협의민주주의는 다수결 정치와 '배제의 정치'가 아니라 '포함의 정치'를 추구한다. 인종, 문화, 언어, 종교적 소수자들은 합의민주주의와 협의민주주의 안에서 좀 더 넓은 정치적 공간을 확보하며 더 많은 자유와 평등과 존엄을 보장받을 수 있는 것이다.

공화민주주의는 다문화주의를 실현하는 데 있어서 긍정적인 측면과 부정적인 측면을 모두 지닌다. 양면적인 측면을 지닌 것이다.

우선 공화민주주의가 추구하는 인민들 간의 실질적인 동등성 추구는 다문화주의에 긍정적으로 작용한다. 공화민주주의가 추구하는 '동등한 친구 같은 시민들의 공동체'는 법 앞 평등, 정치적 평등, 경제적 평등을 모두 추구한다. 공화민주주의는 시민들의 동등성을 확보하기 위해 형식적인 평등을 추구한다. 보통선거권이라는 정치적 평등과 법 앞 평등이 바로 그것이다. 그리고 공화민주주의는 형식적 평등에 그치지 않고 실질적 평등도 추구한다. 일정 정도의 경제적 평등을 추구하는 것이다. 공화민주주의는 경제적 여력이 있어야 인민들이 정치적 평등도 실질적으로 누릴 수 있다고 본다. 공화민주주의가 지닌 이러한 평등성 지향은 소수자에게 유리하다. 소수자와 다수자가 법 앞 평등과 정치적 평등 그리고 경제적 평등을 통해 공동체 안에서 차별과 혐오 없이 서로 동등하게 소중한 대우를 받기 때문이다.

공화민주주의는 소수자의 정체성과 고유함은 공동체의 보편성과 일체감과 단일성을 훼손하지 않는 선에서 허용된다고 생각한다(최일성, 2014: 284). 그런데 공화민주주의가 다문화주의에 미치는 부정적인 영향은 공화민주주의가 지니는 이러한 공동체 우선주의와 전체주의 성향에 기인한다(헤이우드, 2007: 152). 공동체의 공동선과 일반의지는 소수자에 대한 차별과 지원을 모두 거부한다. 공화민주주의에서는 공동선과 일반의지의 틀 안에서 모든 인민이 보편성과 일체감과 단일성을 지닌다. 그래서 소수자와 다수자 간의 차이와 차별 그리고 다수자의 소수자에 대한 지원과 배려는 공동선과 일반의지 아래 불필요한 것이 된다.

예컨대, 공화민주주의 국가인 프랑스에서 모든 인민은 자유, 평등, 박애, 관용, 라이시떼로 표현되는 공동선에 동의하고 추구하는 한 모두 동등하게 소중하다. 그리고 그 결과 인종, 종교, 언어, 문화적 차이는 공동체의 배려나 지원이나 보호의 대상이 아니게 된다. 소수자와 다수자 모두 공동선이라는 보편성 아래 동등하기 때문이다. 이러한 공화민주주의 사고는 이론적으로는 다수자와 소수자의 평등성을 이야기하지만, 실질적으로는 프랑스 의회의 부르카 착용금지법처럼 소수자에 대한 배려부족과 지원 및 보호거부로 이어질 수 있다는 점에서 한계를 드러낸다.

어떤 민주주의인지가 다문화주의에서 중요하다. 그런데 다문화주의는 좋은 민주주의만으로 해결될 수 있는 것이 아니다. 좋은 민주주의가 좋은 다문화주의를 가져올 수 있는 필요조건인 것은 맞지만, 좋은 민주주의만으로 좋은 다문화주의를 성취할 수 있는 것은 아니라는 말이다. 예컨대, 현대 사회에서 가장 보편적인 민주주의 유형인 대의민주주의와 자유민주주의 그리고 사회민주주의는 모두 좋은 다문화주의를 실현하는 데 실패했다. 영미권의 자유민주주의와 유럽대륙권의 사회민주주의는 모두 다문화주의의 성공적 실현에 실패한 것이다. 더욱이 현대 사회에서 또 다른 대표적인 민주주의 유형인 엘리트민주주의와 다수결민주주의 역시 다문화주의의 목표실현에 상당히 부적합하다. 공화민주주의, 참여민주주의, 심의민주주의, 광장민주주의, 결사체민주주의, 풀뿌리민주주의도 모두 다문화주의의 목표를 실현하는 데 이론적으로는 기여할 수 있지만 현실에 있어서는 크게 기여하지 못하고 있으며, 오히려 다문화주의의 실현을 저해하는 요인으로 작용하기도 하는 것이 현실이다.

예컨대, 풀뿌리민주주의는 풀뿌리 차원에서 직접민주주의와 심의민주주의, 광장민주주의가 이루어지면서 소수자들의 권익보호에 기여할 것으로 인식되고 있지만, 그 결과는 단일하지 않다. 소수자들이 모여 사는 공동체에서는 풀뿌리민주주의가 소수자들의 권익보호와 증진을 위해 유용할 수 있지만, 소수자와 다수자가 함께 사는 이질적인 공동체에서는 풀뿌리민주주의를 통해 소수자들이 더 직접적이고 체감적인 소외와 차별을 느낄 수도 있기 때문이다(김비환, 2011: 19). 그리고 합의민주주의가 이론적으로는 소수자 권익보호 등 다문화주의에 유리한 민주주의 유형인 것은 맞지만(홍익표, 2004: 184), 합의민주주의가 사회민주주의 그리고 대의민주주의와 연계되어 운영되고 있다는 점에서 다문화주의에 완전히 적합한 민주주의도 아니다.

결국 다문화주의를 실현하는 데 있어서 민주주의 제도도 중요하지만 사람도 중요하다. 민주주의 제도만큼 다문화주의를 인식하고 실천하는 사람에 대한 교육도 중요하다는 것이다. 달리 말해 지금 중요한 것은 인권교육이다. 민주주의의 핵심가치가 자유, 평등, 인권(인간의 존엄)이지만, 이중에서 다문화주의와 가장 연관이 깊은 것은 인권이다. 인권교육은 다문화교육의 기초이다. 유엔이 세계인권선언 1조에서 천명한 것처럼 인간은 누구나 자유롭고 존엄과 권리에 있어서 동등하게 태어났으며, 이성과 양심을 지닌 존재로 형제애를 실천해야 한다. 따라서 인간은 누구나 자유롭고 동등하며 존엄하다는 점에서 서로 존중하고 배려하고 이해하지 않을 수 없으며, 이견이 존재할 경우 대화와 설득과 타협과 절충으로 문제를 해결하고, 이도 안 될 경우 마지막 최종수단으로 다수결에 의지하는 태도가 필요하다. 서로 동등하게 소중한 존재이며 서로 이성과 양심을 지닌 존재인 이상 그 누구를 차별하거나 혐오하는 일은 비인간적이며 비민주적인 일이다. 인권의 중요성과 동등성에 기초한 이러한 인식과 태도를 지닌 인민을 양성하는 것이 다문화 시대의 중요한 과제인 것이다.

다문화교육의 기초와 시작은 인권교육이어야 하지만, 다문화교육의 핵심내용은 결국 인민주권론과 주권실체론에 기초해야 한다. 주권 개념은 역사적으로 신(神) 주권론 → 절대군주 주권론 → 국민주권론과 인민주권 순으로 변화해왔다(황영주, 2009: 192). 인민주권론은 엘리트주의를 거부하며, 인민은 인종, 문화, 언어, 종교, 경제사회적 차이를 떠나 모두 동등하다는 신념에 기초한다. 인민주권론은 인민은 모두 동등하게 존엄하고 자유롭고 평등한 존재라는 믿음을 전제로 하며, 주권이 인민에게 있으며 주권의 실질적인 행사자도 인민이라는 신념에 기초한 주권이론이다. 그리고 주권실체론은 주권은 인민에게 있으며, 주권의 실질적인 행사도 인민의 '대표'가 하는 것이 아니라 인민이 스스로 하는 것이라고 주장한다. 다문화주의는 실질적으로 동등하고 평등한 인민들이 살아가는 공동체 안에서 실현가능성이 높아진다. 특정 공동체 안에서 살아가는 실질적으로 동등한 인민들 간에는 인종, 언어, 종교, 문화적 차이가 차별과 혐오의 배경으로 작동할 여지가 없기 때문이다.

Reference

참고문헌

김범수. 2008. “민주주의에 있어 포용과 배제: 다문화 사회에서 데모스의 범위 설정 문제를 중심으로”, 『국제정치논총』, 48(3):173-198.

김범춘. 2010. “자유와 평등의 대칭성에 관한 철학적 분석”, 『통일인문학』, 49:123-147.

김범춘. 2013. “다문화 사회의 정치철학으로서 공동체주의의 가능성”, 『시대와 철학』, 24(2):61-89.

김비환. 2011. “다문화민주주의?: 몇 가지 예비적 고찰.”, 『다문화 사회연구』, 4(1):5-34.

김용환. 2018. “혐오와 관용의 관점에서 이방인(난민) 바라보기”, 『카톨릭 철학』, 31(31):5-34

데이비드 헬드. 이정식 역. 1993. 『민주주의의 모델』. 서울; 인간사랑.

모리치오 비롤리. 김경희·김동규 역. 2006. 『공화주의』. 서울: 인간사랑.

미누라 노부티카 외 편. 2005. 『공화국의 언어동화정책과 프랑코포니』. 서울: 돌베개.

박의경. 2013. “다문화 사회에서의 참여민주주의의 가능성: 자유, 관용, 인정의 역학관계를 중심으로”, 『정치사상연구』, 19(2):68-96.

서병훈. 2015. “민주주의: 밀과 토크빌”, 『한국정치연구』, 24(1):303-328.

앤드류 헤이우드. 조현수 역. 2007. 『정치학: 현대정치의 이론과 실천』. 서울: 성균관대학교출판부

앤드루 헤이우드. 이종은·조현수 역. 2007b. 『현대정치이론』. 서울: 까치

이근식. 2009. “밀의 자유론 출간의 의미”, 『지식의 지평』, 7:240-253.

장명학. 2009. “지구화시대 한국의 공화민주주의: 신자유주의적 세계화와 참여적 공화민주주의를 중심으로”,『사회과학연구』, 35(2):21-50.

전제철. 2006. “사회과 교과서에 나타난 국민주권의 원리”, 『사회과교육』, 45(3):137-168.

전형권. 2014. “다문화주의의 정치사상적 쟁점: 정의와 인정 그리고 소통으로서의 다문화 정치”, 『21세기정치학회보』, 24(10:245-268.

정원규. 2017. 『공화민주주의』. 서울: 도서출판 씨아이알.

조기제. 2002. “다문화 사회에서의 민주시민교육: 심의민주주의의 필요성”, 『초등도덕교육』, 10:215-239.

진시원. 2018. “다문화주의에 대한 이데올로기적 검토”, 『다문화 사회연구』, 11(1):161-201.

진시원·홍익표. 2016. 『왜 시민주권인가?』. 부산: 부산대학교출판부.

최일성. 2014. “공화주의 계보를 통해 본 프랑스 민주주의의 위기와 한계: 다문화주의 실패선언에 대한 정치학적 함의분석을 중심으로”, 『한국프랑스학논집』, 85:273-299.

최장집. 1993. 『한국 민주주의의 이론』. 서울: 한길사.

최태욱. 2010. “진보적 자유주의 구현을 위한 정치제도의 조건: 합의제 민주주의”, 『한국정치연구』, 19(3):217-238.

황영주. 2009. “주권의 형성과 발전”, 『한국시민윤리학회보』, 22(2):185-204.

현남숙. 2009. “다문화주의와 여성주의의 갈등에 관한 심의민주주의적 접근: 벤하비브의 심의 민주주의 다문화 정치학을 중심으로”, 『시대와 철학』, 20(3):439-471.

홍익표. 2004. “남북한 사회통합의 새로운 지향: 합의제 민주주의를 중심으로”, 『통일문제연구』, 16(2):173-207.

홍익표. 2013. 『한국정치를 읽는 20개의 키워드』. 서울: 도서출판 오름.

홍익표·진시원. 2015. 『세계화 시대의 정치학』. 서울: 도서출판 오름.

홍재우. 2010. “합의제 민주주의는 다수제 민주주의보다 우월한가?”, 『비교민주주의연구』, 6(1):5-54.

홍태영. 2010. “공화주의적 통합과 프랑스 민주주의”, 『사회과학연구』, 18(2):348-377.

Held, David. 1997. Democracy: From City-states to a Cosmopolitan Order? In Robert E. Goodin and Philip Pettit, Contemporary Political Philosophy. Oxford UK: Blackwell Publisher Ltd.

Outhwaite, William and Bottomore, Tom. 1992. Twentieth-Century Social Thought. Oxford UK: Blackwell Publisher.

03

PART

한국의 다문화주의, 다문화교육, 다문화정책

5장 한국의 다문화주의
6장 한국의 다문화교육
7장 한국의 다문화정책

05
CHAPTER

한국의 다문화주의[1)]

진시원

1 서론
2 한국 다문화주의 담론의 문제점
3 결론

초 록

이 글은 한국 다문화주의 담론의 문제점을 점검하고 개선을 위한 제안을 담고 있다. 이 글은 한국 다문화주의 담론의 문제점으로 정의와 대상이 불분명한 점, 원칙과 철학적 인식론과 정치 이데올로기 측면에서 논의와 선택이 부족한 점, 관련 용어가 구분 없이 혼용되고 있는 점, 보수주의적이고 동화주의적인 담론에 편향된 점, 공동체의 연대의식을 약화하고 사회분열을 조장할 가능성이 있는 점, 자본의 노동에 대한 통제와 관리 전략으로서 기능하는 점, 다문화주의 연구에 학문적 유행 성향이 있는 점 등을 지적하고 있다. 결론에서 이 글은 몇 가지 제안을 담고 있다. 첫째, 한국 다문화주의 담론은 반차별주의나 평등주의 담론이 아닌 '다인종주의'

1) 이 글은 진시원. 2011. "한국 다문화주의 담론의 문제점에 관한 고찰", 『코기토』, 69(2011년 상반기)에 실린 글이다.

담론이 되어야 한다. 둘째, 원칙에 있어서 분리주의와 동화주의는 배제하고 다원주의와 융합주의를 추구해야 한다. 셋째, 다문화주의를 어떤 정치 이데올로기와 주되게 결합할 것인지 정치적인 심의와 결정이 요구된다. 넷째, 다문화 현상을 바라보고 이해하는 철학적 인식론은 실재론이 아니라 관념론과 기호학에 기초하는 것이 유리하다. 다섯째, 보수주의적이고 동화주의적인 다문화주의 담론과 정책의 편향성을 개선하기 위해 자유주의적이고 진보주의적인 담론도 활성화해야 한다.

주제어: 다문화주의, 정치 이데올로기, 인식론. 다인종주의, 융합주의, 다원주의

1 서론

우리나라가 단일 민족국가 사회에서 다문화 사회로 변화하고 있다. 이런 상황에서 2000년대 이후부터 다문화 사회와 다문화주의(multiculturalism)에 대한 연구와 관심과 우려가 우리 사회와 학계에 폭 넓게 확산되고 있다. 이 글의 목적은 한국 다문화주의 담론에 대한 비판적 검토와 이론적 정교함을 추구하는 데 있다. 이러한 목적을 추구하기 위해 이 글은 2장에서 한국 다문화주의 담론의 문제점을 구체적으로 하나씩 짚어보고, 3장에서 한국 다문화주의 담론이 이론적으로 보다 정교하고 탄탄해지기 위해 보완되거나 수정되어야 할 부분들을 제시한다.

2 한국 다문화주의 담론의 문제점

우리나라 다문화주의 담론은 몇 가지 간단치 않은 문제점과 논쟁거리를 지니고 있다. 다문화주의 담론의 문제점은 크게 두 가지 유형으로 구분할 수 있는데, 하나는 다문화주의 담론 자체의 문제점이고 다른 하나는 우리나라에서 다문화주의 담론이 전개되는 방식의 문제점이다.

1) 다문화주의 담론 자체의 문제점

우선 다문화주의 담론 자체가 야기하는 문제점을 살펴보자.

첫째, 다문화주의의 정의와 대상이 무엇인지 불분명하다. 일반적으로 다문화주의는 '한 나라에 여러 집단이 평화롭게 공존하는 것을 지향하거나 하나의 국가에서 다양한 인종, 민족, 문화 간의 관용과 평화적 공존을 수용하고 이를 증진하려는 이데올로기'로 정의된다. 즉, 다문화주의는 다양한 민족 집단과 이들의 개별적인 언어와 습관들을 그대로 하나의 국가체제 속에 공존시키는 사상과 제도로서 정치적, 사회적, 문화적, 언어적 불평등을 없애 국민사회의 통합을 유지하려는 이데올로기이며(조정남, 2007: 14), 각 하위집단의 공동체 및 자치기구를 인정하고 이들의 내부 결속력 및 정체성을 존속하고 강화하는 각종 활동을 인정하는 이데올로기인 것이다(심승환, 2009: 129).

다문화주의에 대한 이러한 정의는 말 그대로 일반적인 이해를 돕는 데는 문제될 게 없지만 좀 더 구체적으로 살펴보면 몇 가지

고민해야 할 문제에 봉착한다. 우선 다문화주의를 적용하고 추구할 대상이 무엇인지 논쟁적이다. 다문화주의가 '문화 집단'을 대상으로 하는지, 아니면 '민족이나 인종 집단'을 대상으로 하는지, 아니면 '계급이나 계층 차이에 기초한 불평등한 다양한 사회 집단'을 대상으로 하는지 명확하지 않다. 더욱이 '문화'가 무엇인지 '민족'과 '인종'은 무엇이고 양자 간에는 어떠한 차이가 있는지를 좀 더 탐구한다면 다문화주의의 대상이 무엇인지는 더욱 복잡해진다.

예컨대, 다문화주의에서 지칭하는 '문화'가 인종과 민족, 종교와 언어적 차이에 기초한 문화만을 의미하는지, 아니면 특정 사회의 빈곤층이나 부유층 문화, 소외 지역 문화 등과 같이 경제사회적 차이에 기초한 문화도 포함하는지가 현재 불분명하다. 문화가 전자만을 의미한다면 다문화주의는 민족, 인종, 종교, 언어 등에서 차이가 있는 집단들 간의 평등과 평화적 공존을 추구하는 '다인종주의'와 동의어가 될 것이며, 문화 개념에 후자도 포함시킨다면 다문화주의는 민족이나 인종집단 뿐 아니라 경제사회적 차이에 기초한 사회집단들 간의 평등과 평화적 공존도 추구하는 상당히 광범위한 이데올로기가 된다. 즉, 후자의 경우 다문화주의의 대상과 목적은 인종과 민족 집단 뿐 아니라 다양한 모든 집단 간의 '반차별주의'나 '평등주의'와 동일할 정도로 폭 넓게 확장된다. 그러나 특정 담론의 외연과 내포가 무한히 확장된다는 것은 그 담론의 목표와 초점이 동시에 무한히 확장되면서 실질적으로 어떠한 목표도 해결하기 어려운 상황에 직면할 가능성이 있다는 점에서, 다문화주의 담론의 대상과 목적이 무한정 확대되는 것은 바람직한 현상은 아니다.

둘째, 다문화주의 담론을 둘러 싼 용어의 불분명성과 용어 간 보완 및 경쟁 문제가 있다. 다문화주의와 유사한 용어는 초문화주의(transculturalism), 문화상호주의(interculturalism) 등이 있는데, 이들은 서로 주도적 지위를 차지하기 위해 경쟁 중인 용어인 까닭에 명확히 구분해서 사용해야 하며, 서로 간의 충돌과 보완관계를 먼저 이해할 필요가 있다(Potera, 2008: 484-486).

다문화주의는 다양한 문화가 존재하는 현상에 대한 서술적인 성격이 강하며 문화 간 차이와 공존을 추구한다. 다문화주의는 인식론적으로 문화 상대주의와 문화 다원주의(cultural pluralism)에 정초해 있는데, 문화 상대주의는 다양한 문화를 이해하는 데 있어 특정 문화의 진리와 표준으로서의 유일성과 절대성을 부인한다. 즉, 문화 상대주의는 특정 문화는 자신의 문화권 내에서만 진리와 표준으로서 상대적인 타당성을 지닐 수 있으며 이것을 다른 문화에 일방적으로 적용하거나 강요해서는 안 된다는 인식과 태도를 지니고 있다. 반면에 문화 다원주의는 모든 문화는 스스로의 독특한 구조와 가치 체계를 지니고 있기 때문에 개별 문화는 모두 소중하다고 보는 가치 판단기준이자 태도이다. 이렇게 본다면 다문화주의는 다양한 문화적 차이를 이해하고 관용하는 한편 이들 간의 공존을 실천하는 이데올로기이다. 그러나 다문화주의의 문제점은 문화 간 차이를 너무 강조하여 그것을 당연시하고 변화가 없는 고정적인 것으로 이해함으로써 결과적으로 문화 소통과 통합 및 융합의 가능성이 불가능한 것으로 이해하는 데 있다.

초문화주의는 문화 간 차이보다는 문화 간 공통성과 보편성을 강조하며 문화 보편주의(cultural universalism)에 인식론적 기초를 두고 있다. 즉, 초문화주의는 인간의 심성, 이성, 윤리, 인권 등에 있어서 시공과 문화의 차이를 벗어나 존재하는 보편성을 강조한다. 예컨대, 초문화주의는 인간으로서의 덕성이나 자유, 평등, 박애, 평화, 정의, 인간의 존엄성 등과 같은 개념의 보편성에 기초한 사해동포주의나 세계시민성 등이 실재적으로 존재한다고 보고, 다양한 문화를 이해하는 데 있어서 인간이 보편적으로 소유한 자유, 평등, 박애, 평화, 정의 등을 강조한다. 그러나 초문화주의는 보편주의적 인식론으로 인해 문화 간 차이와 이질감을 큰 문제가 아니고 관심거리도 아니라고 인식하는 문제를 지니고 있다. 이 결과 초문화주의는 보편적 문화에 대한 소수문화의 동화주의 관점을 드러내기도 하고 문화 간 차이를 무시하는 몰문화주의(aculturalism) 성향을 보이기도 해서 비판의 대상이 되기도 한다. 이런 시각에서 본다면 다문화주의는 초문화주의와 대척점에 서 있는 것으로 이해된다. 초문화주의의 또 다른 문제점은 초문화주의적 입장이 문화 제국주의로 귀결될 가능성이 있다는 것이다. 자신의 문화가 보편성을 지니고 있다는 유럽중심주의 시각이 초문화주의의 사례이기도 하다. 결국 초문화주의는 문화 보편주의와 문화 제국주의, 몰문화주의, 동화주의적 다문화주의와 서로 일맥상통하는 인식론적 공통분모를 지니고 있다는 점에서 용어 사용의 어려움이 있어 보인다. 초문화주의라는 용어 사용에 신중을 기해야 하는 것이다.

문화상호주의는 문화 간 상호작용과 문화 간 상호주관성(inter-subjectivity)을 강조한다. 문화상호주의는 인식론적으로는 문화 보편주의와 문화 상대주의라는 양 극단 사이에 위치한다. 즉, 문화가 고정적이라고 이해하지도 않고 문화가 상대적이라고 이해하지도 않는다. 문화상호주의는 구성주의적 입장에 서 있으며 그 결과 문화를 역동적인 것으로 이해한다. 문화상호주의는 문화 간 차이를 사회통합을 방해하는 부정적인 것으로 보는 것이 아니라, 개인과 사회의 발전을 위해 문화 간 차이와 이들 간의 상호작용이 더욱 필요하다는 입장을 지니고 있다. 결국 문화상호주의는 다양한 문화들 간의 소통과 상호작용을 강조하는 의미가 강하다. 따라서 문화상호주의적 인식과 태도는 다문화 집단이 존재하는 사회에서 서로 공존하기 위해 아주 중요한 것이다(Hill, 2007: 250).

정리하면 다문화주의 담론은 문화 다원주의 시각, 문화 보편주의 시각, 그리고 문화 상호주의 시각과 문화 간 상호주관성 시각을 조화롭게 융합할 필요가 있다. 문화 상대주의 시각은 비이성적이고 비인간적인 특정 문화를 정당화하는 이론적 기반으로 활용될 가능성이 있다는 점에서 다문화주의 담론 속에 양날의 칼과 같은 성격을 지니고 있다. 문화 상대주의 시각은 문화 간 동등성과 공존성을 담보해줄 수 있지만 비인간적이고 비이성적인 문화를 옹호하는 도구로도 활용될 수 있기 때문이다. 초문화주의는 그것이 인간의 심성, 윤리, 이성 등에 기초한 보편성을 추구하고 이를 기반으로 다양한 문화들 간의 공통분모를 찾으려고 노력한다는 점에서 다문화주의의 보완적 기능을 수행할 수 있다. 하지만 초문화주의가 문화제국주의의 수단이 될 수도 있다는 점에서 다문화주의 담론과는 충돌하는 부분도 있다. 문화 간 상호주관성 개념은 문화상호주의가 다문화주의에 가장 크게 기여할 수 있는 이론적 도구이다. 다양한 문화 간 공존과 상호번영 및 발전적 통합 가능성은 문화 간 대화와 교류와 상호이해에 기초한 숱한 상호작용을 요구한다. 문화 간 상호작용을 통해 발생하는 상호주관적 과정은 문화 간 조화와 통합과 융합의 토대로 작용한다는 점에서 문화상호주의 담론은 다문화주의 담론의 필요조건 중 하나인 것이다.

셋째, 다문화주의는 그 담론 자체가 본래적인 역설과 딜레마를 지니고 있다. 다문화주의는 다양한 문화와 인종의 공존과 관용을 추구하지만, 그 과정과 결과를 통해 소수집단 간의 차이를 공고화하고 서로 간의 타자성을 확대·재생산하여 결국 소수집단 간의 차이와 타자성을 지속하고 영속화하는 문제에 봉착하는 역설을 지니고 있다. 다문화주의는 또한 다양한 집단 간의 차이의 인정(즉, 차이의 존중과 공존)과 함께 공동체 전체의 통합을 동시에 추구하는 딜레마를 지니고 있다. 딜레마가 발생하는 이유는 집단 간의 차이를 인정하고 다양성을 강조할수록 공동체의 통합이 약화되고, 역으로 통합을 강조할수록 집단 간의 차이가 무시되고 차이에 대한 억압이나 압력이 강화될 가능성이 있기 때문이다.

이러한 다문화주의 담론의 역설과 딜레마는 다문화주의 용어 자체가 다른 숨겨진 정치적 의도를 포장하는 수단으로 활용될 가능성과 연계된다. 즉, 다문화주의가 동화주의나 분리주의의 다른 이름으로 활용될 수도 있다는 것이다. 분리주의와 동화주의는 다문화주의 담론의 양극단적인 담론이다. 분리주의자들은 자신이 속한 소수문화 집단의 독특한 정체성을 강조하고 그것의 독립적 보존과 자주를 중시하는 반면, 동화주의자들은 소수문화 집단의 분리주의적 정체성 추구에 반대하고 국가 공동체 전체의 정체성 형성과 유지를 강조한다. 분리주의자는 자기 집단의 분리주의 운동을 위해, 그리고 동화주의자는 다양한 소수문화를 주류문화에 동화시키기 위해 다문화주의 담론을 거짓되게 사용할 수 있다.

이런 점에서 다문화주의 자체가 정치성을 띠고 있는 담론이라는 점을 이해할 필요가 있다. 다문화주의는 객관적이고 가치중립적인 개혁 슬로건이 아니라 그것 자체가 상당히 정치적인 이데올로기인 것이다. 이렇게 본다면 다문화주의는 두 가지 측면에서 국민국가의 또 다른 건설 과정과 연계되어 있다(김창근, 2009: 26). 즉, 동화주의 성향의 다문화주의는 동화주의적 '국민 만들기(nation building)'에 집중할 것이며, 분리주의 성향의 다문화주의는 분리주의적 '국가 만들기(nation building)'에 집중하려는 정치적 의도를 지니고 있는 것이다. 동화주의적 다문화주의의 대표적인 예는 국제결혼에 의한 이주여성과 코시안의 한국 국민 만들기이며, 분리주의적 다문화주의의 대표적인 예는 캐나다 퀘벡주의 분리·독립 움직임이다.

넷째, 다문화주의는 지구적 차원의 중심부와 준주변부, 주변부 간의 인구이동의 결과물인데 이런 상황에서 다문화주의는 이데올로기로서의 허위의식과 억압성을 본래적으로 내포한다. 즉, 다문화주의는 경제세계화를 통해 지구를 하나의 시장으로 재편하고 자본축적을 원활히 하려는 자본집단의 이해관계를 반영하여, 지구적 차원의 원활한 노동이동과 노동통제를 수행하려는 자본집단의 정치 이데올로기이자 정책의 산물로도 이해된다. 다문화주의는 노동자들을 인종, 언어, 국적, 민족, 성별 등으로 분리하여 노동자들의 단결된 힘을 분산시키는 효과가 있다. 이렇게 본다면 다문화주의는 결국 자본가들의 노동자에 대한 통치와 관리 전략으로 이해된다(김창근, 2009: 26). 이런 시각에서 다문화주의를 이해하면 다문화주의 담론은 집단 간의 평화공존과 상호존중을 추구하는 인도적이고 윤리적인 정체성을 지닌 것이 아니라 상당히 부정적인 정체성을 지닌 것으로 이해된다. 다문화주의의 긍정적 이미지에 심각한 이데올로기적 도전이 주어진 것이다. 조상식은 다문화주의가 지닌 이데올로기적 억압성을 다음과 같이 정리한다.

> 다문화주의가 인종적·문화적 타자를 존중함을 표방하고 있지만 그 이면에는 값싼 이주노동력을 안정적으로 확보하려는 국가 혹은 자본의 거대한 욕구가 있다 … 이러한 관점에 따르면 다문화주의가 형성한 이른바 다문화공간은 초국적 자본의 자기 이익 실현 과정에서 생기는 내부의 갈등적 긴장을 조절·통제하기 위한 이데올로기적 장치에 불과하게 된다(조상식, 2009: 144).

2) 다문화주의 담론이 우리나라에서 전개되는 방식의 문제점

지금까지 다문화주의 담론 자체의 문제점을 살펴보았다. 이제 다문화주의 담론이 우리나라에서 전개되면서 발생하고 있는 문제점을 알아보자. 첫째, 다문화주의는 상이한 정치 이데올로기(political ideologies)와 결합하면서 그것이 추구하는 목표와 내용이 적지 않게 달라진다(곽준혁, 2007; 심승환, 2009; 김창근, 2009; 김남국, 2005a). 다문화주의가 하나의 명확하고 합의된 목표와 내용을 지닌 것이 아니라, 어떤 정치 이데올로기와 우선적으로 결합하느냐에 따라 그 본질과 목표, 내용, 강조점 등이 달라지는 것이다. 기본적으로 보수주의자들은 다문화주의를 정치 공동체의 공동선을 유지하고 강화하기 위한 수단으로 인식하는 반면, 진보주의자들은 다문화주의를 그동안 소외받고 억압받아 온 소수 집단의 권익 보호를 위한 수단으로 인식한다(김창근, 2009: 26). 보수와 진보 진영의 다문화주의에 대한 이러한 인식 차이는 다문화주의를 둘러 싼 정치적 행동과 결과의 차이를 야기한다. 또한 민주주의 관점에서 지적할 수 있는 점은 다문화주의가 허용되지 않는 사회에서는 민주주의 위기가 발생한다는 것이다. 반다문화 사회에서는 정치적 대표성과 연대성의 위기가 발생한다. 사회구성원 중에서 정치적 대표 체제에서 소외된 집단이 있다면 그것은 정치적 대표성의 위기를 초래하며, 다수결 원칙과 소수자 보호라는 민주주의 운영원리에도 불구하고 소수자 보호에 문제가 생긴다면 그것은 연대성 위기를 초래한다(김남국, 2005b: 100-101).

결국 한국 다문화주의 담론은 어떤 정치 이데올로기와 중점적으로 결합할 것인지에 대한 고민과 선택을 동반해야 한다. 좀 더 구체적으로 다문화주의를 자유주의(고전적 자유주의, 근대 자유주의, 신자유주의, 자유지상주의), 보수주의(고전적 보수주의, 신보수주의), 사회민주주의, 민족주의, 민주주의, 사회주의, 공화주의, 공동체주의 등과 같은 다양한 이데올로기 중에서 무엇과 우선적으로 결합하고 어떻게 결합할 것인지에 대해 사회적 논의와 합의를 끌어내야 한다. 자유주의적 다문화주의, 보수주의적 다문화주의, 공동체주의적 다문화주의, 공화주의적 다문화주의, 사회민주주의적 다문화주의, 민족주의적 다문화주의 등과 같이 다문화주의를 바라보는 다양한 정치 이데올로기적 시각을 어떻게 조정하고 조화하고 결정할 것인지에 대한 사회적 심의와 정치적 결정이 반드시 선행되어야 하는 것이다.

둘째, 한국 다문화주의 담론은 정치 이데올로기적 측면에서만 이론의 빈곤을 노출하고 있는 것이 아니다. 원칙(principles) 수준에서도 연구와 고민의 결핍을 드러내고 있다. 다문화주의는 동화주의, 분리주의, 융합주의, 다원주의, 상대주의 중 어떠한 원칙과 결합하느냐에 따라 주요 목표와 내용이 달라진다[2]. 어떤 원칙을 견지하느냐에 따라 다문화주의의 다양성과 차별성은 규정된다. 동화주의는 주류 인종, 민족, 문화, 집단에 대한 소수 인종, 민족, 문화, 집

2) 동화주의, 분리주의, 다원주의, 상대주의 등에 대한 설명은 Crowder(2008)를 참조

단의 동화를 추진하기 위해 다문화주의 담론을 활용하는 반면, 분리주의는 주류 인종, 민족, 문화, 집단으로부터 소수 인종, 민족, 문화, 집단의 분리 독립을 추구하기 위해 다문화주의 담론을 활용한다. 융합주의는 인종, 민족, 문화, 집단 간의 교류증진과 이들 간의 전혀 새로운 질적 도약으로서의 융합을 추구한다. 다원주의는 합리주의 전통에서 인종, 민족, 문화, 집단 간의 차이를 인정하고 존중하며 이들 간의 동등한 평화공존을 추구하는 반면, 상대주의는 인종, 민족, 문화, 집단 간의 객관적이고 합리적인 비교를 거부하고 모든 인종, 민족, 문화, 집단의 존재 가치를 특수성과 상대성에 기초하여 소중히 하고 강조한다. 다문화주의 담론은 어떤 원칙을 어떻게 수용하여 추구할 것인지 논의해야 한다. 동화주의적 다문화주의, 분리주의적 다문화주의, 융합주의적 다문화주의, 다원주의적 다문화주의, 상대주의적 다문화주의 중에서 무엇을 어떻게 선별하여 사용할 것인지 심의하고 결정해야 하는 것이다.

셋째, 한국 다문화주의 담론은 원칙과 정치 이데올로기적 측면뿐 아니라 철학적 인식론 측면에서도 이론의 빈곤을 연출하고 있다. 인식론적 측면에서 이론적 심화를 추가할 필요가 있는 것이다. '문화' 개념에 대한 철학의 인식론적 접근에서 실재론(realism)적 입장을 가질 것인지, 아니면 관념론(idealism)적 입장을 취할 것인지 논쟁하고 다문화주의 담론의 철학적 합의안을 내놓아야 한다. 다문화주의 담론에서 인종, 민족, 문화 등을 실재론적으로 접근하여 이것들을 객관적이고 독립적인 외적 대상으로 이해하고 이미 주어진 것이고 고정되어 있고 변화가 없는 것들로 바라볼 것인지, 아니면 관념론적 접근(예컨대, 사회 구성주의적 접근)을 통해 문화, 민족, 인종 등을 외부에 객관적으로 독립하여 존재하는 것이 아니라 주체들 간의 상호주관적인 과정을 통해 지속적으로 생성하고 변화하는 것으로 이해할 것인지에 대하여 학문적인 논의와 합의가 있어야 한다. 실재론적 인식론에 기초한 다문화주의 담론은 인종, 민족, 문화를 고정된 것으로 이해하고 이것들의 변화 가능성을 거부하여 결과적으로 이들 간의 소통과 교류 및 상호작용을 통한 변화와 융합 가능성을 인식하지 못하고 미연에 차단하는 문제가 있다. 반면, 관념론적 인식론에 기초한 다문화주의 담론은 인종, 민족, 문화 간의 소통과 교류 및 상호주관적 작용을 통해 이것들의 변화와 융합 가능성을 열어 놓고 강조한다.

특히 인종, 민족, 문화 등의 정체성에 대한 구성주의적 접근을 시도하는 학자들은 기존의 다문화주의 담론이 실재론적 접근에 너무 경도되어 있다고 비판하다. 구성주의 학자들은 주체들 간의 상호작용과 상호주관성을 통해 민족, 인종, 문화에 관련된 의식이 지속적으로 변화한다고 인식한다. 구성주의 시각으로 바라보면 민족은 한 집단 내 사람들 간의 상호작용과 대화를 통해 그리고 다른 집단 사람들과의 상호작용과 대화를 통해 형성되고 변화하는 속성을 지닌 것으로 이해된다(Hofstee, 2009: 59). 이러한 입장은 인종, 민족, 문화 등이 공동의 조상, 역사, 전통, 종교, 언어, 영토, 국적, 신체적 유사성 등과 같은 객관적 비교 대상을 통해 존재한다고 인식하는 실재론적 접근과 대조된다.

키로바는 실재론에 치우쳐 있는 기존의 다문화주의 담론을 비판하며 관념론적 인식론에 기초한 새로운 후기 다문화주의 담론(혹은 탈다문화주의 담론, post multicultural discourse)을 대안으로 제시한다(Kirova, 2008: 8-12). 키로바는 기존의 다문화주의가 문화를 실재론적, 고정적, 안정적, 고정관념적, 전통 지향적, 시간적으로 변화가 없는 실체로만 인식하고 그냥 이미 주어진 어떤 것으로 이해하는 한계를 지니고 있다고 비판하고, 이와 달리 후기 다문화주의 담론은 비실재론적이고 비판적으로 문화 개념을 이해한다고 주장한다. 키로바에 의하면 후기 다문화주의는 문화를 생성하고 변화하고 역동적이고 개선적이고 변형적인 것으로 이해한다. 후기 다문화주의 시각에서 바라보면 전통적인(혹은 기존의) 다문화주의는 문화를 실재론적, 고정적, 고정관념적으로만 이해함으로써 문화의 역동성과 변화 가능성을 이해하지 못하고, 그 결과 다양한 인종, 민족, 문화 사이에 높은 경계를 만들어 그들 간의 권력관계적 위계질서를 세우고 공고화하는데 일조해온 것으로 비판된다.

이와 연관하여 박선웅 외 4인(2010: 36)은 실재론적 문화 개념을 '인류학적 문화 개념[3)]'이라고 규정하고, 이와는 달리 문화를 변화하고 능동적인 것으로 이해하는 접근을 '기호학[4)]적 문화 개념'이라

3) 인류학에서는 특정 인종, 민족, 문화를 고정관념적이고 전통지향적인 것으로 이해하는 성향이 강하다. 예컨대, 아프리카계 미국인과 아일랜드계 미국인의 인종, 민족, 문화를 서로 고정적이고 변화가 없는 독특한 고정관념적 실체와 특징을 지닌 것으로 이해한다.

4) 기호학(semiotics)은 인간들이 사용하는 기호(sign)의 체계와 작용을 연구하는 학문이다. 인간은 말과 글을 포함한 다양한 기호와 상징을 통해 자신의 생각을 표현하고 다른 사람의 생각을 이해하며 서로 의사소통한다. 기호학에서 자기생각을 표현하거나 다른 사람의 생각을 읽어내는 행위(즉, 기호 과정 sign processes)를 의미작용(signification)이라고 하고, 의미작용과 기호를 통해 서로 메시지를 주고받는 행위를 커뮤니케이션(communication)이라고 하며, 의미작용과 커뮤니케이션을 합쳐 기호작용(semiosis)이라고 한다. 기호학은 기호작용에 관한 학문이다. 소쉬르는 기호를 기표(signifier)와 기의(signified) 그리고 기호 자체로 구성된다고 주장했다. 기호학자들은 기호에는 어떠한 고정된 의미가 없다고 보고, 의미는 기호작용을 하는 사람들의 사회적 맥락과 그들 간의 상호작용에 의해 결정된다고 본다. 기호작용을 하는 사람들은 자신의 경험, 가치, 규범, 이데올로기, 감정, 자신이 처한 상황 등을

고 규정하고 있다. 이들은 기호학적 관점에서 접근하여 '문화'를 어느 누군가가 어떤 대상에 기호를 통해 의미를 부여하고 다른 누군가가 그렇게 부여된 기호의 의미를 해석하는 작업들의 집합체로 이해하다. 기호학적 관점에서 바라보면 '문화'라는 개념은 전혀 실재론적이거나 고정적이거나 고정관념적이거나 전통 지향적이지 않으며, 시간적으로도 변화가 없는 실체도 아니다. 오히려 기호학적 시각에서 바라보면, 문화는 관념론적이고 관계적이고 상대적이며 상호주관적이고 능동적인 성격을 지닌 것으로 이해된다.

넷째, 한국 다문화주의 담론은 논의와 현실적 적용에 있어서 불균형과 편중의 문제에 봉착해 있다. 위에서 살펴본 것처럼 다문화주의는 어떤 원칙, 어떤 철학적 인식론, 어떤 정치 이데올로기와 결합하느냐에 따라 그 목적과 내용 및 강조점이 달라진다. 원칙이나 철학적 인식론 및 정치 이데올로기 측면에서 바라봤을 때, 다문화주의 담론은 본래적으로 다양성과 복잡성을 지니고 있는 것이다.

그런데 우리나라 학계에서 다문화주의에 대한 관심과 연구가 본격화된 것은 2000년 이후의 현상이다. 한국 다문화주의 담론은 상당히 짧은 역사를 지니고 있는 것이다. 이런 까닭에 다문화주의에 대한 학문적 연구는 그 정도가 넓고 깊지 못하다. 다문화주의에 대한 원칙과 철학적 인식론 및 정치 이데올로기적인 논의와 연구물의 축적이 미미한 것이다. 이런 상황에서 결혼 이주민과 그들의 자녀에 대한 정책 대응의 필요성이 급증하면서 한국 다문화주의 담

통해 의미를 창조하고 결정한다는 것이다(http://terms.naver.com; http//100 naver.com).

론과 정책은 정부와 소수 시민 사회단체를 중심으로 운용되어 왔고, 그 결과 실용적이고 정책지향적인 성격이 강하게 되었다. 정리하면 한국 다문화주의 담론은 원칙과 철학적 인식론 및 정치 이데올로기적 측면에서 이론의 빈곤을 노정하고 있으며 정책 지향적이고 실용주의적 속성을 강하게 띄고 있다는 점에서, 균형감을 잃고 특정 담론에 편중되거나 경도되어 있는 문제가 발생하고 있다. 그렇다면 한국의 다문화주의 담론은 왜 특정 담론에 편중되어 있을까?

다문화주의를 바라보는 시각은 크게 여섯 가지 유형으로 구분할 수 있다(Castagno 2009, 44)[5]. 첫째, '동화(assimilation)를 위한 다문화주의'는 문화 다양성을 무시되거나 문화 다양성을 사회 질서와 안정을 위협하는 부정적인 요인으로 인식한다. 동화를 위한 다문화주의는 단일문화주의(monoculturalism)와 일맥상통하는데, 보수적 다문화주의라고도 지칭된다.

'융합(amalgamation)을 위한 다문화주의'는 다양한 문화가 결합하여 새로운 문화를 창조하는 것을 지향한다. 그렇기 때문에 융합을 위한 다문화주의는 문화 간 공통성과 동질성을 중시하고 이것을 통한 문화 간 통합 가능성을 강조하는데, 새롭게 창조된 문화는 주류문화집단의 것도 아니고 소수문화집단의 것도 아닌 전혀 새로운 것으로 이해된다.

5) 이 글에서 캐스태그노는 다문화교육의 유형을 동화를 위한 교육, 융합을 위한 교육, 다원주의를 위한 교육, 문화 간 수용 능력을 위한 교육, 비판적 의식을 위한 교육, 사회적 행동을 위한 교육 등 여섯 가지로 구분하고 있다. 필자는 캐스태그노의 이러한 구분을 인용하여 '다문화주의'의 유형을 구분하는 데 적용하였다.

'다원주의를 위한 다문화주의'는 집단 간의 차이를 강조하고 문화 다양성을 요구하며 다양한 문화 집단이 서로 공존하는 사회와 문화 환경을 조성하기 위해 노력한다. 융합을 위한 다문화주의가 집단 간의 동질성을 강조한다면, 다원주의를 위한 다문화주의는 집단 간의 차이를 강조한다.

'문화 간 수용 능력(cross cultural competence)을 위한 다문화주의'는 다문화주의를 추구하는 주체가 자신의 문화 뿐 아니라 다른 문화 속에서도 생활할 수 있도록 지식과 기술을 습득하게 도와주는 것을 주된 목적으로 한다. 이중문화교육(bicultural education)이나 다중문화교육(multicultural education) 등이 대표적인 예이다.

'비판적 의식(critical awareness)을 위한 다문화주의'는 집단 간의 강압, 특권, 권력 등에 대한 이해를 촉구하며, 사회 정의와 기회균등, 사회 자원의 균등 배분 등에 대한 인식 강화를 목표로 추구한다. 비판적 의식을 위한 다문화주의는 권력의 사회적 관계를 이해하고 이를 통해 인종 차별, 성차별, 동성애 혐오증 등과 같은 다양한 사회적 억압 사례를 이해하고 극복하는 것을 강조한다.

마지막으로 '사회적 행동(social action)을 위한 다문화주의'는 다문화주의를 추구하는 주체가 사회적 문제의 변화와 개선을 위해 행동하게 만드는 실천 지향적 이데올로기이다. 비판적 의식을 위한 다문화주의는 의식과 정신적인 측면만을 강조하는 한계가 있다고 보고 실천적 영역을 강조하는 것이 사회적 행동을 위한 다문화주의인 것이다.

이렇게 본다면 한국 다문화주의 담론은 다문화주의 유형 중 '동화를 위한 다문화주의'와 '문화 간 수용 능력을 위한 다문화주의'에 상당히 치우쳐 있어서 다문화주의 담론의 균형감에 문제가 있다고 판단된다. 융합을 위한 다문화주의나 다원주의를 위한 다문화주의, 비판적 의식을 위한 다문화주의, 사회적 행동을 위한 다문화주의 담론이 부재한 것이다. 다문화주의가 문화 집단 사이의 편견과 차별을 극복하고 집단 간의 평화 공존과 상호존중을 추구하는 이데올로기라면, 다문화주의 담론의 진정한 중심과 초점은 '동화를 위한 다문화주의'나 '문화적 수용 능력을 위한 다문화주의'에 있는 것이 아니라 '융합을 위한 다문화주의'나 '다원주의를 위한 다문화주의', '비판적 의식을 위한 다문화주의', '사회적 행동을 위한 다문화주의' 등에 맞추어져 있어야 한다. 이런 측면에서 바라보면 우리나라 다문화주의 담론은 목표의 핵심을 상실하고 표면적이고 부차적인 측면에만 한정되어 있는 느낌을 지울 수 없다.

한편 다문화주의의 유형은 정치 이데올로기를 중심으로 구분할 수도 있다. 맥라렌(McLaren, 1997)은 다문화주의 유형을 보수주의적 다문화주의, 자유주의적 다문화주의, 좌파-자유주의적(left-liberal) 다문화주의 등으로 분류하는데[6] 캐스태그노는 이들 유형을 다음과 같이 설명한다(Castagno, 2009: 44-47).

보수주의적 다문화교육은 단일문화주의적 관점에서 동화주의를 추구하고 사회에서 가진 사람들의 사회경제적이고 문화적인 지위를 특권시하는 반면, 자유주의적 다문화주의는 인종 차이나 문화 차이를 어떠한 결핍상태(예를 들어, 경제적으로나 정치적으로 결핍된 사회적 약자와 그

6) 킨첼로와 스타인버그(Kincheloe and Steinberg, 1997)는 다문화교육의 유형을 보수주의적 다문화교육, 자유주의적 다문화교육, 좌파-실재론적(left-ssentialist) 다문화교육 등으로 구분하고 있는데, 이러한 분류를 다문화주의에 적용하면 다문화주의 유형은 보수주의적 다문화주의, 자유주의적 다문화주의, 좌파-실재론적 다문화주의 등으로 구분된다.

렬지 않은 사회적 강자 간의 차이)로 이해하는 것이 아니라 불평등한 기회균등(예컨대, 불평등한 교육의 기회)의 결과물로 이해한다. 자유주의적 다문화주의자들의 이러한 입장은 자유주의자들의 평등관이 결과적 평등이 아니라 기회균등에 기초한 것임을 염두에 두면 쉽게 이해할 수 있다. 자유주의적 다문화주의는 다문화 사회에서 기회균등의 조건을 창출하는데 가장 큰 관심을 기울인다.

좌파-자유주의적 다문화주의[7]는 현 상황에서 집단 간의 평등을 강조하는 것은 겉만 번지르르한 허울뿐인 주장이므로 집단 간의 평등 개념을 강조하는 것은 잘못된 다문화 전략이라고 주장한다. 즉, 집단 간의 평등을 강조하다보면 집단 간의 실질적인 차이와 불평등이 존재하는 현실을 보이지 않게 은폐하는 의도치 않은 결과를 가져온다고 비판한다.

킨첼로와 스타인버그 그리고 맥라렌의 분류에 의거하여 판단해 보면, 한국 다문화주의 담론은 보수주의적 다문화주의에 치우쳐 있어 적지 않은 이데올로기적 편향성을 지니고 있는 것으로 파악된다. 소수 문화를 주류문화에 흡수시키는 동화주의적 다문화주의가 한국 다문화정책의 핵심 기조를 이루고 있는 반면, 모든 집단의 구성원이 동등한 기회균등과 법 앞 평등을 보장받는 자유주의적 다문화주의나 좌파-자유주의적 다문화주의는 우리나라 다문화주의 담론에서는 상당히 취약하고 저발전된 상황에 놓여 있기 때문이다.

다섯째, 다문화주의 담론의 가장 결정적인 문제점은 다문화주의

7) 맥라렌이 지칭한 좌파-자유주의적 다문화주의는 킨첼로와 스타인버그가 지칭한 좌파-실재론적 다문화주의와 동일한 개념이다.

가 집단 이기주의의 발로이고, 그 결과 국가 공동체의 연대성을 약화시키고 사회분열을 조장한다는 비판에서 자유롭지 못하다는 것이다(Uberoi, 2008). 다문화 현상이 확대·심화되면서 사회나 국가 공동체의 연대성이 약화되고 균열과 갈등이 조장된다는 주장을 펼치는 선행연구는 다양하다(곽준혁, 2007: 27-28). 헌팅턴은 다문화주의가 추구하는 문화 상대주의와 사해동포주의 등이 애국심을 약화시키고 미국의 정체성에 심각한 위협으로 작용하고 있다고 비판하고 있으며(Huntington, 2004; 곽준혁, 2007: 28 재인용), 쉴레진저는 다문화주의는 소수 문화와 인종 간의 공존을 추구하지만 다양한 집단 간의 최소한의 공통분모가 존재하지 않는 경우가 있어 오히려 인종적이고 민족적인 분쟁이나 갈등을 초래한다고 주장한다(Schlesinger, 1998; 곽준혁, 2007: 28 재인용).

또한 브라임로우는 다문화주의 정책이 이주민들이 주류문화에 동화하는 과정에 부정적인 기능을 미쳐 오히려 사회통합이 아니라 사회분열을 조장한다고 지적하고 있으며(Brimelow, 1995; 곽준혁, 2007: 28 재인용), 앤더슨은 일국 내에 증가된 이민, 난민, 외국인 노동자들은 '원거리 민족주의(long distance nationalism)'와 분리주의적 성향의 신민족주의자적 성격을 갖게 되어 결과적으로 국가 내의 통합이 더욱 어려워진다고 강조하고 있다(Anderson, 1992; 김창근, 2009: 35 재인용). 실증연구 중 대표적 것은 퍼트남(Putnam)의 연구이다. 퍼트남은 미국 40여 개 지역에서 2만 6천여 명에 대한 조사연구를 수행했는데, 연구대상인 공동체가 다문화 사회일수록 그 공동체 구성원 간의 신뢰가 더욱 약화된다고 결론을 얻었다(http://en.wikipedia.org, 검색일: 2010. 5. 25).

다문화주의 담론이 다양한 집단들 간의 평화공존을 이상으로 추구하고 있지만 현실은 그렇게 이상적이지 못하다는 것이다. 그러나 다문화주의가 대한민국 공동체의 연대성을 약화시키고 사회분열을 조장하는지 여부에 대한 우리나라 차원의 연구는 현재까지 부재하다[8]. 현재 우리나라는 초기 다문화 사회로 진입하고 있기 때문에 다문화 사회가 야기하는 사회적 영향에 대한 역사적이고 경험적인 연구를 수행하기에는 시기상조인 측면이 존재하기 때문이다.

여섯째, 우리나라 다문화주의 담론에서 현실에 대한 과장이 없었는지 객관적인 성찰이 필요하다. 국내에 거주하는 외국인 수는 2010년 기준으로 전체 인구의 약 2.5% 정도이다. 이러한 수치는 많다면 많고 적다면 적은 것인데, 문제는 다문화주의를 연구하고 정책을 개발하는 과정에서 우리나라의 다문화 사회화 정도를 과도하게 해석하는 우를 범해서는 안 된다는 것이다. 과도한 현실 인식은 부적절한 정책과 대응을 수반한다. 물론 단일민족 국가로서 역사가 오래되었고 단일민족 정체성이 다른 나라에 비해 강하다는 측면에서 한국 사회가 겪는 다문화 사회의 충격과 우려는 그 정도가 남다를 수 있다. 그러나 다문화 사회화에 대한 지나친 과장과 경계와 우려는 다문화 사회의 등장에 대비하는 우리 사회의 준비와 정책에 득보다는 해가 될 가능성이 높다. 외국과 비교해보면 일본의 외국인수는 2008년 현재 222만 명으로 전체인구의 약 1.7%를 넘어섰는데(매일신문, 2010), 단일민족 국가의 전통이 강한 일본과

---

8) 다문화주의가 대한민국 공동체에 부정적으로 미치는 영향을 포괄적으로 연구한 결과물은 현재까지 찾을 수 없다. 다만 다문화정책의 문제점, 다문화교육정책의 문제점, 다문화가정 청소년의 문제점, 다문화 사회 치안의 문제점 등과 같은 부분별 연구는 존재한다.

한국의 이러한 수치는 미국이나 유럽 등 선발 산업화와 신민지를 경영했던 국가들의 외국인 수에 비해 상당히 낮은 것이다. 미국은 2008년도에 외국인 유학생 수만 77만여 명을 기록했고, 독일은 2004년도 기준으로 전체 외국인수가 670만여 명(이중 8년 이상 장기 체류자는 470만여 명)에 달했기 때문이다.

일곱째, 한국 다문화주의 담론의 마지막 문제점은 최근 한국 사회의 다문화주의 연구가 학문적 유행의 결과물일 가능성을 배제하기 어렵다는 것이다. 2000년대 들어 다문화주의에 대한 학계연구가 활성화되고 있는 점은 늦은 감에도 불구하고 일단 반길 일이다. 그러나 1970-80년대 종속이론과 1990년대 신자유주의에 대한 학문적 유행이 2000년대 들어 다문화주의로 그 주제를 바꾼 것 같은 느낌을 무시하기만 해서는 곤란해 보인다. 다문화주의에 대한 연구가 학문적 유행 성향을 보이고 있어 성찰과 개선이 필요한 것이다.

3 결론

결론에서는 한국 다문화주의 담론의 문제점을 개선하고 보완하기 위한 몇 가지 안을 제시한다.

첫째, 다문화주의 담론의 대상을 인종과 민족 및 문화 집단으로 한정해야 한다. 다문화주의 담론의 외연과 내포를 무한 확장하여 다문화주의를 모든 집단[9] 간의 반차별주의나 평등주의로까지 확장하는 것은 우리나라 상황에 적합하지 않고 이론적으로도 바람직하지 않다. 단일민족 국가로서의 역사가 오래된 우리나라가 최근 빠르게 인종과 민족과 문화가 섞이는 다문화 사회로 진입하면서 여러 문제와 부작용이 예견되고 있다. 이런 상황에서 한국 다문화주의 담론은 논의의 대상을 모든 집단이 아니라 인종과 민족 및 문화에 기초한 집단으로 한정하여 역량을 집중할 필요가 있다. 다문화주의 담론을 반차별주의나 평등주의로까지 무한히 확장하는 것은 오히려 인종 차별이나 문화 차별과 같은 다문화 사회의 핵심 갈등요인을 등한시하는 역설적인 상황을 초래할 수 있다는 점에서 이론적으로도 바람직하지 않다.

둘째, 다문화주의, 초문화주의, 상호문화주의 등의 용어를 제대로 구분하여 사용해야 한다. 이들 용어를 무차별적으로 무분별하게 서로 호환해서 사용하는 일은 없어야 한다. 용어 간 경쟁과 보완 관계를 잘 이해하고 다문화주의 담론에서 적절히 선택하여 활용해야 한다.

셋째, 다문화주의는 어떤 정치 이데올로기와 결합하느냐에 따라 그 내용과 목표가 달라진다. 한국 다문화주의 담론은 어떤 정치 이데올로기와 우선적이고 중점적으로 결합할 것인지 선택해야 한다. 정치 이데올로기의 선택은 정치적 결정과 실천을 동반하는 행동이다. 따라서 사회적 심의와 정치적 합의가 선행되어야 한다. 예컨대, 우리나라는 자유주의적 다문화주의를 추구할 것인지, 보수주의적 다문화주의를 추구할 것인지, 진보주의적 다문화주의를 추구할 것인지 아니면 이것들을 잘 혼합하여 추구할 것인지 등을 공동체

9) 이 경우 모든 집단은 인종, 민족, 문화 집단 뿐 아니라 경제사회적 차이에 기초한 집단, 성별 차이에 의한 집단, 연령 차이에 의한 집단, 거주 지역에 따른 집단 등으로 무한히 확장된다.

구성원들이 정치적 심의와 합의를 통해 결정해야 한다. 한국 다문화 사회가 검토해 볼 수 있는 진보주의적 다문화주의의 유형으로는 사회민주주의적 다문화주의, 비판적 의식을 위한 다문화주의, 사회적 행동을 위한 다문화주의, 좌파 자유주의적 다문화주의 등일 것으로 판단된다.

넷째, 원칙 면에서도 우선순위에 대한 논의와 선택이 있어야 한다. 동화주의, 분리주의, 융합주의, 다원주의, 상대주의와 같은 다양한 원칙 중에서 무엇을 최우선적인 원칙으로 설정할 것인지 결정해야 한다. 한국 다문화주의 담론에서 분리주의와 동화주의는 원칙이 될 수 없다. 따라서 다원주의와 융합주의를 원칙으로 세울 것을 진지하게 검토해야 한다. 상대주의는 다문화주의 담론에서 양날의 칼과 같은 성질이 있으므로 원칙으로 설정하는 데 신중을 기해야 한다.

다섯째, 다문화주의 담론에서 문화 개념은 실재론이 아니라 관념론이나 기호학적 관점에서 접근할 필요가 있다. 문화를 고정되고 변화가 없는 것으로만 이해하는 실재론적 인식론은 다문화 사회에 적합하지 않다. 다문화 사회는 다양한 인종, 민족, 문화가 뒤섞이고 소통하고 교류하고 상호작용하는 사회적 공간이다. 이러한 다문화 사회는 관념론적 인식론, 특히 사회 구성주의적 인식론과 기호학적 접근을 기반으로 이해하는 것이 학문적으로도 유용하고 정책적인 실용성 측면에서도 유리할 것을 보인다.

여섯째, 한국 다문화주의 담론과 정책은 편중성을 극복하고 균형 감각을 되찾을 필요가 있다. 현재 한국 다문화주의 담론과 정책은 동화를 위한 다문화주의와 보수주의적 다문화주의에 상당히 경도되어 있다. 자유주의적 다문화주의, 다원주의를 위한 다문화주의, 융합을 위한 다문화주의, 비판적 의식을 위한 다문화주의, 사회적 행동을 위한 다문화주의, 좌파 자유주의적 다문화주의 등에 대한 균형 있는 담론과 정책 형성이 필요한 것이다.

일곱째, 다문화주의 담론은 그것이 활성화될수록 자본집단의 원활한 자본축적과 효율적인 노동통제수단으로 기능할 뿐 아니라 국가 공동체의 연대성을 약화시키고 사회 분열을 조장하는 부정적인 측면이 확장되는 문제를 안고 있다. 한국 다문화주의 담론은 이러한 잠재적 위험 요소를 미연에 차단하고 지속적으로 대응할 준비를 해야 한다. 우선 다문화주의 담론의 이와 같은 이데올로기적 억압성과 분열 촉진성을 차단하기 위해 일방적인 자본논리를 순화하고 배타적 민족주의 시각을 배제해야 한다. 이와 더불어 이 땅에 거주하는 개개인은 보편적 인권 개념과 세계시민주의적 시각을 가지고 인종, 민족, 문화적 차이를 떠나 한반도라는 지리적 공간에 공존하는 공동체 구성원으로서 서로 존중하고 배려하는 시각을 지녀야 한다.

그리고 다문화주의를 가르치고 내재화시키는 다문화교육을 초·중·고등교육 뿐 아니라 전인교육 차원에서도 강화해야 한다. 다문화주의 논의와 정책의 선언적 확대가 자동적으로 집단 간의 평화공존과 상호존중을 보장하지는 않는다. 사회 균열과 갈등 증폭 그리고 공동체의식 약화라는 현실 장벽을 다문화주의가 어떻게 극복할 수 있을지에 대한 한국 사회와 정치권 공동의 고민과 대책 마련이 필요한 것이다.

마지막으로 한국 다문화주의 담론은 짧은 역사를 지니고 있으며 현재 일종의 학문적 유행 단계에 머물러 있다는 비판에 노출되어 있다. 그러나 다문화주의에 대한 학계의 유행병적 접근은 언제 어떻게 다문화주의에 대한 학계의 냉대와 무관심으로 뒤바뀔지 모른다. 유행은 유행일 뿐 유행에는 지속성이 없기 때문이다. 한국 사회가 적지 않은 충격으로 다문화 사회로 진입하고 있는 현실은 일시적 현상이 아니라 항구적인 현상일 것이라는 점에서 한국 다문화주의 연구는 지적 유행이 아닌 항시적 연구로 전환되어야 한다.

Reference

참고문헌

곽준혁. 2007. “다문화 공존과 사회적 통합”, 『대한정치학회보』, 15(2): 23-42.

김남국. 2005a. “다문화 시대의 시민: 한국 사회에 대한 시론”, 『국제정치논총』, 45(4):97-121.

김남국. 2005b. “심의 다문화주의: 문화적 권리와 문화적 생존”, 『한국정치학회보』, 39(1):87-107.

김창근. 2009. “다문화 공존과 다문화주의: 다문화 시민성 모색”, 『윤리연구』, 73:21-50.

박선웅, 이민경, 구정화, 박길자. 2010. “다문화교육 연구 학교의 프로그램에 대한 비판적 분석”, 『시민교육연구』, 41(2):29-60.

심승환. 2009. “다문화교육의 의미에 대한 교육철학적 고찰”. 『교육철학』, 45:121-150.

조상식. 2009. “비판이론의 관점에서 본 다문화교육의 한계”, 『교육철학』, 44:139-155.

조정남. 2007. “현대국가와 다문화주의”, 『민족연구』, 30:6-16.

Anderson, Benedict. 1992. “The New World Disorder”, New Left Review, 193(1).

Brimelow, Peter. 1995. Alien Nation: Common Sense about America's Immigration Disaster. New York: Random House.

Castagno, Angelina E. 2009. “Making Sense of Multicultural Education: A Synthesis of the Various Typologies Found in the Literature”, Multicultural Perspectives, 11(1):43-48.

Crowder, George(2008). “Pluralism and Multiculturalism”, 45(3):247-252.

Hill, Ian. 2007. “Multicultural and International Education: Never the Twain Shall Meet?”, Review of Education, 53(3):245-264.

Hofstee, Willem. 2009. “Family Matters: Community, Ethnicity, and Multiculturalism”, Church History and Religious Culture, 89(1/3):

53-63.
Huntington, Samuel. 2004. Who are We? The Challenges to America's National Identity. New York: Simon & Schuster.
Kincheloe, J and S. Steinberg. 1997. Changing Multiculturalism. Philadelphia: Open University Press.
Kirova, Anna. 2008. “Critical and Emerging Discourses in Multicultural Education Literature: A Review”, Canadian Ethnic Studies, 40 (1):101-124.
McLaren, Peter. 1997. Revolutionary Multiculturalism: Pedagogies of Dissent for the New Millennium. New York: Perseus Press.
Portera, Agostino. 2008. “Intercultural Education in Europe: Epistemological and Semantic Aspects.”, Intercultural Education, 19(6):481-491.
Schlesinger, Arthur. 1998. The Disuniting of America: Reflections on a Multicultural Society. New York: W. W. Norton & Company.
Uberoi, Varun. 2008. “Do Policies of Multiculturalism Change National Identities?”, The Political Quarterly, 79(3):404-417.

일간지
『매일신문』, 2010. 8. 28.

인터넷 자료
http://en.wikipedia.org(검색일: 2010. 5. 25).
http://terms.naver.com(검색일: 2010. 5. 25).
http//100naver.com(검색일: 2010. 5. 25).

06
CHAPTER

한국의 다문화교육[1)]

진시원

1 서론
2 한국 다문화교육 이론의 문제점
3 한국 다문화교육 현실의 문제점
4 미래를 위한 제언
5 결론

초 록

한국 다문화교육은 결혼이민자와 외국인 노동자가 급증하는 사회현상에 대한 정책 대응 차원에서 추진되고 있는 성격이 강하다. 따라서 한국 다문화교육은 이론적인 측면에서 시간을 갖고 충분히 연구된 것이 아니라 실용적이고 정책적인 차원에서 급하게 추진되고 있다는 비판에서 자유롭지 못하다. 한국 다문화교육은 이론적 기반이 공고하지 못하고 사회적 심의나 합의 부분에서도 원천적인 취약성을 지니고 있는 것이다. 이 글은 다문화교육의 이론적 문제점을 문헌연구를 중심으로 중점적으로 점검하고, 이를 통해 초·중등학교 다문화교육의 문제점을 분석하고 개선을 위한 몇 가지 의견을 제시한다.

1) 이 글은 진시원. 2012. “한국 다문화교육의 문제점과 개선방안”, 『국제정치연구』, 제15권 1호에 실린 글이다.

주제어: 다문화교육, 초문화주의, 상호문화주의, 동화주의, 분리주의, 상대주의, 다원주의, 정치 이데올로기

1 서론

한국 사회가 다문화 사회로 변모하고 있다. 국제 사회에서 일민족 일국가 체제의 순수한 이념적 유형을 대표하는 나라 중 하나인 한국이 다인종, 다민족, 다문화 사회로 진입하고 있는 것이다. 우리사회가 다문화 사회로 빠르게 진입하고 있는 상황은 결혼 이민자, 외국인 노동자, 외국인 유학생 등이 급증하고 있기 때문인데, 이러한 현상의 예상되는 결과는 놀랍다. 국제통화기금(IMF)은 2050년 한국 사회의 35%가 다문화 인구로 구성될 것이라는 전망치를 내놓은 것이다(문화일보, 2011년 4월 28일).

이렇듯 한국 사회가 다문화 사회가 되어 가면서 다문화교육(multicultural education)에 대한 사회적 관심이 높아지고, 그 결과 시민사회단체의 관련 프로그램과 정부의 정책이 2000년대 들어 다양하게 확대되고 있는 것이 현실이다. 주지하다시피 다문화 사회의 등장과 확산은 세계화와 지역주의 시대의 회피하기 어려운 도전이자 현상이며, 단일 민족국가 체제를 유지해온 우리나라도 그 시대적 흐름에서 예외일 수는 없다. 이러한 인식을 기반으로 이 연구는 지난 몇 년간 양적으로 급속히 팽창해온 우리나라 초·중등학교 다문화교육의 현실과 문제를 살펴보고 개선을 위한 몇 가지 방안을 제시하고자 한다.

이 논문은 다음과 같이 구성된다. 우선 제2장에서는 다문화교육의 이론[2)]적 문제점을 정리한다. 한국 다문화교육은 결혼이민자와 외국인 노동자가 급증하는 사회현상에 대한 정책적인 대응차원에서 주되게 추진되고 있다. 따라서 한국 다문화교육은 이론적인 측면에서 충분히 시간을 갖고 연구된 것이 아니라 실용적이고 정책적인 차원에서 급하게 추진되고 있다는 비판에서 자유롭지 못하다. 한국 다문화교육은 이론적 기반이 공고하지 못하고 사회적 심의나 합의 부분에서도 원천적인 취약성을 지니고 있는 것이다. 이 연구가 다문화교육의 이론적 문제점을 살펴보고 이 논의를 학교 다문화교육의 문제점을 분석하는 데 적용하는 이유는 이러한 작업을 통해 한국 다문화교육의 이론적 기반을 확고히 하는 데 일조하기 위함이다. 제3장에서는 초·중등학교 다문화교육의 현실과 문제점 및 비판을 기존의 대표적인 문헌을 중심으로 살펴보고, 제4장에서는 2장과 3장의 논의를 바탕으로 우리나라 다문화교육의 개선과 미래지향적 발전을 위한 몇 가지 의견을 제시한다.

2) 이 글에서 이론은 '현실에 대한 설명으로 철저하고 엄밀하게 테스트한 것이며 대다수 학자들이 동의하는 것' 혹은 '사물에 대한 이치나 지식을 논리정연하게 하나의 일관된 체계로 일반화하여 설명하는 것'으로 정의한다. 따라서 이 글에서 이론적 문제라 함은 '철저하고 엄밀하게 테스트 하지 못했거나 대다수 학자들이 동의하지 않는 것' 혹은 '사물에 대한 이치나 지식이 논리정연하지 못하고 하나의 일관된 체계로 일반화하여 설명하기 어려운 것'을 의미한다.

2 한국 다문화교육 이론의 문제점

한국 다문화교육의 이론적 문제점은 다른 나라의 다문화교육이 안고 있는 문제점과 동일한 부분도 있고 차이가 있는 부분도 존재한다. 우선 다른 나라 다문화교육과 한국 다문화교육이 공통적으로 드러내고 있는 이론적 문제점을 살펴보자.

첫째, 다문화교육의 정의 자체가 명확하지 않다. 다문화교육의 정의는 협의와 광의로 구분할 수 있는데, 협의의 다문화교육은 인종차별문제 극복을 가장 중시하는 '반인종차별교육(anti-racism education)'이나 '다인종교육(multi-ethnicism education)'으로 한정되는 데 반해 광의의 다문화교육은 '반차별교육(anti-discriminationism education)'이나 '평등교육(equal education)'을 의미할 정도로 무한히 확장된다. 다인종교육은 생김새, 문화, 언어, 종교, 식습관 등의 차이에 의해 구분되는 인종이나 민족 간의 공존과 상호존중을 추구하는 교육이다. 빈부격차에 의한 사회경제적 집단, 성별 차이에 의한 집단, 거주지역의 차이에 따른 집단, 연령 차이에 의한 집단, 정치 이데올로기의 차이에 의한 집단 등은 다인종교육과 반인종차별교육의 직접적인 대상이 아니다.

다인종교육이나 반인종차별교육과는 달리 반차별교육이나 평등교육은 인종, 민족, 문화, 언어, 종교적 차이 뿐 아니라 사회경제적 차이, 성별 차이, 거주 지역 차이, 연령 차이, 이데올로기적 차이 등 모든 차이에 기반을 둔 집단 간의 반차별과 평등을 추구하는 교육이다. 그런데 여기서 문제점은 광의의 다문화교육이 교육의 목표, 기능, 내용 등을 무한히 확장시킨 결과 교육의 초점과 대상

등을 불분명하게 만드는 상황을 야기한다는 점이다.

광의의 정의를 표방하고 있는 대표 사례는 미국 다문화교육협회(The National Association of Multicultural Education: NAME)에서 찾아볼 수 있다. NAME는 다문화교육을 "자유, 정의, 평등, 인간의 존엄성 등과 같은 이상형들에 기초한 철학적 개념으로 다원주의와 다양성을 강조하고 민주적 원칙과 사회 정의의 증진을 통해 모든 종류의 차별에 반대하는 교육"이라고 정의하고 있으며(Amosa and Gorski, 2008: 167; Kahn, 2008: 530), 협회의 설립목적도 문화 다원주의 원칙에 기반을 둔 포함의 철학(philosophy of inclusion)을 증진시키고, 문화와 인종의 다양성을 국가의 강점으로 활용하고, 인종, 민족, 피부색, 국적, 조상, 성별, 종교, 연령, 사회경제적 지위, 결혼여부, 언어, 장애, 이민 경력 등과 무관하게 모든 사람의 평등을 추구하는 것 등 세 가지를 제시하고 있다(Amosa and Gorski, 2008: 167). 다문화교육을 반차별교육이나 평등교육과 동일시하는 입장을 명확히 표방하고 있는 것이다.

뱅크스와 뱅크스 역시 다문화교육을 "하나의 생각이고 교육 개혁 운동이자 과정으로서 교육제도의 구조를 변화시키는 것을 목적으로 삼고 있으며, 남학생과 여학생, 장애학생, 다양한 인종, 종족, 언어, 종교적 집단의 학생들이 학교에서 학업적으로 성취할 수 있는 동등한 기회를 갖게 하는 교육"으로 정의하여 광의의 다문화교육 개념을 수용하고 있다(Banks and Banks, 2001: 1).

그런데 이러한 광의의 시각에서 다문화교육을 정의하면 다문화교육은 다양한 문화를 가르치고 모든 집단 간의 소통과 공존을 실천하는 교육이 된다. 다문화교육이 반드시 다인종, 다민족, 다문화 현상과 관계있는 교육이 아니게 되며 다문화교육이 다인종교육이나 반인종차별교육에 한정될 필요가 없어지는 것이다. 광의의 시각에서 바라보는 다문화교육은 인종과 민족 뿐 아니라 종교, 성별, 장애, 연령, 지역, 경제사회적 지위 등으로 구분되는 다양한 집단 간의 편견과 선입관을 없애고 이들 간에 상호존중과 평화공존을 추구하는 교육이기 때문이다.

둘째, 다문화교육의 유형이 상당히 다양하다. 어떤 유형의 다문화교육을 추구할 것인지 각국은 신중하게 자국의 사회경제적 상황을 고려하여 정치적 심의와 결정을 내려야 한다. 어떤 유형에 교육의 강조점을 두고 어떤 유형을 가장 중요한 원리로 삼고 궁극적으로 선택하여 추구하느냐에 따라 그 나라의 사회경제적 그리고 정치적 통합과 발전가능성은 지대하게 영향 받는다. 이러한 점에서 볼 때 어떠한 유형의 다문화교육을 선택하느냐 문제는 국가적으로 상당히 중대한 문제라고 할 수 있다.

다문화교육의 유형을 구분하는 기준은 크게 두 가지이다. 하나는 다문화교육이 추구하는 궁극적 목적이고 다른 하나는 다문화교육의 정치 이데올로기적 지향성이다. 캐스태그노는 다문화교육의 유형을 궁극적 목적을 중심으로 여섯 가지로 구분하고 있다. 동화를 위한 교육(educating for assimilation), 융합을 위한 교육(educating for amalgamation), 다원주의를 위한 교육(educating for pluralism), 문화 간 수용 능력을 위한 교육(educating for cross cultural competence), 비판적 의식을 위한 교육(educating for critical awareness), 사회적 행동을 위한 교육(educating for social action) 등이 바로 그것이다(Castagno, 2009: 44). 다문화교육의 목적을 동화, 융합, 다원주의적 공존, 의식, 행동 중 어디에 두느냐에 따라 그 나라 다문화교육의 체계와 내용은 강하게 영향 받고 규정된다.

이와 달리 킨첼로와 스타인버그(Kincheloe & Steinberg, 1997)는 다문화교육의 유형을 정치 이데올로기적 지향성을 중심으로 구분하여 보수주의적 다문화교육, 자유주의적 다문화교육, 좌파-실재론적(left-essentialist) 다문화교육, 다원주의적 다문화교육, 비판적 다문화교육 등으로 분류하고 있다[3]. 여기서 중요한 점은 다문화교육과 연계된 정치 이데올로기적 차이가 나라마다 다문화교육의 인식론과 실천론에 적지 않은 차이를 야기한다는 것이다(Kirova, 2008: 5). 예컨대, 정치 이데올로기에 따라 구분된 보수주의적 다문화교육, 진보주의적 다문화교육, 자유주의적 다문화교육, 다원주의적 다문화교육, 민주주의적 다문화교육, 공화주의적 다문화교육, 공동체주의적 다문화교육, 민족주의적 다문화교육, 사회민주주의적 다문화교육 등은 서로 간에 인식론(다문화교육의 개념, 대상, 내용 등)과 실천론 측면에서 적지 않은 차이를 보인다.

보수적 다문화교육은 점진적인 사회변화를 통한 주류문화의 지속과 보존을 최우선시한다. 그래서 보수주의자들은 기본적으로 다문화교육에 비판적이다(Ho, 2009: 285). 보수주의자들은 다문화교육이 분리주의를 획책하고 국가와 사회를 분열시킨다고 주장한다. 이러한 보수주의자들의 비판은 이들의 국제이해교육(education for international understanding)에 대해 비판하는 시각과 일맥상통한다. 국제평화를 지향하고 세계시민주의적 교육을 추구하는 국제이해교육이 국가의 최우선성에 도전하고 반국가주의 시각을 지닌 시민을 양산한다고 보수주의자들은 비판하고 있는데, 이러한 논리는 다문화교

3) Castagno와 Kincheloe and Steinberg의 분류 중 '다원주의를 위한 교육'과 '다원주의적 다문화교육' 그리고 '비판적 의식을 위한 교육'과 '좌파-실재론적 다문화교육'은 서로 유사한 것이다.

육에 대한 비판에도 그대로 적용되고 있다. 즉, 보수주의자들은 다문화교육이 국가의 최우선성을 경시하고 국가공동체에 대한 충성심을 약화시켜 시민들을 반국가주의(혹은 반애국주의) 시각으로 무장하게 만든다고 비판하고 있는 것이다.

반면 진보적 다문화교육은 주류문화의 지속과 보존보다는 인간의 존엄성과 평등을 중시하고 사회적 약자 집단의 권리신장을 위한 급진적 변화와 구조적인 개혁을 추구한다. 진보적 시각에서 비판적으로 바라보면, 다문화교육은 문화 간 평화공존과 상호존중을 추진하는 것이 아니라 오히려 현상유지에 일조하는 보수적인 교육으로 기능할 가능성을 소유한다. 다문화주의자들은 모자이크나 샐러드 보울, 누비이불(quilt) 등의 비유를 자주 사용하는데, 이 경우 소수문화 간의 차이가 경시되거나 무시되는 문제가 발생한다. 주류집단과 소수집단 간의 차이와 권력관계를 무시하고 일방적이고 선언적인 차원의 평화공존만을 강조하는 다문화교육은 결과적으로 현존 권력의 지속과 강화에 일조하는 보수주의적 교육이 될 가능성이 있는 것이다(Kirova, 2008: 6).

이렇듯 진보적 다문화교육 시각에서 비판적으로 바라보면 다문화교육은 보수적이고 현상유지적인 기능을 수행한다. 다문화교육은 문화적 차이만을 강조함으로써 특정 집단의 정치적이고 사회경제적인 갈등과 실질적 불평등을 은폐하고 무력화시키는 보수적 기능을 수행하는 것이다. 즉, 다문화교육이 사회경제적이고 정치적인 차이를 탈정치화시킴으로써 사회경제적 평등을 추구하고 기존의 불평등한 사회구조를 개선하려는 노력을 무력화시키는 역기능을 수행할 수도 있는 것이다. 다문화교육의 이러한 보수적 역기능과는 다르게 반인종차별교육은 기본적으로 진보주의 입장에서 사회의 체계적이고 제도화된 인종차별 철폐를 위해 노력한다. 반인종차별교육은 문화적 차이보다 인종적 차이를 더욱 강조하고 인종차별을 야기하는 사회정책과 제도를 철폐하기 위해 노력하는 것이다.

지금까지 살펴본 보수적 다문화교육과 진보적 다문화교육과 달리, 자유주의적 다문화교육은 무엇보다 집단주의와 공동체주의를 모두 배격한다. 자유주의적 다문화교육은 기본적으로 집단보다 개인을 중시하면서 그러한 이데올로기적 원칙 위에 집단 간의 기회균등과 법 앞 평등을 강조한다(심승환, 2009: 131; 김남국, 2005a: 107; Castagno, 2009: 45). 반면 다원주의적 다문화교육은 다원주의와 합리주의를 철학적 기반으로 삼고 집단 간 차이를 존중하고 집단 간 평화공존과 상호존중을 강조한다(Crowder, 2008: 248-251).

공화주의적 다문화교육은 개인과 집단은 사회의 공적인 일과 공동의 관심사에 적극 참여함으로써 더욱 자유로워진다고 인식하고, 이를 위해 국가공동체와 사회 공동의 관심사에 대한 자발적 참여뿐 아니라 개인과 집단 간의 소통과 공동 결정 등을 강조한다(김남국, 2005a: 108-109). 개인과 집단의 진정한 소통과 공동 결정을 위해서는 개인과 집단 간의 동등성이 확보되어야 하는데, 이를 위해 공화주의적 다문화교육은 법치주의를 강조한다. 법에 의해 개인과 집단 간의 동등한 자유와 평등성을 확보하는 것이 공화주의적 다문화교육의 기초이자 출발점인 것이다.

공동체주의적 다문화교육은 개인과 집단은 자신이 속한 공동체의 문화나 가치에 의해 크게 영향 받는다고 보고 개인보다 집단과 사회를 우선시하고 공동체의 공익을 중시한다(심승환, 2009: 130). 공동체주의적 다문화교육은 특정 인종, 민족, 문화에 대한 공동체주의적 소속감과 일체감이 없이는 다문화주의적 교육이 존재하기 어렵다고 본다. 반면, 민족주의적 다문화교육은 다문화현상에 의해 민족주의가 약화될 경우 국가정체성과 공동체의식이 약화되면서 국민의 일체감과 연대감, 소속감, 충성심 등이 동시에 약화되어 결과적으로 국가 통합과 발전에 부정적인 영향을 미친다고 주장한다(곽준혁, 2007: 30).

사회민주주의는 사회주의와 민주주의가 결합된 용어로 정치적으로는 계급 혁명 대신 선거를 중시하고 경제적으로는 자본주의를 거부하는 대신 계급간 빈부격차 완화를 위한 복지체제를 추구하는 정치 이데올로기이다(주성수, 1992: 44). 이렇게 본다면 사회민주주의적 다문화교육은 사회민주주의 이데올로기를 다문화교육과 결합한 것으로 보편적 인권과 평등주의(egalitarianism) 및 세계 시민주의(cosmopolitanism) 관점에서 사회 공동체 내에 존재하는 모든 집단 간의 빈부격차를 완화하고 복지체제를 구축하려는 교육이다.

위에서 본 것처럼 다문화교육은 어떤 용어, 어떤 정치 이데올로기와 주되게 결합하느냐에 따라 교육의 개념, 목표, 내용, 초점, 강조점 등이 적지 않게 달라진다. 상황이 이러함에도 불구하고 다문화교육에 대한 기존 문헌은 경쟁적인 용어와 정치 이데올로기적 차이가 야기하고 있는 이와 같은 개념적, 인식론적, 실천적 차이와 혼란을 명확하게 설명하지 않고 있다. 다문화교육을 둘러 싼 용어와 정치 이데올로기적 논쟁을 정리하기 위한 학계의 노력과 사회정치적 합의가 선행되어야 하는 것이다.

셋째, 다문화교육의 목적과 목표 역시 그 초점을 어디에 두느냐에 따라 다양하게 주장되고 있다. 목적과 목표를 어떻게 설정하느냐에 따라 다문화교육의 효과와 미래 결과는 달라진다. 이런 점에서 국가가 다문화교육의 목적과 목표를 어디에 두느냐 하는 문제 역시 매우 중요한 정치적이고 교육적인 선택의 문제이다. 매카시(McCarthy, 1991: 313-314)는 다문화교육의 목적을 크게 세 가지로 분류하는데, 문화적 이해(cultural understanding), 문화 수용 능력(cultural competence), 문화적 해방(cultural emancipation) 등이 바로 그것이다. 문화적 이해는 문화적 차이에 대한 이해와 민감성을 높이는 목적을 수행하며, 문화 수용 능력은 이중(다중)언어교육이나 이중(다중)문화교육 프로그램 등을 통해 학생들의 타문화 이해 능력 배양을 목적으로 하는 반면, 문화적 해방은 다른 목적들에 비해 실천적인 영역을 더욱 강조하면서 개혁적인 다문화교육과정을 통해 타문화 학생들이 학교와 사회에 적응할 수 있도록 유도하는 것을 목적으로 수행한다. 이 중에서 다문화교육의 문화적 해방 목표를 강조하는 주장은 박선웅 외 4인(2010: 32-33)에서도 확인되는데, 이들은 다문화교육의 목적을 '문화 간 차이에 대한 이해와 소통' 그리고 '문화 간 불평등의 원인에 대한 비판적 인식' 등 크게 두 가지로 구분하고 있다.

이러한 분류를 좀 더 구체화시키면 다문화교육의 교육적 목표는 '다문화이해능력 증진', '문화교육', '언어교육', '공동체의식 함양', '자아정체성 확립', '학교생활적응' 등 크게 여섯 가지로 구분할 수 있다(조영달 외, 2010). 다문화이해능력 증진은 인종, 언어, 종교, 문화적 차이에 대한 이해와 불평등을 야기하는 사회 구조에 대한 비판적 이해를 통해 학생들이 자문화중심주의에서 벗어나는 것을 추구하기 위해 설정한 목표이며, 문화교육은 비판적 태도 없이 단순히 특정 문화에 대한 정보를 제공하고 이해를 돕는 데 초점을 둔 교육이다. 언어교육은 이중언어교육과 그 나라의 주도적인 공식 언어에 대한 교육 등이 있으며, 공동체 의식 함양교육은 모든 학생들이 공동체 의식을 지니고 동등한 공동체 구성원으로서 사고하고 행동하게 만드는 교육으로 궁극적으로 사회통합을 추구하고자 목표를 설정한 교육이다. 자아정체성교육은 다문화가정 학생들이 자신이나 부모 모국의 민족, 문화 등에 대한 애착심을 가지는 동시에 그 나라 국민으로서의 긍정적인 정체성을 가지게 하는 목표를 지닌 교육이며, 학교생활적응교육은 다문화가정 학생들의 수업결손을 보충하거나 교우관계, 학업성취 등을 돕는 교육이다.

넷째, 다문화교육 관련 용어가 불확실하며 아직 서로 경쟁적이다. 다문화교육이라는 용어는 많은 나라 학계에서 합의되거나 통일된 용어가 아니다. 다문화교육이라는 용어는 상호문화교육(intercultural education)이나 초문화교육(transcultural education) 등과 경쟁적으로 혹은 호환적으로 사용되고 있다. 미국에서는 학자들이 상호문화교육보다 다문화교육이라는 용어를 선호하고 있지만 그럼에도 불구하고 두 용어는 서로 같은 의미로 호환적으로 사용되고 있다(Hill, 2007: 248; Kahn, 2008: 529). 그러나 밑에서 보겠지만 상호문화교육과 초문화교육 그리고 다문화교육이라는 용어들 사이에는 호환적으로 사용하기 어려운 간극이 존재한다. 이들 용어들을 무턱대고 동일시하여 사용할 것이 아니라 학문적 검토와 합의를 거쳐 정확히 구분하여 사용할 필요가 있는 것이다.

다문화교육을 둘러싼 이러한 용어 간 차이는 다문화교육의 인식론과 실천론에 혼선을 야기하고 있다. 용어와 관련된 혼선은 다문화교육, 초문화교육, 상호문화교육, 반인종차별교육 간의 차이에서 발생한다(Kirova, 2008: 5). 다문화교육이 다문화주의, 초문화주의, 상호문화주의, 반인종차별주의의 성격과 내용을 모두 포함하고 있는 것은 사실이지만 다문화교육이 열거된 나머지 교육과 어떤 차이점과 유사점을 지니고 있는지 그리고 어떤 유형의 교육이 더욱 중요한지에 대해 학계의 일치된 의견이 없다.

다문화교육은 다원주의적 시각에서 차이를 강조하고 집단 간 평화공존과 상호존중을 강조하는 반면, 초문화교육은 집단 간 보편성과 공통성을 강조하고 인간으로서 보편적으로 지켜야 할 가치와 태도 교육에 집중한다. 상호문화교육은 집단 간 상호작용과 상호주관적 과정의 활성화를 통해 집단 간 상호이해와 통합 가능성을 강조하고 반인종차별교육은 보편적 인권을 중시하고 인종차별을 극복하는 교육에 전념한다. 이렇듯 다문화교육과 초문화교육, 상호문화교육, 반인종차별교육은 교육의 목표와 대상, 내용과 강조점 등에서 적지 않은 차이를 드러내고 있다.

다섯째, 다문화교육에서 '문화' 개념도 명확하지 않다. 다문화교육 담론에서 문화 개념은 본질주의[4]적이고 고정적이고 고정 관념화된 측면에서만 주로 이해되고 있는데(박선웅 외, 2010: 36), 이 경우 문화 정체성은 변화가 없고 이미 형성되어 있으며, 미리 주어진 어떤 것으로 이해된다. 예컨대, 서구문화와 비서구문화를 구분 짓고 비서구문화를 전통적이고 과거 지향적이고 변화와 발전 없이 고정적이고 열등한 것으로만 이해하여 주류문화와 비주류문화를 지속

4) 본질주의(essentialism)는 어떠한 실체든지 그 실체만이 보유하고 있는 특징과 속성을 지니고 있다고 본다. 그리고 본질주의는 사물이 지니는 특징과 속성으로 인해 모든 사물은 다른 사물과 정확하게 비교되고 정의되고 묘사될 수 있다고 본다. 반면 비본질주의(non-essentialism)는 어떤 실체든지 그 실체만이 소유하는 특징이나 속성을 지니고 있지 않다고 본다. 비본질주의 시각에서 바라보면 실체의 특징과 속성은 맥락적이고 관계적이고 유동적이고 변화에 친화적인 것으로 이해된다(http://en.ikipedia.rg/wiki/ssentialism).

적으로 위계적으로 구분 짓고 서열화하게 된다.

본질주의적 시각에 기초한 다문화교육은 학생들로 하여금 특정 문화에 대한 고정적이고 정형화된 이해를 강요하고 그 결과 주류문화와 비주류문화 간의 위계와 서열의 권력관계를 고착화시켜 이해할 위험성이 있다. 문화 정체성을 고정되고 이미 주어진 것으로 이해할 경우 문화적 차이 또한 이미 주어진 것이고 고정불변적인 것으로 이해하여 문화 간 대화와 소통 가능성 등이 점점 더 어렵게 될 가능성이 존재하는 것이다(Kirova, 2008: 8-9). 따라서 문화 개념을 본질주의적이고 고정적인 측면에서만 이해할 것이 아니라 지속적으로 생성되고 변화하는 관념론적 시각과 사회 구성주의적 시각에서도 바라볼 필요도 있다.

여섯째, 일반 상식과 다르게 다문화교육이 오히려 반인종차별교육을 방해하는 효과가 있다. 인종차별주의에 반대하는 이들은 다문화교육이 모든 집단 간의 동등성만을 강조하다보니 인종차별 문제를 오히려 무시하거나 경시하는 우를 범하고 있다고 비판한다. 그래서 비판론자들은 인종차별을 재생산하는 토대로 기능하는 사회 제도에 대한 비판과 도전에 있어서 다문화교육이 무기력하다고 지적한다. 이런 시각에서 바라보면 다문화교육은 문화 개념을 강조하는 대신 인종 개념을 경시함으로써 여러 문제에 직면해 있는 것으로 이해된다. 다문화교육이 심각한 인종문제에 대해서는 직접적인 관심을 보이지 않는 대신 잘 드러나지도 않고 이해하기도 쉽지 않은 문화적 차이에 대한 관심을 보이면서, 사회에서 강도 높게 발생하고 있는 인종갈등과 인종분규 등의 문제를 탈정치화하고 있다는 것이다. 이렇게 본다면 다문화교육은 백인 중심의 인종적 우위와 주류 집단 중심의 권력관계를 당연시하고 공고화하는 데 의도치 않게 일조하고 있다는 비판에서 자유롭지 못하다(Kirova, 2008: 5-9).

다문화교육의 또 다른 이론적 문제점은 다문화교육이 민속학적 교육으로 격하될 가능성이 있다는 점이다. 다문화교육은 다른 문화 공동체에 대한 경험과 참여를 중시하여 다른 집단의 음식, 춤, 노래, 음악 등에 대한 교육을 교실에서 강조하고 있는데, 이러한 교육은 다문화교육을 민속학적 교육으로 격하시키는 결과를 가져올 수도 있다. 다문화주의자들은 다른 집단의 음식과 춤, 노래, 음식 등을 배우는 것을 인종차별과 적대감을 극복하는 효과적인 교육으로 제시하고 있지만 이 경우 지배문화와 소수문화 간의 권력관계를 학생들이 깨닫게 해주는 '비판적 다문화교육'이 수행되기는 어렵다. 집단 간의 차이에 대한 지식과 이해가 늘어난다고 해서 그것이 바로 다문화주의적 공존과 차별철폐로 이어지지 않는다는 점에서 '다문화이해능력 증진교육'의 한계를 엿볼 수 있는 것이다(Kirova, 2008: 5).

마지막으로 지적할 수 있는 것은 다른 나라와 차별되는 한국 다문화교육의 이론적 문제점이다. 한국 다문화교육의 역사는 2000년대 중반부터라는 상당히 짧은 역사를 지니고 있다. 따라서 다문화교육에 대한 깊고 넓은 역사적 접근과 이론적 검토, 현실에의 적용 그리고 피드백을 통한 성찰과 이론적 재정립을 위한 시간적 여유가 실제적으로 부족한 측면이 있다. 이렇게 본다면 한국 다문화교육이 이제 걸음마 단계에 놓여 있다는 지적은 전적으로 옳다(이용승, 2010: 18). 다문화교육의 역사가 짧다는 것은 다문화교육에 대한 역사적이고 학문적인 논의가 깊지 않고, 다문화교육의 체계와 내용이 한국적 현실에 적합하게 자리잡기도 어려우며, 또 학교 다문화교육의 실정을 객관적으로 평가하기도 쉽지 않다는 점을 의미한다. 한국 다문화교육은 역사의 시행착오와 역사적 경험이 제공하는 역사성을 기대할 수 없는 처지에 놓여 있는 것이다.

3 한국 다문화교육 현실의 문제점

지금까지 한국 다문화교육의 이론적 문제점을 살펴보았다. 그렇다면 한국 다문화교육 현실의 문제점을 무엇일까? 다문화교육의 이론적 문제점이 다문화교육의 현실과 현장 속에서 어떻게 표면화되고 영향력을 행사하고 있을까?[5] 3장에서는 이러한 질문에 답하기 위해 중등교육 현장에서 수행하고 있는 다문화교육의 현실을 분석한 선행연구와 교육현장에서 행해진 다문화관련 설문조사 내용을 중점적으로 분석한다. 이 글의 주된 관심사는 한국 다문화교육의 이론적 문제점과 이론적 개선방안을 제시하는 데 있다. 따라

5) 이런 문제에 대한 답을 하기 전에 먼저 한국 다문화교육의 추진 주체가 누구인지 밝히는 작업이 필요하다. 우리나라 다문화교육의 추진 주체는 학교, 시민 사회단체, 정부 등이다. 학교와 교육부가 운영하는 다문화교육의 주된 대상은 초·중·고등학교 학생과 다문화교육을 담당할 교사 등이지만, 문화부와 복지부, 법무부, 행정안전부, 여성부 등 정부가 운영하는 다문화교육의 대상은 국제결혼 희망자, 결혼 이민자, 다문화정책 관련 공무원 등을 대상으로 하고 있다. 반면 제3섹터인 시민 사회단체가 운영하는 다문화교육의 대상은 학생과 교사, 결혼 이민자와 그들의 자녀 등을 포괄하지만 다문화정책 관련 공무원을 위한 프로그램은 운영하고 있지 않다(황정미, 2010). 서론에서 이미 밝혔지만 이 글에서 살펴보는 다문화교육은 초·중등학교 단위로 한정한다. 시민 사회단체와 정부가 운영하는 다문화교육을 이 글에 포함하기에는 내용이 너무 광범위하기 때문이다.

서 다문화교육 현실의 문제점을 살피는 작업은 기존의 대표적인 연구 내용을 분석하는 데 한정한다.

현재까지 한국 다문화교육 현실의 문제점을 체계적으로 분석한 대표적인 작업은 조영달 외 5인(2010)이 수행한 것이다. 이 글은 초·중등학교에서 실행 중인 다문화교육의 현실과 특징을 광범위한 실태 조사를 통해 연구하고 있는데, 한국 다문화교육의 목표를 '다문화이해능력 증진', '문화교육', '언어교육', '공동체의식 함양', '자아정체성 확립', '학교생활 적응' 등 크게 여섯 가지로 구분하여 정리하고 있다. 그런데 이 연구에 따르면 이러한 여섯 가지 다문화교육 목표와 관련하여 지적할 수 있는 한국 다문화교육 현실의 특징과 문제점은 크게 두 가지로 정리된다.

첫째, 우리나라 학교 현장에서 주로 운영하고 있는 다문화교육은 '문화교육'과 '언어교육'이며, 문화교육에서는 한국문화적응교육의 비중이 높고 언어교육에서는 한국어교육의 비중이 높다. 둘째, 교육 현장에서 운영되고 있는 다문화이해능력 증진과 문화교육은 실질적으로 특정 문화의 음식, 복장, 풍습, 역사, 전통, 언어, 자연환경 등을 배우는 피상적 수준에 머무르고 있다. 다문화이해능력 증진교육과 문화교육이 학생들의 비판적 인식을 키우지는 못하고 특정문화에 대한 피상적인 인식과 소개를 돕는 수준에 그치고 있는 것이다.

이외에도 조영달 외 5인의 연구에 의하면 우리나라 학교 다문화교육 프로그램은 정규 교육과정이 아니라 비정규 교육과정에 포함되어 있고, 다문화 전공 교사가 아니라 일반 내부 교사에 의해 주로 운영되고 있으며, 심층인터뷰 결과 교사들은 대부분 다문화교육을 '외국문화 이해교육'이나 '한국 사회 적응교육'으로 이해하고 있는 것으로 드러났다.

한국 다문화교육 현실에 대한 체계적인 분석을 시도한 대표적인 연구가 조영달 외의 연구라면 다문화교육 관련 설문조사 중 이기영 외(2010)의 글은 몇 가지 측면에서 상당히 주목할 만한 연구이다. 이 연구의 설문조사 문항 내용이 다문화교육에 대한 다문화교육자들의 오해와 이해 부족을 직접적이고 명확하게 드러내고 있기 때문이다. 다른 이들도 아니고 다문화교육 전문가들조차도 다문화교육에 대한 오해와 편견을 지니고 있음을 설문지 문항이 극명하게 보여준다는 점에서 이 연구는 비판적 검토의 대상이다.

이기영 외는 다문화교육의 필요성에 대한 교사와 학부모의 인식조사를 수행하는 설문지 문안에서 다문화교육이 필요한 이유를 ① 우리민족에 대한 긍정적인 정체감을 발달시키기 위해 ② 세계화 시대에 필요한 융통성과 개방성을 가진 유능한 인재를 양성하기 위해 ③ 통찰력을 키워 자신의 정체성을 명확히 구성하기 위해 ④ 다른 문화를 존중할 수 있는 마음을 기르기 위해 ⑤ 인종, 성, 사회적 지위, 장애와 관련 없이 모두 평등함을 알게 해주기 위해 등 다섯 가지로 구분하여 제시하고 있다.

그런데 여기서 먼저 밝혀 두어야 할 점은 다문화교육이 필요한 이유에 대하여 이와 같이 다섯 가지 문안을 제시한 것이 이기영 등 연구진이 진짜로 그렇게 구분할 수 있다고 생각하고 믿고 있어서 그렇게 제시한 것인지 아니면 설문대상자의 인식조사를 위해 일부러 그렇게 조작적으로 구성한 것인지 현재로서는 불분명하고 알 수 없다는 것이다. 그러나 연구진의 진의가 어떠하건 간에 이러한 설문지 문안은 명백한 문제와 심각한 오류를 안고 있다. 연구진이 진정 그렇게 생각하고 믿고 설문 문안을 만들었다면 그건 더 이상 재론의 여지가 없는 연구진의 다문화교육에 대한 명백한 오해이자 편견의 결과인 것이고, 연구진이 설문 대상자들의 인식을 객관적으로 조사하기 위해 일부러 설문 문안을 그렇게 조작적으로 문제 있게 논쟁적으로 만들었다면 그것은 설문 문안이 설문 대상자들의 인식을 오해의 여지가 있게 호도하고 부정적으로 유도했다는 점에서 문제가 있는 것이다.

하여간 이기영 외가 제시한 설문 문안은 크게 세 가지 심각한 문제점을 드러내고 있다. 우선 설문 문안 ①은 다문화교육자들이 학교 다문화교육을 동화주의 성격과 배타적 민족주의 성격에서 이해하고 있음을 적나라하게 보여준다. ①은 동화주의적 모습 뿐 아니라 민족주의적 일체감을 최우선시하는 배타적 민족주의와 단일문화주의 성향을 보여준다는 점에서 가장 문제시되는 설문 문안이다. 다문화교육이 다양한 집단(특히 인종이나 민족 집단) 간의 평화 공존과 상호 존중을 추구하는 교육임을 염두에 둔다면, 다문화교육을 통해 한민족의 정체성을 다문화가정 학생에게 일방적으로 강요하는 느낌을 주는 이러한 설문 문안은 부적절하고 위험하기까지 하다. 한민족이 아닌 우리 사회의 다문화 구성원들에게 '우리 민족'이나 '한민족' 등과 용어를 사용하는 것은 소외감을 야기하고 사회통합을 저해한다는 측면에서 부적절하고 위험하다. '우리 민족'이라는 용어를 수정하여 '한국 국민으로서의 긍정적인 정체감을 발달시키기 위해'로 설문 문안을 바꾸는 것이 보다 적합한 용어 선택이라고 판단된다.

설문 문항 ②는 다문화교육자들이 학교 다문화교육을 기능적이고 실용적인 측면에서 인식하고 있는 상황을 그대로 보여준다. 즉, ②는 다문화교육자들이 다문화교육을 국내 집단 간의 이질성을 극복하고 집단 간 차별과 불평등을 개선하여 사회통합을 추진하는 교육으로 우선시하여 이해하는 것이 아니라, 다문화교육(특히 이중언어 교육이나 타문화이해교육 등과 같은 문화 간 수용능력을 위한 교육)을 통해 세계화 시대에 걸맞은 기능적이고 실용적인 인재를 육성한다는 수단적 차원에서 인식하고 있음을 보여주는 것이다.

③과 ④는 문제시될 점이 없지만 ⑤는 다문화교육의 외연과 내포를 다인종교육이나 반인종차별교육으로 한정하여 인식하지 않고 오히려 무한히 확장하여 인식하는 문제를 드러내고 있다. 다문화교육의 정의를 무한히 확장하여 다문화교육을 반차별교육이나 평등교육과 동일시하고 있는 것이다. 다문화교육을 모든 집단 간 차별을 거부하고 평등을 추구하는 교육으로 무한히 확장하여 이해하는 순간, 다문화교육의 핵심 목표와 대상이 불분명해지고 다문화교육의 추진 역량이 분산되고 약화된다는 점을 고려하면 이러한 인식은 우리나라 상황에서 바람직해 보이지 않는다.

지금까지 다문화교육 현실에 대한 조영달 외의 실태 조사 연구와 다문화교육 관련 설문조사 문항에 대한 이기영 외의 연구를 통해 우리나라 다문화교육 현실의 문제점을 살펴보았다. 이러한 논의를 종합해보면 우리나라 학교 다문화교육 현실의 문제점과 이에 대한 비판은 다음과 같이 정리된다.

첫째, 다문화교육 정의와 관련하여 교육 현장과 현실에서 혼란과 오해가 존재한다. 2장에서 살펴보았듯이 광의의 다문화교육은 인종, 종교, 문화, 언어, 정치적 신념, 성별, 사회경제적 배경, 계급, 장애 등과 같은 영역에서 소수 집단을 차별하지 않고 주류문화와 소수 문화 간의 평화적 공존을 추구한다. 그러나 광의의 시각에서 다문화교육에 접근하면 다문화교육은 교육 대상과 목표의 초점이

흐려지고 상실되는 문제에 봉착한다. 다문화교육을 모든 집단 간의 차별을 철폐하는 반차별교육으로 인식하거나 모든 집단 간의 평등을 추구하는 평등교육과 동일시하는 순간 다문화교육은 교육의 외연과 내포가 무한히 확장되면서 가장 중요한 인종차별을 거부하는 교육으로서의 의미가 희석된다. 다문화교육의 외연과 내포가 무한히 확장될 경우 다문화교육이 평화교육, 국제이해교육, 평등교육, 반차별교육 등과 어떤 점에서 차이가 있으며 이들 간의 포함관계가 어떻게 설정되는지 혼란스러워지는 문제가 발생하는 것이다.

우리나라 다문화교육은 이미 상당 부분 다인종교육을 중심으로 인식되고 있으며 그렇게 운영되고 있다. 학교와 시민 사회단체 그리고 정부가 운영하고 있는 다문화교육의 주된 대상이 결혼 이민자와 그들의 자녀 그리고 이들과 관계되는 업무를 수행하는 공무원, 선생님, 강사 등이기 때문이다. 이런 상황에서 우리나라 다문화교육을 '다인종교육' 중심에서 반차별교육이나 평등교육으로 확대 해석하고 정책에 적용하는 것은 적지 않은 문제가 있어 보인다. 한국 다문화교육을 다인종교육으로 한정하여 집중화시키는 노력이 필요하다.

둘째, 우리나라 학교 다문화교육의 유형이 특정 유형에 강하게 경도되어 있어 다문화교육이 부적절하게 운영되고 있다. 한국 다문화교육은 동화주의와 단일문화주의에 지나치게 기울어져 있다. 우리 중등교육에서 한국문화와 한국 민족주의가 주류문화의 지위를 차지하고 있으며 그 결과 일방적인 동화정책에 기반을 둔 다문화교육이 운영되고 있는 것이다(Choi, 2010: 176). 우리나라 중등교육에서는 단일조상, 단일민족, 단일문화, 단일신화 등을 강조하고 이것들을 한국인의 정체성을 구성하는 가장 중요한 요소들로 교육하고 있는데, 이런 상황은 동화주의적 교육이 제대로 된 다문화교육을 원천적으로 제약하고 있는 상황을 의미한다(Choi, 2010: 176).

동화주의와 단일문화주의 입장에서 다문화교육 프로그램이 주되게 운영되면서 우리사회에서는 다문화가족 구성원이나 이주민 노동자들을 동등한 시민이나 평등한 인간으로서 존중하고 공존하는 자세가 아니라 이들을 자선과 도움의 시혜 대상으로만 인식하는 문제에 봉착해 있는 게 현실이다. 자선과 시혜의 대상으로 다문화가정을 다루는 현상은 TV 다문화가정 프로그램에서 여실히 드러난다. 예컨대, 다문화가정 구성원들의 고향 방문을 TV 프로그램이 지원하거나 다문화가정 친지들을 한국으로 초청하는 등의 내용 그리고 불우한 다문화가정에 기부를 호소하는 프로그램 내용 등이 그러하다. 이러한 프로그램이 나쁘다는 것이 아니라 다문화 TV 프로그램이 인종과 언어와 피부색을 넘어 한국 국민으로서의 동등성과 정체성을 길러주고 보여주는 내용보다 다문화가정에 대한 지원과 동정을 유발하는 내용을 주도적으로 다루고 있기 때문이다. 다문화가정을 지원과 동정의 대상으로만 인식하게 만드는 것은 주류집단 가정의 다문화가정에 대한 우위와 우월감을 은연중에 확대 재생산하는 심각한 문제를 야기한다. 이러한 주류 집단 가정의 우위와 우월감은 우리 사회에서 다문화교육이 제대로 수행되기 어려운 걸림돌로 작용하는 구조적이고 문화적인 영향력으로 작동하고 있다는 점에서 반드시 개선되어야 할 문제이다.

2장에서 살펴보았듯이 다문화교육의 유형은 다양하다. 동화를 위한 교육, 융합을 위한 교육, 다원주의를 위한 교육, 문화 간 수용을 위한 교육, 비판적 의식을 위한 교육, 사회적 행동을 위한 교육

뿐 아니라 보수주의적 교육, 자유주의적 교육, 진보주의적 교육, 공화주의적 교육, 민주주의적 교육, 다원주의적 교육, 민족주의적 교육, 공동체주의적 교육, 사회민주주의적 교육 등 어떠한 주제어를 강조하느냐에 따라 다양한 유형의 다문화교육이 존재한다. 그런데 우리나라 학교 다문화교육의 유형은 '동화를 위한 교육'과 '보수주의적 다문화교육' 등에 상당히 경도되어 있는 것으로 판단된다. 동화를 위한 교육과 보수주의적 다문화교육은 주류문화와 주류집단의 자기중심적이고 배타적인 다문화교육이라는 점에서 적합하거나 권장될 교육이 아니다. 집단 간 상호존중과 평화공존을 추구하는 다문화 사회는 동화를 위한 교육, 보수주의적 다문화교육과 기본적으로 어울리지 않는다. 동화를 위한 교육과 보수주의적 다문화교육은 다문화 사회의 분열과 갈등을 조장하는 측면이 강하기 때문이다.

다문화 사회에 적합하고 바람직한 다문화교육 유형은 융합을 위한 다문화교육, 다원주의를 위한 다문화교육, 비판적 의식을 위한 다문화교육, 사회적 행동을 위한 다문화교육 등이다. 따라서 동화를 위한 교육과 보수주의적 다문화교육에 경도되어 있는 현재의 한국 다문화교육은 바람직한 발전 경로에서 크게 벗어나 있다고 판단된다.

셋째, 우리나라 다문화교육의 현실은 교육의 목적이나 목표 부분에서도 편중되고 불균등한 모습을 보이고 있다. 2장에서 살펴보았듯이 다문화교육은 그것의 목적과 목표에 따라 문화적 이해를 위한 교육, 문화 수용 능력을 배양하는 교육, 문화적 해방을 추구하는 교육 등 크게 세 가지로 구분할 수 있다. 그러나 우리나라 학교 다문화교육은 문화적 이해를 위한 교육과 문화 수용 능력을 배양하는 교육 등에 한정되어 있으며, 문화적 해방을 추구하거나 문화 간 불평등 원인에 대한 비판적 인식을 함양하는 교육적 목표를 수행하는 데는 크게 제약되어 있다.

좀 더 구체적으로 살펴보면 우리나라 학교 현장에서 추진 중인 다문화교육의 목표는 '다문화이해능력 증진', '문화교육', '언어교육', '공동체의식 함양', '자아정체성 확립', '학교생활적응' 등 크게 여섯 가지로 정리할 수 있는데, 이 중 다문화이해능력 증진, 공동체의식 함양, 자아정체성 확립 등과 같은 것들은 학생들의 의식과 태도를 교육 대상으로 하는 교육인 반면 문화교육, 언어교육, 학교생활적응 교육 등은 학생들의 현실생활에 도움이 되는 실용적이고 도구적인 교육의 성격이 강하다. 다문화주의의 목적이 다양한 집단(특히 인종과 민족 집단) 간의 평화공존을 추구하는 것이라면 학생들의 의식과 태도를 교육의 주된 대상으로 삼는 것이 중요하다. 즉, 학교 다문화교육의 초점은 문화교육이나 언어교육, 학교생활적응이 아닌 다문화이해능력 증진, 공동체의식 함양, 자아정체성 확립에 있어야 하는 것이다. 그러나 우리나라 학교 현장에서는 문화교육, 언어교육, 학교생활적응 교육에 더욱 집중하고 있다. 다문화교육 목표의 주객이 전도된 것이고 다문화교육 목표의 초점과 강조점이 흐려진 것이다.

또한 이미 살펴본 것처럼 우리나라 학교 다문화교육이 문화교육과 언어교육에 집중되어 있지만, 이들 교육도 제대로 운영되지 않고 있다. 다양한 집단이 평화롭게 공존하고 상호 존중하는 진정한 다문화 사회에서, 문화교육은 상이한 문화에 대한 상호이해를 추구해야 하며 언어교육도 다양한 집단들의 언어를 서로 존중하고 함께 교육하는 자세가 필요하다. 그러나 우리나라 학교 문화교육과 언어교육은 '한국문화적응교육'과 '한국어교육'을 집중되어 있다. 동화주의적 다문화교육에 가까운 것이다. 소수 집단의 문화는 주류문화인 한민족의 한국문화에 동화되어야 하는 구조적 압력과 편견에 봉착해 있는 것이 우리나라 다문화교육 환경의 현실인 것이다.

넷째, 학교 다문화교육은 교육의 일관성이나 체계성, 효율성, 방법론 측면에서도 개선의 여지가 있다. 우선 학교 다문화교육이 정규 교육과정 내에서 체계적으로 운영되지 못하고 비정규 교육과정에서 산발적이고 무분별하게 운영되고 있어 교육의 체계성이 상실되고 있으며, 다문화교육이 유치원교육과 초·중등교육에 집중되어 있는 반면 고등교육에서는 제대로 운영되고 있지 않아 교육의 일관성 또한 훼손되고 있다. 그리고 다문화교육 프로그램을 개발하는데 가장 중요한 기초자료인 소수집단의 요구와 필요가 객관적으로 조사되고 교육 프로그램에 직접 반영되지 않고 있어 다문화교육의 실효성과 효율성에도 문제가 있어 보인다. 여기에 더해 방법론적 측면에서도 개선의 여지가 있다. 이미 살펴본 것처럼 우리 교육 현장에서 다문화이해능력 증진과 문화교육은 특정 문화의 음식, 복장, 풍습, 역사, 전통, 언어, 자연환경 등에 대한 학생들의 이해를 추구하는 민속학적 교육 성격이 강하다. 다문화이해능력 증진 교육과 문화교육이 학생들의 비판적 인식을 키우는데 까지 나아가지 못하고 소수문화에 대한 피상적인 이해를 얻는 선에서 멈춰선 것이다. 집단 간의 문화적 차이에 대한 이해가 바로 집단 간의 공존과 존중, 차별철폐로 이어지지 않는다는 점에서 민속학적 수준의 다문화교육은 개선되어야 하는 것이다.

다섯째, 우리나라 학교 다문화교육은 2006년 이후 급속히 확대되고 있는데, 이런 상황은 한국 다문화교육이 상당히 짧은 역사를 지니고 있음을 의미한다(김민환, 2010: 61). 다문화교육의 짧은 역사성은 다문화교육의 효과와 문제점을 장기적 관점에서 검토하기 어려운 문제를 야기하고 있으며, 다문화교육에 대한 인문·사회과학적 연구가 철학이나 정치 이데올로기 측면에서 심도 깊게 진전되지 못하고 있는 배경으로 작동하고 있다. 이런 상황에서 다문화교육에 관한 학문적 관심의 가파른 폭증이 결국에는 일종의 학문적 유행이나 프로젝트를 통한 연구비 수주 대상으로 전락할 가능성도 배제하기 어려운 게 현실이다.

그런데 우리나라 다문화교육 현실의 가장 큰 문제점은 다문화교육을 담당하는 교육자들도 다문화교육이 무엇인지 그리고 무엇을 목표로 하는 것인지에 대한 인식이 부족하거나 혼란스러운 상황에 놓여 있다는 것이다. 조영달 외의 연구는 학교 선생님들이 다문화교육을 단지 '외국문화 이해교육'이나 '한국 사회 적응교육'과 등치시켜 이해하고 있는 교육현장의 현실을 보여주고 있으며, 이기영 외의 연구는 교수나 교사 등 다문화 연구자와 교육자들이 다문화교육을 동화주의와 단일문화주의 그리고 실용주의와 기능주의적 시각에서 이해하고 있음을 여실히 보여준다. 다문화교육에 대한 전문가와 교육자들의 이러한 오해와 혼란은 우리나라 다문화교육의 현재와 미래에 좋지 않은 징후로 읽힌다. 다문화교육이 무엇인지 그리고 다문화교육의 목적과 목표는 무엇인지 전문가와 교육자들의 심의와 합의가 필요해 보이는 대목이다.

4 미래를 위한 제언

이 글의 목적은 다문화교육의 이론적 문제점을 검토하고 그 내용을 토대로 한국 다문화교육의 현주소와 문제점을 점검하고 개선을 위한 의견을 제시하는 데 있다. 결론에서는 이미 살펴본 논의를 바탕으로 한국 다문화교육의 발전적 미래를 위한 몇 가지 의견을 제시한다.

첫째, 한국 다문화 사회와 다문화교육의 발전적 미래를 위해 가장 시급하고 중차대한 과제는 국가와 국민 공동체가 공유하고 함께 지향하는 공화주의적 가치와 비전을 민주적 합의과정을 통해 만들어내고 이를 헌법에 명시하고 초·중등학교 사회 교과서에서 가르치는 일이다. 공동체 구성원 개개인이 자신의 민족, 인종, 종교, 문화, 언어, 경제사회적 차이를 떠나 공동으로 지향하고 추구하는 가치와 비전이 필요하다. 공동의 가치와 비전은 다문화 사회에서 국가와 국민 공동체 의식을 강화할 수 있는 효과적이고 필수적인 수단이다.

예를 들어, 프랑스 공화국 국민의 공동의 가치는 자유, 평등, 박애, 관용, 라이시떼(정교분리) 등이다. 이러한 공동의 가치는 구성원의 차이를 떠나 프랑스 국민 모두가 공유하고 지향하는 가치이다. 이들 가치와 태도를 공유함으로써 프랑스 정체성이 확립되는 것이다[6]. 또한 미국 중등학교 시민교육(Civics) 교과서는 제1장에 "미국은 유럽, 아프리카, 남미, 아시아 등에서 이민 온 다양한 인종들로

6) 프랑스 학교의 공화주의적 시민교육에 대한 연구는 송용구(2010)를 참고할 것

구성된 다양성의 국가이며, 문화적으로 융합된 국가이며, 서로를 존중하고 자유와 평등과 정의라는 가치의 실현을 통해 하나로 뭉쳐진 나라"라고 명시하고 있다(Prentice Hall, 2008; 진시원, 2008: 437). 프랑스와 미국의 사례는 다문화 사회로 진입하고 있는 한국이 참고해야 할 중요한 교훈적 역할을 해준다. 한국 다문화 사회가 추구할 공동의 가치가 무엇인지 국민적이고 민주적인 고민을 해야 할 시기가 우리 곁에 와 있는 것이다.

둘째, 한국 다문화교육은 우리나라 다문화 사회의 구조적 특징과 문제점을 해결하는 데 적합하게 구성되어야 한다. 한국 사회의 역사적이고 사회적인 맥락을 우선 이해하고 그에 걸맞은 다문화교육을 개발해야 하는 것이다(황정미, 2010: 94). 다문화교육의 외연과 내포를 무한히 확장하여 다문화교육을 반차별교육이나 평등교육과 동일시하는 것은 한국 다문화교육에 적합하지 않다. 한국 다문화교육은 광의가 아닌 협의의 다문화교육 정의를 추구하며 인종과 민족 차별을 극복하는 데 중점을 두는 다인종교육이나 반인종차별교육에 역량을 집중해야 한다. 단일민족 국가의 역사와 전통이 길고 단일민족성이 강한 한국에서 다인종사회가 급속하게 팽창하는 것은 단일민족 국가가 아닌 나라들이 경험하는 것보다 훨씬 강도 높은 충격과 사회적 파장을 야기한다. 이런 점에서 한국 다문화교육은 다인종교육과 반인종차별교육에 집중되어야 한다.

셋째, 한국 다문화교육 프로그램은 중용과 균형과 조화의 미를 추구해야 한다. 즉, 한국 다문화교육은 '공동체들의 공동체' 건설(이용승, 2010: 42), 차이와 통합의 동시 추구(박성혁・곽한영, 2009: 118), 차이 존중 교육과 유대감 형성교육의 균형(심승환, 2009: 140), 소수 집단 정체성과 국가 공동체 정체성의 유기적 결합과 공존(이용승, 2010: 42),

타문화에 대한 이해와 자기 정체성 보존 간의 균형(박성혁·곽한영, 2009: 118), 다양성과 통일성 사이의 섬세한 균형(Banks, 2007: 232), 문화 간의 차이에 대한 이해와 문화 간 불평등의 원인에 대한 비판적 인식과 실천 간의 조화(박선웅 외, 2010: 36) 등과 같은 대원칙 하에 개발되고 추진되어야 한다. 이러한 원칙을 뱅크스는 잘 정리하고 있다.

> 시민성교육은 21세기에 맞춰 변화해야 한다. 전 세계의 국가에서 인종·종족·문화·언어·종교적 다양성이 심화되고 있기 때문이다. 다양성이 존재하는 민주사회의 시민은 자신의 문화공동체에 대한 연대감은 물론이고, 공유된 국가문화에 실질적으로 참여할 수 있어야 한다. 다양성 없는 통일성은 문화적 억압과 헤게모니를 초래한다. 통일성 없는 다양성은 발칸화와 국민국가의 파멸로 이끌 것이다. 다양성과 통일성은 민주적이고 다문화적인 국민국가에서 섬세한 균형을 이루며 공존해야 한다(Banks, 2007: 232).

넷째, 위에서 한국 다문화교육이 공동의 가치와 비전이 없는 상태라고 지적했는데, 한국 다문화교육은 이에 더해 원칙과 철학적 기반이 불분명하고 정치 이데올로기에 대한 인식과 논의도 부족하다. 현재 한국 다문화교육 내용은 정책적이고 실용적인 측면에 경도되어 있다. 급속히 진행 중인 다문화 현상에 늦지 않게 대응하려다 보니 정부와 시민 사회단체가 다문화교육을 주도하게 되었고 그 결과 다문화교육 내용이 정책 지향적이고 실용적인 성격에 편중된 것이다(김희정, 2007: 70; 황정미, 2010: 94 재인용). 이런 상태는 한국 다문화교육의 체계와 내용이 어떤 원칙과 철학적 원리와 정치 이데올로기를 핵심으로 구성되어 있는지 파악하기 쉽지 않은 상황을 연출하고 있다. 다문화교육은 공동체가 합의한 원칙과 철학적 정초와 정치 이데올로기적 기반을 우선적으로 요구한다. 공동체 구성원들이 공유하는 원칙과 철학과 정치 이데올로기를 주춧돌 삼아 그 위에 실용적이고 정책적인 내용을 쌓아 올려야 하는 것이다.

우선 원칙 면에서 한국 다문화교육은 동화주의, 분리주의, 다원주의, 융합주의, 상대주의 중 어떤 원칙을 주되게 견지할 것인지 학문적 논의도 부족하고 사회적 합의도 부재하다. 주류문화에 대한 소수문화의 동화주의를 원칙으로 삼을 것인지, 소수집단의 주류집단으로부터의 분리와 독립을 목표로 추진할 것인지 아니면 주류집단과 소수집단 간의 변증법적 결합을 통해 새로운 집단과 문화를 창조하는 융합주의를 교육의 원칙으로 추구할 것인지 결정해야 한다. 이외에도 문화 간 질적 비교와 우열 비교를 거부하고 모든 문화의 동등성과 독자성 및 특수성을 강조하는 상대주의를 교육의 원리로 삼을 것인지 아니면 모든 문화와 집단 간의 차이를 인정하고 존중하고 이들 간의 공존을 주장하면서도 합리주의에 기반을 둔 문화 간 질적 비교가 가능하다고 인식하는 다원주의를 원칙으로 추구할지 결정해야 한다.

한국의 다문화교육은 철학적 인식론과 정치 이데올로기 부분에서도 학문적 논의와 사회적 합의를 이끌어내야 한다. 다문화 사회에서 민족, 인종 그리고 정체성을 이해하는 철학적 기반은 본질주의적 시각보다 비본질주의적이고 사회 구성주의적인 시각이 적합하다. 사회 구성주의는 상호작용과 상호주관성을 통해 민족이나 인종 의식도 역사적으로 변화한다고 인식한다. 사회 구성주의에서 바라보면 민족은 한 집단 내 사람들 간의 상호작용과 대화를 통해 그리고 다른 집단 사람들과의 상호작용과 대화를 통해 형성되고 변화하는 역사적 속성을 지닌 것으로 이해된다(Hofstee, 2009: 59). 이와 달리 본질주의는 민족이나 인종은 공동의 조상, 역사, 전통, 종교, 언어, 영토, 국적, 신체적 유사성 등과 같은 객관적인 비교대상을 통해 존재한다고 인식한다.

한국 다문화교육은 또한 어떤 정치 이데올로기와 주되게 결합되어야 하는지 고민하고 결정해야 한다. 한국 다문화교육은 '국민 모두의 지배'를 지향하고 자유, 평등, 인권의 가치를 추구하는 민주주의적 다문화교육[7], 다원주의적 가치를 최우선시하고 집단 간 차이와 공존을 추구하는 다원주의적 다문화교육, 개인의 자유와 권리 그리고 집단 간 기회 균등과 법 앞 평등 개념을 강조하는 자유주의적 다문화교육, 개인보다 집단의 목표와 우선성을 강조하고 집단의 문화와 가치를 개인의 그것보다 우선시하는 공동체주의적 다문화교육, 과감한 변화를 거부하고 기존 주류 사회질서의 점진적 변화만을 수용하는 보수주의적 다문화교육, 급진적이고 큰 폭의 변화를 수용하고 인간의 평등성을 강조하는 진보주의적 다문화주의, 국가공동체에 대한 사랑과 자발적 참여 그리고 공동체 구성원의 소통과 동등성을 강조하는 공화주의적 다문화교육, 보편적 인권과 사회권적 기본권에 기초한 복지체제 구축과 집단 간 빈부격차 완화를 추구하는 사회민주주의적 다문화교육 등과 같은 다양한 다문화교육의 장단점을 검토하여 어떤 정치 이데올로기를 지향하는 다문화교육을 수행할 것인지 결정해야 한다.

그러나 하나의 정치 이데올로기만을 선별하는 것보다 한국 다문

7) 이 시각에서 바라보면 다문화교육의 본질은 민주주의 가치의 실천이라는 측면에서 이해된다. 김용신(2010: 80).

화 사회가 요구하는 정치 이데올로기들을 몇 가지 선별하여 이것들을 균형감 있게 통합적으로 교육시키는 것이 더욱 적절해 보인다. 다문화 사회는 기본적으로 다원주의와 친화적이라는 점에서 정치 이데올로기도 다원주의적 관점에서 접근할 필요가 있다. 다문화교육에서 하나의 정치 이데올로기를 강요하는 것은 민주주의 사회와 어울리지 않고 전체주의 사회와 어울린다. 다양한 정치 이데올로기와 다문화교육을 연계하여 비교 교육적 관점에서 가르치는 것이 중요한 것이다. 예컨대, 분리주의와 동화주의 및 단일문화주의에 기반을 둔 다문화교육을 지양하고 극복하기 위해 민주주의적이고 다원주의적인 다문화교육, 공화주의적 다문화교육, 자유주의적 다문화교육, 사회민주주의적 다문화교육 등을 균형감 있게 가르칠 필요가 있다.

다섯째, 지구적 차원에서 다문화 사회가 확산되고 심화되는 현상은 민족국가 체제가 상당 부분 낡고 비효율적인 관리체제로 전락했으며 거버넌스 차원에서 개혁의 대상이 되고 있음을 의미한다. 다문화 사회가 등장하기 이전 민족국가 체제의 시민교육은 일국 차원의 민주 시민교육과 배타적 민족주의 교육에 한정되어 있었다. 그러나 세계화로 인해 다문화 사회가 확산·심화되고 국내외적으로 민족과 인종이 광범위하게 뒤섞이면서 일국 시민교육과 배타적 민족주의 교육은 점차 설 자리와 유용성을 상실하고 있다. 국제 사회는 국내적으로 인종이 섞여 다문화 사회가 진전되는 현상과 지구적 차원에서 인종과 민족적 연계가 국경을 뛰어 넘어 확산되는 장거리 민족주의(long distance nationalism) 현상을 동시에 경험하고 있다(Anderson, 1992). 한마디로 국가 내적으로는 탈민족주의(post nationalism) 현상이 진행 중이며 국가 외적으로는 재민족주의

(renationalism)가 활성화되고 있는 것이다.

이런 상황은 일국 시민교육과 배타적 민족주의 교육이 근본적인 변화 압력에 직면해 있음을 의미한다. 이제 시민교육은 일국 차원에 한정된 것이 아니라 지방과 지역 그리고 세계 차원으로 재조정될 필요에 직면해 있다. 후기 국민국가(post nation-state) 시기와 다문화 사회 시기의 사회교육은 세계화 교육, 개방적 민족주의 교육과 함께 다층 시민교육(multi-level citizenship education)도 병행해야 하는 시기가 도래한 것이다. 다층 시민교육은 지방시민교육, 일국시민교육, 지역시민교육, 세계시민교육[8] 등을 유기적으로 결합하여 가르치는 교육이다. 세계화와 지역주의 시대는 다층 시민교육과 다문화교육의 유기적 연계교육을 요구하고 있다.

여섯째, 용어의 개념과 정의는 사람들의 관념과 사회적 의미 형성에 지대한 영향을 미친다는 점에서 다문화교육 관련 용어에 대한 검토와 수정이 필요하다. 일민족 일국가 체제에 적합하게 번역되고 쓰여 온 관련 용어들을 다문화 사회를 맞아 새롭게 수정해야 하는 것이다. 예컨대, nation-state는 민족국가가 아니라 국민국가로, nationalism은 민족주의가 아니라 국민주의 등으로 수정되어야 한다. 민족국가와 민족주의는 기본적으로 일민족 일국가 체제에 어울리는 용어로 단일민족 중심적인 용어이다. 단일민족이라는 혈연적이고 역사적인 의식을 통한 공동체의식 강화 노력은 다문화

8) 이와 관련하여 호(Ho)는 세계시민주의적 다문화교육(cosmopolitan multicultural education)을 제시한다(Ho 2009, 287). 다문화교육을 통해 국민국가 차원의 통합교육을 강화하는 것도 중요하지만, 학생들이 국민국가 영역을 넘어 세계화된 국제 사회의 다양성에 적응하고 이를 주도하도록 교육시키는 작업도 중요하다는 것이다.

사회에서는 더 이상 효율적으로 작동하기 어렵다. 다문화 사회의 구성원은 '우리는 같은 민족'이라는 의식보다 '우리는 같은 나라의 국민'이라는 국민주의적 소속감을 통해 공동체의식을 소유해야 한다. 한국의 일민족 일국가 사회가 다문화 사회로 변모하고 있는 상황은 관련 용어의 수정 문제가 그만큼 지체되어서는 곤란하다는 점을 입증한다.

일곱째, 한국 다문화교육은 교육과정 측면과 교육 방법론 측면에서 개선이 필요하다. 우선 교육과정 측면에서 바라볼 때 다문화교육이 정규 교육과정에 빠른 시일 내에 체계적으로 편입되어야 한다. 현재 다문화교육은 정규 교육과정에 포함되어 있지 않다. 대표적인 단일 민족 국가인 한국 사회가 다문화 사회로 변모하고 있고 그 흐름을 되돌리기도 회피하기도 어렵다는 점을 고려하면 다문화교육이 정규 교육과정 체계 속에 들어 있지 못한 상황은 이해하기 어렵다. 시급한 개선이 요구되는 것이다.

다음으로 교육 방법론 측면에서도 개선과 조정이 필요하다. 한국 다문화교육은 명목상 문화교육, 언어교육, 학교생활 적응, 공동체의식 함양, 자아정체성 확립, 다문화이해능력 증진 등을 교육의 목적으로 추구하고 있지만 실질적으로는 문화교육, 언어교육, 학교생활 적응만을 한정적으로 추구하고 있다. 공동체의식 함양과 자아정체성 확립, 다문화이해능력 증진 등이 실질적으로 교육 현장에서 도외시되고 있는 것이다. 그러나 문화교육, 언어교육, 학교생활 적응 등이 다문화교육의 기능적인 측면이라면 공동체의식 함양, 자아정체성 확립, 다문화이해능력 증진 등은 다문화교육의 실질적이고 핵심적인 부분이다. 실질적이고 핵심적인 부분보다 기능적 측면에 더욱 치중하는 교육은 주객이 전도된 것이고 잘못된 것이다. 실질적이고 핵심적인 부분을 우선적으로 집중하여 추구하는 다문화교육이 되어야 한다. 이와 관련하여 또 하나 짚어야 할 것은 한국 다문화교육이 문화교육과 언어교육을 수행하는 데 있어서 '한국문화적응교육'과 '한국어교육'에만 한정되어 있다는 점이다. 동화주의와 단일문화주의에 빠져 있는 것이다. 그러나 이와 같은 동화주의적이고 단일문화주의적인 접근은 다문화 사회에 적합한 교육 방법론이 아니다. 타문화교육과 타언어교육을 동반하는 교육 방법론이 보완되어야 하는 것이다.

마지막으로 한국 다문화교육은 문화 간 이해와 소통 그리고 문화 간 수용 능력을 증진하는 데는 일정 정도 유익할지 모르겠으나 다문화 환경에 대한 비판적이고 저항적이고 해방적이고 실천지향적인 능력을 증진하는 데는 한계를 보이고 있다. 따라서 한국 다문화교육은 집단 간 불평등의 원인과 해결책에 대한 이해를 중시하는 비판적 다문화교육 뿐 아니라 집단 간 불평등에 대한 저항적이고 실천적인 개선을 지향하는 해방적 다문화교육을 강화해야 한다. 한국 다문화교육이 문화 간 차이를 이해하고 문화 간 소통과 공존만을 강조하는 교육에 머물러 있어서는 곤란하다. 다문화 사회의 불평등과 불의(injustice)에 대한 비판적 인식과 함께 그것을 극복할 저항적이고 실천적이고 해방적인 교육을 강화해야 하는 것이다.

5 결론

한국 사회가 다문화 사회가 되어가고 있는 상황은 불가역적이고 불가피하며 앞으로도 계속 지속될 현상이다. 상황이 이런 만큼 한국 다문화교육에 대한 지원과 연구는 일시적 관심이나 학문적 유행으로 끝나서는 곤란하다. 한국 다문화교육의 문제점을 검토하고 개선하는 일은 학문적으로 일상화되고 정책적으로 제도화되어야 하는 것이다. 특히 동화주의와 단일문화주의에 상당한 정도로 경도되어 있는 한국 다문화교육의 현실은 반드시 개선되어야 한다. 한국 다문화교육은 민주주의 및 다원주의와 우선적으로 공고하게 결합되어야 한다. 그리고 지금부터라도 다문화교육을 자유주의, 공화주의, 공동체주의, 사회민주주의 등과 어떻게 결합할 것인지 사회적이고 정치적으로 심의하고 합의하고 결정해야 한다. 한국 다문화교육은 동화주의, 분리주의, 단일문화주의와 단절하고 멀어질수록 그만큼 바람직하고 적절한 발전경로에 올라설 것으로 보인다.

Reference

참고문헌

곽준혁. 2007. “다문화 공존과 사회적 통합”, 『대한정치학회보』, 15(2): 23-42.

김남국. 2005. “다문화 시대의 시민: 한국 사회에 대한 시론”, 『국제정치논총』, 45(4):97-121.

김민환. 2010. “다문화교육에 관한 연구 경향과 과제”, 『학습자중심교과교육연구』, 10(1):61-86.

김용신. 2010. “다문화 사회의 시민형성 실태 분석: 다문화교육 접근”, 『비교민주주의연구』, 6(1):55-83.

김희정. 2007. “한국의 관주도형 다문화주의: 다문화주의 이론과 한국적 적용”, 오경석 외 저. 『한국에서의 다문화주의』. 서울: 한울.

박선웅, 이민경, 구정화, 박길자. 2010. “다문화교육 연구학교의 프로그램에 대한 비판적 분석”, 『시민교육연구』 , 42(2):29-60.

박성혁, 곽한영. 2009. “다문화교육정책 국제비교를 통한 우리나라 다문화교육정책의 방향 모색”, 『시민교육연구』, 41(2):97-127.

송용구. 2010. “프랑스 학교 시민교육에 관한 연구: 한국의 학교 시민교육에 시사하는 바를 중심으로”, 『시민교육연구』, 42(2):83-118.

심승환. 2009. “다문화교육의 의미에 대한 교육철학적 고찰”, 『교육철학』, 45(45):121-150.

이기영, 최성열, 장성화, 신성철. 2010. “다문화교육에 대한 교사와 부모의 인식”, 『아동교육』, 19(1):115-132.

이용승. 2010. “다문화주의의 이론적 검토와 정당화”, 『민족연구』, 41: 18-52.

조영달, 박윤경, 성경희, 이소연, 박하나. 2010. “학교 다문화교육의 실태분석”, 『시민교육연구』, 42(1):151-184.

주성수. 1992. 『사회민주주의와 경제 민주주의』. 서울: 인간사랑.

진시원. 2008. “동북아 영토분쟁, 중등교육에서 어떻게 가르칠 것인가?”, 『한국정치학회보』, 42(2):435-454.

황정미. 2010. “다문화시민 없는 다문화교육: 한국의 다문화교육 아젠다에 대한 고찰", 『담론』, 13(2):93-123.

Amosa, Wendy, Paul C. Gorski. 2008. "Directions and Misdirections in Multicultural Education: An Analysis of Session Offerings at the Annual Conference of the National Association for Multicultural Education", Multicultural Perspectives, 10(3):167-174.

Anderson, Benedict. 1992. "The New World Disorder", New Left Review, 193(1).

Banks, James A., C. A. M. Banks(ed.). 2001. Multicultural Education: Issues and Perspectives. 4th edition. Boston: Allyn & Bacon.

Banks, James A. 김용신·김형기 역. 2007. 『다문화 시민교육론』. 경기: 교육과학사.

Castagno, Angelina E. 2009. "Making Sense of Multicultural Education: A Synthesis of the Various Typologies Found in the Literature", Multicultural Perspectives, 11(1):43-48.

Choi, Jung Soon. 2010. "Educating Citizens in a Multicultural Society: The Case of South Korea", The Social Studies, 101(4):174-178.

Crowder, George. 2008. "Pluralism and Multiculturalism", 45(3):247-252.

Hill, Ian. 2007. "Multicultural and International Education: Never the Twain Shall Meet?", Review of Education, 53(3):245-264.

Ho, Li-Ching. 2009. "Global Multicultural Citizenship Education: A Singapore Experience", The Social Studies, 100(6):285-293.

Hofstee, Willem. 2009. "Family Matters: Community, Ethnicity, and Multiculturalism", Church History and Religious Culture, 89(3): 53-63.

Kahn, Michele. 2008. "Multicultural Education in the United States: Reflections", Intercultural Education, 19(6):527-536.

Kirova, Anna. 2008. "Critical and Emerging Discourses in Multicultural Education Literature: A Review", Canadian Ethnic Studies, 40(1): 101-124.

Kincheloe, J and S. Steinberg. 1997. Changing Multiculturalism. Philadelphia: Open University Press.

McCarthy, Cameron. 1991. "Multicultural Approach to Racial Inequality in the United States", Oxford Review of Education, 17(3):301-316.

McLaren, Peter. 1997. Revolutionary Multiculturalism: Pedagogies of Dissent for the New Millennium. Boulder, Colo.: Westview Press.

Prentice Hall, "Civics: Participating in Government."
www.phschool.com/atschool/Civics(검색일: 2008년 1월 15일)

http://en.wikipedia.org/wiki/Essentialism

07 CHAPTER

한국의 다문화정책

오승호

1 서론
2 다문화정책에 대한 이론적 논의
3 한국의 다문화 사회화 정도
4 한국 다문화정책의 현황과 문제점
5 한국의 다문화정책에 대한 제언

1 서론

세계화 시대에서 진행되고 있는 인구와 자본의 이동 및 1980년대 말부터 국내에 유입된 이주노동자와 국제결혼 여성의 지속적인 증가, 탈북자와 조선족으로 대표되는 해외 동포의 유입의 증가 등으로 한국 사회는 단문화 사회에서 빠른 속도로 다문화 사회로 변화해 가는 과정에 있다. 현재와 같은 추세라면 2020년에는 외국인 체류자가 300만 명에 이를 것이라고 전문가들은 전망하고 있다. 이와 같은 다문화 사회의 변화는 긍정적인 영향과 함께 부정적인 영향을 함께 야기한다는 측면에서 이 변화에 대처하기 위한 적절한 다문화정책이 요구된다.

외국인 노동자 및 국제결혼 이주 여성의 유입은 1980년대 말부터 시작된 일이었지만 90년대까지만 하더라도 적절한 다문화정책도 없었고, 다문화 사회 및 다문화주의와 관련되는 담론이 거의 부재한 상태였다. 다문화 사회·다문화주의·다문화정책과 관련된 본격적인 논의가 시작된 것은 2000년대 중반 이후부터이다.

정부는 2003년 고용허가제 도입, 2004년 국적법개정, 2007년 재한외국인처우기본법 제정, 2008년 다문화가정지원법을 제정하는 등 사회적 추세를 정책에 반영하였는데, 특히 재한외국인처우기본법, 다문화가족지원법은 다문화의 이해증진을 주요 목표로 하고 있다. 2007년 발표된 '재한외국인처우기본법'은 국민과 재한외국인이 서로 이해하고 존중하는 사회로서 사회통합을 목적으로 하고 있으며, 제18조에 다문화에 대한 이해증진, 제19조에 세계인의 날을 규정하고 있다. 2008년 발표된 '다문화가족지원법'은 다문화가족 구성원의 삶의 질 향상과 사회통합을 제정 목적으로 하고 있다. 정부는 '재한외국인처우기본법' 제8조 외국인정책의 기본계획 수립에 따라, 제1차 외국인정책기본계획(2008년-2012년)을 통해 '외국인과 함께 하는 세계 일류국가'를 비전으로 제시하고, '적극적인 이민 허용을 통한 국가 경쟁력 강화, 질 높은 사회통합, 질서 있는 이민행정 구현, 외국인 인권 옹호'라는 정책 목표를 제시하였다. 또한 제2차 외국인정책기본계획(2013년-2017년)에서 '세계인과 더불어 성장하는 활기찬 대한민국'을 비전으로 제시하고, '경제활성화 지원과 인재 유치, 대한민국의 공동가치가 존중되는 사회통합, 차별방지와 문화다양성 존중, 국민과 외국인이 안전한 사회구현, 국제사회화의 공동발전' 등을 정책목표 및 중점과제로 제시하였다. 제3차 외국인정책기본계획(2018년-2022년)에서는 '국민공감! 인권과 다양성이 존중되는 안전한 대한민국'을 비전으로 제시하고, '국민이 공감하는 질서 있는 개방, 이민자의 자원과 참여로 통합되는 사회,

국민과 이민자가 함께 만들어가는 안전한 사회, 인권과 다양성이 존중되는 정의로운 사회, 협력에 바탕한 미래 지향적 거버넌스'를 정책 목표 및 중점과제로 제시하였다.

그런데 이러한 정책들이 적절한 대응 방안인지에 대해서는 지속적으로 비판이 제기되어 왔다. 이런 비판들이 제시되어 온 이유는 기초적인 작업에서부터 문제가 있었기 때문이라고 볼 수 있다. 우선 다문화 사회, 다문화주의, 다문화정책 등과 관련되는 개념 합의가 아직도 제대로 이뤄지지 않은 상태이다. 이런 상황에서 다문화 정책의 대상이 누구인지, 이들은 한국에서 어떤 위치에 있는지, 이들이 직면한 문제가 무엇인지, 한국 사회의 구조적·제도적 환경은 어떠한지, 다문화 사회의 변화 과정에서 어떤 사회·문화적 변화가 나타날지, 이런 변화에 대처하기 위한 과제는 무엇이 되어야 할지 등에 대한 기초적 작업이 부재한 상태에서 특정 이슈가 부상되면 이를 해결하기 위한 국소적이고 임시방편적인 대안 제시가 난무하면서 그로 인한 여러 가지 혼란과 한계가 지속적으로 나타났다. 이런 비판적 상황은 다문화 사회의 현실을 진단하고 정책을 만들고 추진한다는 것이 특정 사건이나 특정집단의 문제 등을 다루는 작업이 아니라 정치·사회·경제·문화·법질서에 대한 보다 종합적이고 통합적인 접근이 근본적으로 필요하다는 것을 보여주는 반증이 되는 것이다.

이런 통합적 접근은 다문화정책을 도입할 당시에 체계적으로 이뤄졌어야 하는 기초적인 작업이라고 할 수 있다. 하지만 완벽한 기초적인 작업과 그로 인한 결정은 불가능한 일이다. 따라서 현 단계의 정책이 완벽한 정책도 아닌 것은 너무 당연한 일이며, 개선의 여지가 있는 것도 당연한 일이다. 기초 작업이 부족하다는 지적도 당연한 일이다.

현재 한국의 다문화정책도 정치공동체의 컨센서스(consensus)의 과정과 결과물이라고 할 수 있다. 이런 컨센서스가 어떤 방향으로, 어떤 방법으로, 어떤 조건 하에서 이뤄져야 하는 지가 중요한 문제라고 할 수 있다. 이런 관점에서 본 연구의 목표는 미래 한국 사회의 핵심의제라고 할 수 있는 다문화 사회에 적절한 다문화정책의 새로운 방향을 모색하는 것이다. 이를 위해 한국의 다문화 사회의 수준을 간단히 살펴보고 이념과 방향 측면에서 한국의 다문화정책을 진단한 후 다문화정책의 컨센서스 방향에 대해 논의해 보고자 한다.

2 다문화정책에 대한 이론적 논의

1) 다문화주의의 의미

다문화정책의 의미를 다루기에 앞서 다문화주의의 개념을 먼저 이해할 필요가 있다. 그 이유는 다문화정책의 철학적 기반을 다문화주의에 두고 있기 때문이다. 사전적 정의에서 나타난 다문화주의는 대체적으로 한 국가나 사회 내에서 인종, 민족, 종교 및 문화적 다양성이 인정되고 수용되며 증진되는 조건으로 제시되고 있다. 하지만 다문화주의는 학문영역별, 학자별, 시대적 맥락에 따라 다양하게 정의되고 있으며, 이 정의를 몇 가지 기준에 따라 정리하면 다음과 같다.

다문화주의를 '현상'으로 이해하고 정의하는 경향이 있다. 예컨대, Roberts & Clifton(1982)은 다문화주의를 다양한 문화가 사회적, 구조적 분리 없이 존재하는 것으로 정의하였으며, Glazer(1997)는 다문화주의를 모든 인종과 민족 집단, 소수자에 대해 문화와 인종에 대한 편견과 차별이 없는 상태라고 정의하고 있고, Berry(1997)는 이주의 결과로 많은 사회들이 문화적으로 다양해지는 현상이라고 정의하고 있다.

다음으로 의식이나 태도 측면에서 정의되는 경향도 있다. 예컨대, Vijver et al.(2008)은 다문화주의를 다인종 구성에 대한 민주적 차원, 정치적 이데올로기와 관련된 문화적 이질성에 대한 수용과 지지에 관련된 심리적 태도라고 정의하였으며, Castles & Miller(2009)는 다문화주의를 주류 사회가 기꺼이 문화적 차이를 수용하고 소수자들의 동등한 권리를 보호하기 위해 행동하는 것을 포함하는 개념이라 정의하였다.

정책 및 제도적 측면에서의 대표적 정의는 Kymlicka(2009)가 제시한 것으로 다문화주의란 타문화 집단의 독특한 정체성을 인식하고 지원하고자 하는 다양한 집단의 사회적·정치적·시민적 권리와 정책을 수용하는 것이라고 하였다. Verkuyen & Martinovic(2006)는 다문화주의를 문화적 동화를 거부하고, 동일한 정책적 틀과 균등한 기회를 공유하며 문화적 다양성의 인식하면서도 소수그룹의 고유문화를 유지하고 더 높은 사회적 지위를 획득하게 돕는 것이라고 정의하였다. 구견서(2003)는 다문화주의를 하나의 사회 내부에 복수문화가 공존하는 것을 인정하고 그에 따른 정책적 정비를 포괄하는 개념으로 정의하고 있다.

가장 많은 것은 다문화주의를 이념이나 이데올로기로 제시하는 것이었다. Troper(1999)는 현상, 태도, 이념적 성격을 종합하여 다문화주의를 인종, 민족, 문화적으로 다원화된 인구학적 현상, 사회문화적 다양성을 긍정적으로 인식하고 가치 있게 여기며 존중하려는 사회 이념이라고 정의하고 있다. Alexander(2001)는 다문화주의가 다양성을 넘어선 해체주의, 자율적 문화, 공동체 분리 등의 의미를 포함해야 한다고 주장하였다. 최무현(2008)은 다문화주의를 정치적, 사회적, 경제적, 문화, 언어적 불평등을 시정하는 일종의 국민통합 혹은 사회통합의 이데올로기로서 구체적인 일단의 정책을 유도해 내는 지도 원리라고 정의하고 있고, 한승완(2008)은 종족, 인종, 종교, 문화집단의 권리를 법적으로 인정하고 보호해야 한다는 규범적 주장이 함축된 개념으로 보았다. 원숙연(2009)은 다문화주의를 단순히 정체성, 문화, 차이를 넘어서 차이의 존중과 함께 계층적 불평등에 대한 비판이 포함된 것으로 정의하였고, 박진경(2010)은 사회통합적 관점에 의한 소수자의 정체성 인정과 구성원 간 불평등을 해소하는 합의된 실천이념으로, 장진숙(2010)은 다양성 증대에 따른 사회적 분절성을 극복하기 위한 새로운 국민통합의 이데올로기라고 정의하고 있다.

따라서 다문화주의는 사회현상, 정책 및 제도, 이념이라는 세 가지 요소를 포함하고 있는 것으로 정의할 수 있다. 다문화주의는 첫째 다양한 문화가 공존하며 차별과 불평등이 없는 상태, 둘째 문화적 다양성을 인정하고 상호 존중하며 모든 시민의 권리를 정치공동체의 모든 영역에서 평등하게 보장하는 정책과 제도, 셋째 불평등 해소를 통해 사회통합을 지향하는 적극적인 실천 이념 내지는 원리이다.

2) 다문화정책의 의미

최근 우리나라의 경우 다문화 사회로 변화하는 가운데 발생하는 다문화정책에 대한 논의와 실천이 진행 중이다. 이 가운데 통상적인 다문화정책의 의미는 다문화적 사회문제를 해결하기 위한 정책으로 이해되는 것 같다. 다문화정책의 개념 정의 역시 연구의 방향이나 목적, 정책의 대상이나 내용, 사회적 상황에 따라 매우 다양하게 제시되는 것 같지만, 공통된 핵심적 내용은 크게 다르지 않다.

공통되는 핵심적 내용은 문화적 다양성의 인정 및 불평등 해소를 통해 보편적 권리를 실현하기 위한 정부의 정책이라는 것이다. 예컨대, Troper(1999)는 다문화정책을 사회문화적 다양성을 보호하고 인종, 민족, 국적에 따른 차별과 배제 없이 모든 개인에게 동등한 기회를 보장하는 정부의 정책과 프로그램이라고 정의하였다. Mahtani(2002)는 다문화정책을 문화적 다양성과 관련성을 맺는 정부의 인종적 다양성 혹은 다문화 사회에 대한 입법과 집행이라고 정의하였다. Banding & Kymlicka(2006)는 다문화정책의 개념을 여덟 가지 기준의 집행수준에 따라 제시하였다. Inglis(2009)는 다문화정책을 모든 문화를 무조건적 수용하는 것이 아니라 문화적 차이에 따른 사회·경제적 불평등을 해결하고 사회를 효율적으로 유지·운영하는 데 필요한 지식, 기술, 태도 등을 제공하며, 학교, 병원, 법원 등에서 이를 제도적으로 보장하고, 모든 참여의 장벽을 제거하는 것이라고 하였다.

국내의 다문화정책에 대한 개념 정의를 살펴보면, 오경석(2007)은 다문화정책을 특정의 소수자 집단이 무시되거나 차별받는 것을 방지하고 차이에 근거한 정치, 사회, 경제적 갈등을 해소하며, 인간으로서 보편적 권리를 향유하도록 함을 목적으로 하는 정부의 제도적 개입으로 정의하고 있다. 최무현(2008)은 다문화정책을 구체화된 정책을 통해 다문화주의의 목적인 국가수준, 공동체 수준, 개인수준에서 광범위한 이해와 함의를 도출해내는 모든 정책으로 보고 있다. 또한 윤인진(2008)은 한 사회 내 다양한 인종이나 민족 집단들의 문화를 단일한 문화로 동화시키지 않고 서로 인정하고 존중하면서 공존하게끔 하는 데 그 목적이 있는 이념체계를 실현하고자 하는 정부정책과 프로그램이라고 정의하였으며, 원숙연(2008)은 특정의 인종 집단이 무시되거나 차별받는 것을 방지하고 차이에 근거한 사회, 정치, 경제적 갈등을 해소하며, 인간으로서의 보편적 권리를 향유하도록 함을 목적으로 하는 정책적 개입으로 정의하였다. 김명성(2009)은 다문화정책을 다수집단과 소수집단의 차이에 대한 제도적 보장으로 주로 이민자와 소수인종의 사회적 권리를 다루는 정책적 노력이라 정의하였으며, 박진경(2010)은 다문화주의의 실천이념으로서 다문화 사회의 전사회적 문제를 해결하기 위한 정책적 대안이라고 정의하였다. 박진경·원숙연(2010)은 다문화정책을 특정의 인종집단이 무시나 차별받지 않고, 차이에 따른 정치, 경제, 사회적 갈등을 방지하고, 인간으로서의 보편적 권리의 향유를 목적으로 하는 정책적 개입이라고 정의하였다.

우리나라 다문화정책의 가장 기본 구조가 되는 「재한외국인처우기본법」(법률 제 8442호, 제정 2007.05)과 「다문화가족지원법」(법률 제8937호, 제정 2008.03) 역시 관련된 다문화정책을 제시하고 있다. 「재한외국인처우기본법」에서는 각각 재한외국인이 대한민국 사회에 적응하여 개인의 능력을 충분히 발휘할 수 있도록 하고, 대한민국 국민과 재한외국인이 서로를 이해하고 존중하는 사회 환경을 조성하는 정책으로 보고 있다. 「다문화가족지원법」은 다문화가족 구성원이 안정적인 가족생활을 영위할 수 있도록 지원하는 정책으로 정의하고 있다.

국내의 다문화정책에 대한 개념 정의에서도 다문화정책의 공통된 특징들이 잘 나타나고 있다. 다만 국외적 다문화정책 개념 정의와는 달리 국내의 다문화정책은 법 제도 측면에서 사회통합적인 맥락을 강조하고 있다. 물론 대부분의 나라가 사회통합을 부정하지는 않을 것이다. 다만 통합의 수준이나 기대치는 다를 것이다. 예컨대, 한국과 캐나다의 경우 다문화 사회의 이행 수준과 양상이라는 맥락이 다르기 때문이다. 국외의 경우에는 다양한 문화적 배경을 가진 이주민들로 국가가 구성되었다는 점에서 강한 사회적 통합 수준을 기대하기 어렵다. 또한 원천적으로 하나의 규범과 가치를 통해 다문화 사회를 통합하려고 하는 것은 현실적으로 불가능하다. 하지만 한국의 경우에는 단문화 사회를 전제로 하는 상황에서 외국인들의 유입으로 다문화 사회로 변화하고 있는 상황이므로 동질적이면서 높은 수준의 사회통합을 기대하는 것은 당연한 일이 될 것이다. 그러므로 사회통합, 다문화정책의 방향 및 내용에 관한 표현은 유사해도 그 실질적 의미는 다를 수밖에 없다.

따라서 현재 우리 사회의 맥락에서 다문화정책의 정의는 대한민국이라는 정치공동체 내에서 다양한 문화를 존중하고, 인종·민족·문화적 차별로 인한 사회적 불평등을 해소함으로써 보편적 권리를 누릴 수 있도록 하는 사회통합 정책이라고 할 수 있다.

3) 다문화정책의 유형

한국과 각국의 다문화정책의 수준을 비교하고 그 시사점을 모색하기 위해서 다문화정책의 유형이 다양한 방식으로 제시되었다. 정책이 다양한 맥락을 가지고 있고, 이 맥락의 변화에 따라 분석할 기준이 필요한 것은 당연한 일이라고 할 수 있다. 임동진은 선행연구를 참고하여 약 8개의 다문화정책의 유형을 도출하고, 이영범·남승연(2011) 등의 기준을 참고하여 소수집단의 사회통합방식, 다문화정책의 추진주체, 타문화의 수용방식, 다문화정책의 다양성 정도, 다문화정책의 내용으로 정리하여 구분하였다(임동진, 2011: 26). 이런 선행연구를 참고하여 이 장에서는 직관적으로 이해하기 쉬운 사회통합적 방식과 정책의 집행 방식으로 분류하여 살펴보고자 한다.

우선 사회통합적 방식으로는 이민자에 대한 합법적 지위 부여 정도, 이주민 수용 방식, 이념적 양상에 따른 이주민 수용 방식으로 구분할 수 있다. 합법적 지위 부여 정도 측면에서 Rex(1988)는 완전 배제형, 일부 배제형, 일부 인정형, 완전 인정형으로 구분하였다(임동진, 2011: 28). 완전 배제형은 주류문화로부터의 배제 및 시민권의 거부를 주 내용으로 한다. '일부 배제형'은 이민자와 그 자녀들이 임시적 거주자로 대우 받지만 시민의 권리는 가질 수 없는 경우이다. '일부 인정형'은 소수자들이 문화적으로 구분되어 있다는 것을 인식은 하지만 해당 국가에서 출생하였거나 귀화한 경우에만 시민권을 부여하는 경우이다. '완전 인정형'은 소수자집단이 인식되어 그들의 고유 공동체를 형성하거나 문화에 대한 자치권을 가지고, 그들의 권리를 보호하고 권장할 수 있도록 하는 정책을 말한다.

다음으로는 이주민 수용 방식 내지 타문화 수용 방식으로 Castles와 Miller(2003: 220-254)는 각국의 이주민 수용방식에 따라 차별배제모형(differentialexclusionary model), 동화주의모형(assimilationist model), 다문화주의모형(multicultural model)으로 구분하였다. 차별적 배제주의란 소수집단을 차별적으로 배제하거나 최소화하는 것을 목표로 내국인과 외국인의 차별적 대우를 통해 이주민의 이민 가능성을 차단하는 정책이다. 동화주의는 이주민이 출신국의 언어 및 문화적 특성 등을 완전히 포기하는 것을 목표로 이주민이 주류 사회의 핵심가치에 순응함으로써 국민이 되는 것을 전제로 빠른 시간에 동화될 수 있도록 지원하는 정책이다. 다문화주의란 소수 집단의 주류 사회에서 공존하는 것을 목표로 소수 집단의 가치를 동등하게 인정하고 그에 대한 보호 및 고유 문화를 지켜가고 인정해주는 정책을 말한다. 한승준(2009), 공은숙(2009), 박진경·원숙연(2010) 등을 비롯한 여러 연구가 다문화가족정책에 대한 평가와 정향성에 대한 확인을 목적으로 이 유형을 주로 사용하였다. 특히 박진경·원숙연(2010)의 연구는 다문화주의에 어떤 요인들이 영향을 주는지에 대해 밝히고자 하였다. 또한, 김태원·김유리(2011)는 이 모형을 가지고 사회통합 정도를 분석하기도 하였다. 이영범·남승연(2011)은 이 모형을 기본으로 하되 다문화를 다원주의적, 발전주의적, 보수주의적, 자유주의적으로 분류하였다. 그리고 정치·경제·사회적 환경 등을 고려하여 다문화주의 포괄정도, 소수집단의 사회통합형태, 추진 주체, 정책 특성, 정책 채택 정도를 기준으로 유형화하여 다문화정책을 분석하는 것이 필요하다고 주장하였다.

마지막으로 이념적 양상에 따른 이주민 수용 방식에 따른 구분이 있다. 이런 측면에서 세키네 마사미(關根政美, 1996)는 자유주의적 방식, 조합적 방식, 급진적 방식으로 나눠 제시하였다. 자유주의적 방식은 사회통합을 위해 문화적 다양성을 허용하여 인종 및 민족 집단의 존재를 인정하지만, 시민 생활과 공적 생활에서는 이를 인정하지 않고 주류 사회의 문화, 언어, 사회 관습을 따를 것을 요구하는 방식이다. 이런 자유주의적 접근방식이 단지 기회의 평등을 지향한다면, 조합주의적 접근 방식은 차별금지를 넘어 경쟁 상황에서 사회적 소수자의 불리함을 인정하여 이들의 사회참여를 위한 적극적인 재정적 법적 지원을 통해 결과의 평등을 도모하는 방식이다. 급진적 다문화주의는 다민족·다문화 사회에 살면서도 소수집단이 '자결원칙'을 내걸고 문화적 공존을 넘어 소수집단만의 생활 방식 및 공동체를 추구하는 방식이다. 이와 유사하게 구견서(2003)도 다문화주의를 자유주의적 다원주의, 조합주의적 다원주의, 급진적 다원주의, 연방제 다원주의, 분리·독립 다원주의 등의 유형으로 구분하였다. 자유주의 및 조합주의 방식은 세키네 마사미(關根政美, 1996)의 유형과 다르지 않다. 다만 세키네 마사미(關根政美, 1996)의 급진적 방식을 급진적 다원주의부터 분리·독립주의로 세분화하여 제시하고 있다고 볼 수 있다.

다음 범주인 정책의 집행 방식은 정책의 추진 주체, 정책의 다양성 정도, 정책의 내용으로 나눠 살펴볼 수 있다. 다문화정책은 추진 주체에 따라 국가주도 다문화주의, 시민주도 다문화주의, 협력적 다문화주의로 구분할 수 있다(윤인진, 2007; 조석주·이상묵, 2008). 국가주도 다문화주의는 국가가 국가 간 인적교류의 자유를 보장하고 소수 집단의 인권, 생활환경, 차별 철폐 등 각종 정책을 추진하는 것이고, 시민주도 다문화주의는 국가가 제공하지 못하는 불법 체류자 보호 및 생활밀착형 정책들을 보완적으로 추진하는 것이다. 협력적 다문화주의는 국가와 시민 사회의 협력으로 지역사회의 문제를 해결하는 거버넌스 체제에 기초를 두고 있으며 정책 대상자인 체류 외국인들의 참여적 협력도 포함한다.

정책의 다양성 정도에 따라 다문화정책을 구분할 수 있는 대표적인 유형을 제시한 것은 Banding & Kymlicka(2006)이다. 이들은 다문화정책을 소수집단에 정부가 소수민족집단(ethnic groups)을 공적으로 인정하고 지원 및 수용하려는 정책으로 정의하고, 이들은 국가별 다문화주의 정도를 실증적으로 측정하기 위해 다문화주의에 대한 헌법 및 법률, 교과과정에서의 다문화주의 채택, 대중매체 상 인종의 대표성, 복장 규정 및 일요휴무 입법 등 면제, 이중국적 허용, 소수집단 문화 활동에 대한 재정적 지원, 이중언어 교육 및 모국어교육 지원, 이주민 차별철폐 조치와 같은 다문화정책에 필요한 8가지 분야를 제시하였다(임동진, 2011: 31).

그리고 1980년~2000년 동안에 각 정책의 채택 정도에 따라 1점, 0.5점, 0점을 부여한 후 합산한 총점에 따라 강력한(strong), 온건한(modest), 약한(weak) 다문화정책으로 각 국가들을 분류하였다(남승연 외, 2012: 148).

마지막으로 인종과 관련된 다문화주의의 정책을 내용에 따라 다음과 같이 네 가지로 나누어 볼 수 있는데 언어, 규범, 가치관, 종교, 이념, 법 등에 있어서 다양화를 목표로 하는 다문화화 정책, 주류 사회와 소수 사회에 공통적으로 적용되는 제도를 구축하는 다제도화 정책, 기회 평등과 결과 평등을 동시에 추구하는 다사회화 정책, 소수집단에 대한 차별해소정책과 주류 사회에 대한 역차별 해소 정책을 실현하는 다평등화 정책이다(구견서, 2003: 47-48).

이상에서 살펴 본 정책들은 거시적 관점과 이념형에 해당하는 것이라고 할 수 있다. 우리나라의 경우도 다양한 정책들이 있고 그 정책들이 어떤 유형에 해당하는지도 일괄적으로 평가할 수 없다. 사안별로 다양한 정책 유형의 스펙트럼과 성격이 나타난다는 점을 이해할 필요가 있다.

3 한국의 다문화 사회화 정도

한국의 다문화 사회 현상은 주로 인구 비중을 중심으로 이행 여부를 논의하는 경우가 많다. 하지만 양적인 접근도 중요하지만 질적으로 이해하는 것이 다문화정책 방향 및 개선을 논의하는 데 적합할 것으로 보인다.

체류 외국인이란 체류자격과 체류 기간의 범위 안에서 체류할 수 있는 자를 말한다. 체류 외국인은 다시 외국인 등록 및 거소 신고를 하는 장기체류 외국인과 그렇지 않은 단기 체류 외국인으로 분류한다. 불법체류 외국인은 체류외국인 중 체류기간 연장 허가 등을 받지 않아 체류 기간이 도과된 외국인을 말한다. 체류외국인은 최근 10년 동안 지속적으로 증가 추이를 보이고 있다. 2019년 12월말 현재 체류외국인은 2,524,656명으로 조사되었다[1]. 체류외국인 중 외국인등록자는 1,271,807명, 외국국적동포 국내 거소 신고자는 459,996명, 단기체류외국인은 792,853명이다. 1994년 이

1) 출입국·외국인정책 통계월보 2019년 12월호 참조

후 금년 12월 말까지 난민신청자는 64,358명이며, 심사결정 종료자는 28,600명이다. 이 중 1,022명이 난민인정을 받았고, 2,217명이 인도적 체류허가를 받아 총 3,239명이 난민인정(보호)을 받고 있다. 난민 신청사유는 종교(15,763명), 정치적 사유(11,474명), 특정 사회집단 구성원(6,688명), 인종(3,928명), 국적(310명), 기타(26,195명)이다.

현황을 통해 특징들을 정리해 보면 다음과 같다. 첫째, 다문화사회의 주류를 형성하고 있는 집단은 타국 출신 중에도 대부분 아시아계가 많은 비중을 차지하고 있다. 주로 재외동포와 중국을 배경으로 하는 이주민이 많은 편이지만, 동남아시아계의 비중이 증가하고 있다. 전국 각지에 체류 외국인과 외국인 주민 수가 증가하고 있었다.

둘째, 체류 유형은 외국인 근로자가 가장 많지만, 그 유형은 다양해졌다. 과거에는 주로 단순기능노동자 또는 결혼이주여성 중심으로 이주해왔으나 최근에는 유학, 생산 숙련직, 단기취업, 해외동포 그리고 정치적 난민 등 다양한 유형의 이주민들이 증가하고 있다. 비전문 인력의 경우, 50% 이상이 베트남, 인도네시아, 스리랑카, 캄보디아 출신이다. 반면 전문 인력의 경우, 회화지도, 전문 직업은 주로 북미계, 유럽계인 반면, 교수, 연구, 기술지도, 특정 활동은 아시아계로 중국, 인도, 일본, 태국 등지 출신이다.

셋째, 국제결혼에 의한 이주자가 많은 편이다. 결혼이주여성의 경우 95% 이상이 중국 및 중국(한국계), 일본, 베트남 그리고 필리핀이다. 중국 조선족 출신과의 결혼뿐만 아니라 동남아 출신과의 국제결혼도 큰 폭으로 늘어났고, 혼인귀화자의 비율도 증가하고 있다. 이와 함께 다문화가정 자녀들이 증가함과 동시에 다문화가정 자녀들이 입대하고, 본격적인 사회진출이 시작되고 있다는 것이다.

이와 같이 이주민 및 문화와 피부색이 다른 결혼 이주 자녀들의 증가로 한국 사회에서는 가시적인 소수인종집단도 부상하고 있는 상황이다.

넷째, 이주민의 정주기간이 늘고 정주민 수도 늘어나고 있다. 결혼이주여성의 평균 거주기간이 대체적으로 증가추세에 있다. 또한 앞서 살펴본 바와 같이 체류 외국인 중 장기체류자의 비중도 크게 증가하고 있다. 하지만 외국인 근로자 중에는 한국 정착 보다는 귀국 희망자가 많은 편이다. 또한 불법체류자의 수도 상당한 비중을 차지하고 있다.

다섯째, 외국 주민이 전국적으로 발견되는 양상이다. 물론 경기도, 서울 등이 많은 수를 차지하고 있다.

여섯째, 다문화가구 가구원[2)]은 1,008,520명으로 한국인배우자 311,668명(30.9%), 결혼이민자 165,919명(16.5%), 귀화자 166,830명(16.5%), 자녀 235,282명(22.9%), 기타 동거인[3)] 128,821명(12.5%)으로 구성되어 있었다.

일곱째, 다문화 장병의 입대는 2010년 병역법 개정 이후 본격화되어 2012년 다문화가정 출신 첫 부사관이 배출됐고, 입대 수는 꾸준히 증가하고 있다. 병역법이 개정되기 이전에는 5급 제2국민역으로 군면제를 받았다. 김동철 바른미래당 의원이 2016년 공개

---

2) 다문화가구는 귀화의 방법으로 국적을 취득한 자 또는 외국인이 한국인(귀화자 포함) 배우자와의 혼인으로 이루어진 가구 또는 그 자녀가 포함된 가구를 말한다. 다문화가구에는 집단시설에 거주하고 있는 다문화대상자나 자녀는 포함되지 않는다.

3) 기타 동거인은 한국인배우자의 직계존속 또는 외국인배우자의 직계존속 등 다문화가구 구성원이나 한국인배우자, 결혼이민자, 귀화자, 미성년 자녀가 아닌 동거인을 말한다.

한 자료에 따르면 군의 다문화 장병은 2010년 51명, 2012년 223명, 2014년 400명, 2016년 776명으로 꾸준히 증가했다. 행정안전부(2009)는 다문화가정 출신 입대 장병은 2016년~2021년에는 14,736명(연평균 2,456명), 2022년~2027년에는 32,557명(연평균 4,651명)이 될 것으로 전망하였다.

그렇다면 현재 한국의 다문화 사회는 어떤 수준에 있는 것일까? 이 질문에 대해 장미혜(2008)의 설명에 따라 그 수준을 가늠해보고자 한다. 장미혜(2008)는 다문화 사회로의 이행을 진입-전환-정착 단계로 나누고 각 단계의 특징과 예측할 수 있는 위험들을 단계별로 제시하고 있다(장미혜, 2008: 47). 장미혜(2008)는 진입 단계에서 이주민이 전체 인구구성에서 차지하는 가시적 비중이 증가하는 현상이 주로 나타나고, 전환 단계에서는 체류기간의 연장에 따라 독신의 이주자들의 가족 형성 및 출신국별 이주민 공동체형성이 주로 나타나며, 정착 단계에서는 다문화가족 내에서 2세가 사회에 진출하면서 이주민 공동체 재생산이 이뤄지는 현상이 나타난다고 하였다. 장미혜(2008)의 기준에 따르면 우리의 경우는 다문화 사회의 이행기 중 전환 단계를 지나고 있는 중이라고 볼 수 있다. 즉, 다문화가족이 형성되고, 이제 다문화가족의 2세들이 본격적인 사회적 진출을 시작하고 있다. 다만 주의할 것은 장미혜의 단계적 구분이 단절적 단계로 오해를 해서는 안 될 것이다. 그가 제시한 진입-전환-정착의 과정은 현실적으로는 반복적, 중첩적, 동시적, 연속적으로 벌어지고 있는 현상으로 이해할 필요가 있다.

4 한국 다문화정책의 현황과 문제점

1) 다문화정책의 법제도적 기반

우리나라 중앙정부의 다문화정책과 관련된 제도에는 헌법을 비롯한 각종 법률과 국제법에 근거하고 있다. 한국의 헌법은 기본권의 주체를 원칙적으로 국민으로 한정하고 있으나, 「헌법」 제10조 인간의 존엄과 가치 및 행복추구권, 제11조에서 차별금지원칙을 선언하고 있다. 「헌법」 제6조에서는 외국인의 지위 보장 및 상호주의를 규정하고 있다. 제6조 제1항에서는 "헌법에 의하여 체결 공포된 조약과 일반적으로 승인된 국제법규는 국내법과 같은 효력을 가진다"고 규정하고 제2항에서는 "외국인은 국제법과 조약이 정하는 바에 의하여 그 지위가 보장된다"고 규정하고 있다. 따라서 비준된 조약은 국내법과 동일하나, 그렇지 않은 경우는 제한적이라고 볼 수 있고 외국인의 법적 지위도 상호주의 원칙에 따르는 경향이 강하다.

한국의 다문화정책은 초기 경제적 측면에 초점을 둔 외국인 인력정책으로 시작되었다. 이후 결혼 이주 여성이 증가하면서 한국의 다문화정책은 외국인 노동자를 관리하기 위한 규제 정책과 결혼이민자들의 정착을 위한 보호 및 배려 정책으로 이분화 되어 시행되고 있다. 이런 이분적 시행의 가장 기본이 되는 법이 「재외한국인 처우 기본법」과 「다문화가족 지원법」이다. 재외한국인 처우 기본법은 국내 체류 외국인의 처우에 관한 포괄 규정을 두고 있고, 다문화가족지원법 결혼이민자 중심의 가족 지원에 관한 포괄 규정을 두고 있다. 우리나라의 다문화정책은 2000년대 중반부터 본격적으로 논의되었다. 이전까지의 관련 정책은 국민의 출입국 관리와 외국인력 관리 수준에 머물러 있었다. 국제결혼 이주 및 외국인근로자 유입의 증가에 대한 대응방안으로 2007년 제정된 「재한외국인 처우 기본법」은 이민자와 국민의 공존과 사회통합을 목적으로 명시하고 있으며, 국내 체류 외국인의 처우에 관한 내용을 담고 있다.

이 법에 따라 2008년부터 매 5년마다 〈외국인정책 기본계획〉이 수립되고 있다. 여기서 '외국인정책'은 국제 사회에서 통용되고 있는 국경(Border)과 이주민(Migrant)을 대상으로 하는 "이민정책(Immigration Policy)"의 개념을 포함한다는 점에서 '외국인·이민정책'을 의미하는 것이라고 할 수 있다. 이 정책은 국경 및 출입국 관리, 국적부여 정책 및 이민자 사회통합 정책을 포괄하는 것을 목표로 한다. 한편 결혼 이민자들을 위한 정책은 2006년 4월 26일 범부처 차원에서 "여성결혼이민자 가족의 사회통합 지원방안"을 마련하고 "결혼이민자 가족센터"를 운영하면서 시작되었다. 이후 2008년 「다문화가족지원법」이 제정되었고, 결혼이민자 가족센터는 다문화가족지원센터로 명칭을 바꿨다. 그 이후 2010년에 "제1차 다문화가족지원정책 기본계획"이 발표되었다. 이후 제2차(2013년~2017년) 기본계획이 시행되었고, 제3차(2018년~2022년) 기본계획이 진행 중이다. 이와 같이 "다문화가족지원법"과 "다문화가족정책 기본계획"을 통해 결혼이주자에 대한 사회통합적 지원 정책을 지속적으로 추진하고 있다.

외국인의 출입국과 체류자격 관련 내용을 규정하고, 한편으로 다문화 사회구성원 제한을 규정하고 있는 출입국관리법, 국적법, 난민법 등이 있다. 이 중 난민법의 경우에는 미래에 소수 집단의 자치지역 탄생의 가능성을 인정하는 성격을 가지기도 한다.

외국인의 지위 보장 및 국적에 따른 차별 금지의 근거가 되는 근로기준법, 국가인권위원회법 등이 있다.

다문화가족과 관련하여 결혼 이민자 가족을 지원하는 것으로 「결혼중개업의 관리에 관한 법률」, 「국민기초생활보장법」, 「한부모가족지원법」 등이 있다. 특히 결혼이주여성에 대한 가정폭력, 인권문제 등이 사회문제화되면서 국제결혼 건전화를 목적으로 한 조치들이 취해졌다. 2007년 「결혼중개업의 관리에 관한 법률」의 제정으로 정부 인가를 받은 결혼중개업자만 국제결혼을 주선할 수 있도록 했다. 또한 국제결혼 부부들의 이혼율 증가에 따른 가족해체문제가 부각되면서 2014년에는 결혼이민사증 발급심사 강화 및 국제결혼 안내프로그램 이수 의무화 조치가 이루어졌다. 또한 가족의 유지와 발전을 위한 건강가정기본법다문화 사회의 문화 다양성을 증진하기 위한 「문화예술진흥법」, 「문화다양성의 보호와 증진에 관한 법률」 등이 있다. 사회통합과 한국 사회에 빠른 적응 및 정착을 위한 한국어 교육 측면에서 「국어기본법」 등이 있다. 교육기본법에서 다문화교육정책과 관련된 규정은 동법 제정 시(1997년)부터 규정된 '국제교육' 조항이 있고, 2007년에는 차별 금지 조항(제4조)을 개정하여 '인종'을 추가했지만, '국민'에 한정된 규정이다. 「초·중등교육법」은 2007년 제18조의 4를 신설(법률 제8675호, 12. 14)하여 학생의 인권 보장을 명시한 것이 이와 관련되며, 동법 시행령에는 외국인 노동자 자녀의 초등학교 입학 또는 전학을 간소화하기 위한 규정이 있다. 두 차례에 걸쳐 개정된 동법 시행령 제19조 제1항은 출입국에 관한 사실 또는 외국인 등록 사실을 증명할 수 있는 서류 또는 임대차계약서, 거주사실에 대한 보증서 등 거주사실을 확인함으로써 입학 또는 전학 절차에 갈음할 수 있도록 하였다. 이는 이주민가족과 관련하여 불법체류자의 자녀 교육권을 보장하려는 것이다. 결혼이주 여성을 가정폭력으로부터 보호하기 위한 「가정폭력 방지 및 피해자보호 등에 관한 법률」 등이 있다. 북한이탈주민의 사회통합을 위한 「북한이탈주민의 보호 및 정착지원에 관한 법률」 등이 있다. 북한이탈주민에 대한 대처를 위해 1997년 제정된 「북한이탈주민의 보호 및 정착지원에 관한 법률」은 북한주민이 정치 경제 사회 문화 등 모든 생활영역에 있어서 신속히 적응 정착하는 데 필요한 보호 및 지원에 관한 사항을 규정함을 목적으로 한다.

다문화정책과 관련 있는 국제규약 또는 협약 중 한국이 가입한 것은 '모든 형태의 인종차별 철폐에 관한 협약'(1984년 비준), '경제적 사회적 및 문화적 권리에 관한 국제규약' [A규약](1990년 비준), '시민적 정치적 권리에 관한 규약' [B규약](1990년 비준), '난민의 지위에 관한 협약'(1992년 비준) 등이 있고, 다문화가족 구성원의 권리보호와 밀접한 협약으로 1991년 가입한 '아동의 권리에 관한 협약(United Nations Convention on the Rights of the Child) 등이 있다. 동 협약 제2조 제1항은 "아동 또는 그의 부모나 후견인의 인종, 피부색, 성별, 언어, 종교, 정치적 또는 기타의 의견, 민족적, 인종적 또는 사회적 출신, 재산, 무능력, 출생 또는 기타의 신분에 관계없이 어떠한 종류의 차별을 함이 없이 이 협약에 규정된 권리를 존중하고, 각 아동들에게 보장하여야 한다"고 규정하고 있다. 또한, 제28조 제1항에서는 아동의 교육권을 그 부모의 신분, 즉 불법체류 등과 상관없이 교육의 기회가 차별 없이 제공되어야 함을 선언하고 있다.

이상의 내용을 정리하면 **표 7-1**과 같다.

표 7-1 다문화정책의 법 제도적 기반

법의 위계 및 유형			관련 내용
최고법		대한민국 헌법	• 인간의 존엄과 가치 • 평등원칙(국적에 따른 차별금지) • 외국인의 지위 보장 및 상호주의
법률	다문화 정책의 기본법	재외한국인 처우 기본법	• 국내 체류 외국인의 처우에 관한 포괄 규정
		다문화가족지원법	• 결혼이민자 중심의 가족 지원에 관한 포괄 규정
	사안별 법률	출입국관리법, 국적법, 난민법	• 외국인의 출입국과 체류자격 관련 규정 • 다문화 사회구성원 제한
		외국인의 근로자의 고용 등에 관한 법률	• 국내취업노동자 관련 • 다문화 사회 구성원 제한
		민법 중 가족법	• 다문화 사회구성원 제한
		근로기준법, 국가인권위원회법	• 외국인의 지위 보장 및 국적에 따른 차별 금지
		결혼중개업의 관리에 관한 법률, 국민기초생활보장법, 한부모가족 지원법, 건강가정법	• 결혼 이민자 가족 지원
		교육기본법	• 다문화교육으로서 국제교육 • 교육 차별 금지
		초·중등교육법 및 초·중등교육법 시행령	• 불법체류자의 미성년 자녀의 교육권 보장
		국어기본법	• 한국어 교육, 적응
		문화예술진흥법, 문화다양성의 보호와 증진에 관한 법률	• 다문화 사회의 문화 다양성 증진
		가정폭력 방지 및 피해자보호 등에 관한 법률	• 결혼이주 여성 보호

		북한이탈주민의 보호 및 정착지원에 관한 법률	• 북한이탈주민 사회통합
		해외이주법, 재외동포재단법, 재외동포의 출입국과 법적 지위에 관한 법률	• 한국인의 해외 이주, 해외 거주 재외 동포 국내 방문 관련 내용
		난민법	• 난민의 지위와 처우
국제법	조약, 일반적으로 승인된 국제법규	'모든 형태의 인종차별 철폐에 관한 협약'(1984년 비준)	• 인권 관련
		'경제적 사회적 및 문화적 권리에 관한 국제규약' [A규약] (1990년 비준)	
		'시민적 정치적 권리에 관한 규약' [B규약] (1990년 비준)	
		'난민의 지위에 관한 1951년 협약'(1992년 비준) 및 '난민의 지위에 관한 1967년 의정서'(1992년 비준)	• 난민의 지위와 처우
		다문화가족 구성원의 권리보호와 밀접한 협약으로 1991년 가입한 '아동의 권리에 관한 협약(United Nations Convention on the Rights of the Child)'	• 다문화가족 구성원의 권리 보호, 아동의 교육 기회의 평등

2) 외국인 정책 기본계획의 주요 내용

법무부(2018)에 따르면 외국인 정책은 국경 및 출입국관리, 국적부여 정책과 이민자 사회통합 정책을 포괄하는 개념으로 이민정책(Immigration Policy)을 의미한다고 하였다. 하지만 앞서 밝힌 바와 같이 실질적 의미는 '외국인·이민 정책'으로 이해하는 것이 타당할 것이다. 우리나라 외국인·이민 정책에 관한 범정부차원의 국가계획이며, 정책지침서로서 기본계획으로 매 5년 단위로 수립된다.

외국인 정책 기본계획의 구조는 외국인정책위원회가 우수인재 유치, 이민자와 2세의 사회통합, 다문화가족 지원, 문화다양성 제고, 재외동포 교류지원 등 범정부적으로 추진되는 이민과 관련된 다양한 정책을 심의·조정한다.

외국인 정책 기본계획의 법적 근거는 재외한국인처우 기본법 제5조를 근거로 한다. 법무부 소관인 「재한외국인처우기본법」은 재한외국인이 대한민국 사회에 적응하여 개인의 능력을 충분히 발휘할 수 있도록 하고, 대한민국 국민과 재한 외국인이 서로를 이해하고 존중하는 사회 환경을 만들어 국가 발전과 사회통합에 이바지함을 목적으로 한다. 동법 제3조는 국가 및 지방자치단체가 재한외국인에 대한 처우 등에 관한 정책의 수립 시행에 노력할 것을 명시하고, 제4조에서는 재한외국인에 대한 처우 등과 관련되는 다른 법률을 제정 또는 개정하는 경우에는 동법의 목적에 맞도록 해야 한다고 규정하고 있다. 또한, 법무부장관은 외국인정책의 기본계획을 매 5년마다 수립하고, 관계 중앙행정기관의 장은 기본계획에 따라 소관별로 연도별 시행계획을 수립 시행하도록 하며, 외국인정책에 관한 주요사항을 심의 조정하기 위하여 국무총리 소속으로 외국인정책위원회를 두도록 하였다. 이외에도 정책의 연구 추진, 재한 외국인 등의 처우, 국민과 재한외국인이 더불어 살아가는 환경조성 등을 규정하고 있다. 따라서 동법은 단순히 재한외국인 처우와 관련된 사항뿐만 아니라, 다문화정책에 관한 기본법적인 성격을 지닌 것으로 볼 수 있다.

2007년 7월 제정된 「재한외국인 처우 기본법」에 따라 2008년부터 2012년까지 '제1차 외국인정책 기본계획', 2013년부터 2017년까지 '제2차 외국인정책 기본계획'이 수립·시행되었다. 이후 공청회 등과 준비절차를 통해 '제3차 외국인정책 기본계획(2018년~2022년)'수립이 마련되고 현재 시행되고 있다. 각 기본계획의 비전 및 목표를 살펴보면 **표 7-2**와 같다.

표 7-2 외국인정책 기본계획 비전 및 목표(제1차~제3차)

<table>
<tr><th>구분</th><th colspan="2">제1차</th><th colspan="2">제2차</th><th colspan="2">제3차</th></tr>
<tr><td>비전</td><td colspan="2">외국인과 함께하는 세계 일류국가</td><td colspan="2">세계인과 더불어 성장하는 활기찬 대한민국</td><td colspan="2">국민 공감! 인권과 다양성이 존중되는 안전한 대한민국
핵심가치 : 상생, 통합, 안전, 인권, 협력</td></tr>
<tr><td>정책목표
(핵심가치)/
중점과제</td><td>1. 적극적인 이민 허용을 통한 국가경쟁력 강화</td><td>1. 우수인재 유치를 통한 성장 동력 확보
2. 국민경제의 균형발전을 위한 인력 도입
3. 외국인에게 편리한 생활환경 조성</td><td>1. 개방 : 경제활성화 지원과 인재 유치</td><td>1. 내수 활성화 기여 외래 관광객 유치
2. 국가와 기업이 필요한 해외 인적자원 확보
3. 미래 성장 동력 확충을 위한 유학생 유치
4. 지역균형발전을 촉진하는 외국인 투자 유치</td><td>1. 국민이 공감하는 질서 있는 개방</td><td>1. 우수인재 유치 및 성장지원 강화
2. 성장 동력 확보를 위한 취업이민자 유치·활용
3. 관광객 및 투자자 등 유치를 통한 경제 활성화
4. 유입 체계 고도화 및 체류·국적 제도 개선</td></tr>
</table>

	2. 질 높은 사회통합	1. 다문화에 대한 이해 증진 2. 결혼이민자의 안정적 정착 3. 이민자 자녀의 건강한 성장환경 조성 4. 동포의 역량 발휘를 위한 환경 조성	2. 통합 : 대한민국의 공동가치가 존중되는 사회통합	1. 자립과 통합을 고려한 국적 및 영주제도 개선 2. 체계적인 이민자 사회통합프로그램 운영 3. 국제결혼 피해 방지 및 결혼이민자 정착 지원 4. 이민자 배경자녀의 건강한 성장 환경 조성 5. 이민자 사회통합을 위한 인프라 구축	2. 이민자의 자립과 참여로 통합되는 사회	1. 이민단계별 정착 지원 및 사회통합 촉진 2. 이민배경 자녀 역량 강화 3. 이민자 사회통합을 위한 복지지원 내실화 4. 이민자의 지역사회 참여 확대
					3. 국민과 이민자가 함께 만들어가는 안전한 사회	1. 안전하고 신속한 국경관리 체계 구축 2. 체류외국인 관리 체계 선진화
	3. 질서 있는 이민행정 구현	1. 외국인 체류질서 확립 2. 국가안보 차원의	3. 인권 : 차별 방지와 문화 다양성 존중	1. 다양한 문화에 대한 사회적 관용성 확대	4. 인권과 다양성이 존중되는 정의로운 사회	1. 이민자 인권보호체계 강화 2. 여성·아동 등 취

		국경관리 및 외국인정보 관리 3. 건전한 국민확보를 위한 국적업무 수행		2. 국민과 이민자가 소통하는 글로벌 환경조성 3. 안전하고 신뢰받는 국경관리		약 이민자 인권 증진 3. 문화다양성 증진 및 수용성 제고 4. 동포와 함께 공존·발전하는 환경 조성 5. 국제사회가 공감하는 선진 난민 정책 추진
	4. 외국인 인권 옹호	1. 외국인 차별 방지 및 권익보호 2. 보호 과정의 외국인 인권 보장 3. 선진적 난민 인정·지원 시스템 구축	4. 안전 : 국민과 외국인이 안전한 사회구현	1. 질서 위반 외국인에 대한 실효적 체류관리 2. 불법체류 단속의 패러다임 다변화 3. 외국인에 대한 종합적인 정보관리 역량 제고	5. 협력에 바탕한 미래 지향적 거버넌스	1. 이민관련 국제협력 증진 2. 중앙부처·지자체·시민사회 협력 강화 3. 이민정책 및 연구기반 구축

지난 10년간 정책에 대한 반성과 검토를 통해 제3차 계획이 수립되었다. 지난 10년간 정책은 이민의 양적 확대에 치중했다고 하면 제3차 기본계획은 이민의 양적 확대 및 질적 고도화를 병행한 이민 정책을 강조하고 있다. 또한 과거 10년은 사회통합 체계를 마련하고 참여 증진에 노력했다면, 이번 계획은 사회통합 체계와 외국인 체류 유형 및 국적을 연계하는 일을 강화시키고자 하였다.

3) 다문화가족 지원 계획 주요 내용

'다문화가족정책 기본 계획'은 '다문화가족지원법'을 주 근거로 한다. 여성가족부 소관인 '다문화가족지원법'은 다문화가족 구성원이 안정적인 가족생활을 영위할 수 있도록 함으로써 이들의 삶의 질 향상과 사회통합에 이바지함을 목적으로 한다. 법 개정을 통해 다문화가족 범위를 "출생 시 한국인 + 결혼이민자(또는 귀화자)"에서 "인지 또는 귀화한국인 + 결혼이민자(또는 귀화자)"까지 확장시켰다. 동 법은 국가와 지방자치단체의 책무를 규정하고, 다문화가족에 관한 실태조사를 실시하며, 다문화가족에 대한 이해증진, 생활정보제공 및 교육, 평등한 가족관계의 유지, 가정폭력 피해자, 산전 산후 건강관리, 아동 보육교육 등에 관한 필요한 조치 및 지원을 하도록 규정하고 있다. 또한, 다문화가족지원센터를 지정 및 지원하고, 공무원의 교육을 규정하며, 다문화가족 지원 사업을 수행하는 민간 단체나 개인에 대해 행정 및 재정적 지원을 할 수 있도록 하였다. 특히, 국가와 지방자치단체는 "아동 보육 교육을 실시함에 있어서 다문화가족 구성원인 아동을 차별하여서는 아니 된다"는 차별금지와 "학교생활에 신속히 적응할 수 있도록 교육 지원 대책을 마련"

할 것과 "한국어 교육을 위한 교재지원 및 학습지원 등 언어능력 제고"를 위한 지원을, 교육감은 다문화가족 아동에 대한 "학과 외 또는 방과 후 교육프로그램 등"의 지원을 할 수 있음을 명시하고 있다.

「다문화가족지원법」 제3조의 4를 근거로 다문화가족의 삶의 질 향상과 사회통합에 관한 중요 사항을 심의·조정하는 다문화정책위원회를 두고 있다. 다문화정책위원회는 다문화가족정책기본계획 및 시행계획의 수립·평가하고, 다문화 관련 조사, 연구 및 사업의 조정·협력에 관한 사항 등 다문화가족정책에 관한 중요 사항을 심의·조정하는 기능을 한다.

'다문화가족정책 기본계획'은 2010년 제1차 기본계획(2010년~2012년)이 발표되었고, 5년 마다 수립되는 법정계획이다. 제1차 계획은 2006년부터 추진된 다문화가족지원정책 법적·제도적 기반을 토대로 다문화가족지원정책의 안정적 수행을 위한 추진 체계를 확립하였으나, 기관 및 부처 간 체계적인 역할 분담이 미흡하고, 다문화가족의 증가추세에 따라 발생하는 새로운 사회문제에 대응하기 위해 마련되었다. 또한 일반 국민의 다문화 이해 제고와 인식 개선을 위한 정책이 상대적으로 부족하다는 지적도 1차 계획 수립의 배경이 되었다.

제1차 계획을 통해 다문화가족 지원을 위한 정책추진체계가 구축되고, 국제결혼 상대국과의 협력이 강화되고, 다문화가족의 안정적 정착을 위하여 맞춤형 서비스가 확대되었다. 다문화가족 자녀의 건강한 성장을 위한 교육 등 지원이 강화되고, 다문화가족에 대한 인식을 개선하였다. 하지만 결혼 이민자의 문화에 대한 이해 부족, 취학자녀 지원 등의 부족, 가족 해체의 상황, 결혼 이민자의 역량 강화의 필요성, 역차별 논란 및 외국인 혐오증 등의 부정적 인식 문제 등이 대두하였다. 이런 문제를 고려하여 제2차 기본계획(2013년~2017년)이 시행되었다.

제3차 기본계획 이전까지 다문화가족 지원을 위한 정책 추진 기반을 구축하고, 국제결혼 피해 예방을 위한 법률 및 제도를 마련하고, 다문화가족 정착 지원을 위한 맞춤형 서비스를 확대하였다. 다문화 수용성을 제고하는 교육 및 캠페인 등과 같은 노력을 통해 다소 긍정적인 변화를 확인하였다. 하지만 현재 장기정착 비율이 높아지면서 적응 중심의 정책에서 정착 중심으로 정책의 전환이 필요한 시점이 되었다. 또한 생각보다 다문화 수용성이 개선되지 않는다는 문제에 직면하였다. 이와 같은 성과와 변화된 상황 및 문제를 감안하여 마련된 것이 제3차 기본계획(2018년~2022년)이다. 각 기본계획의 비전 및 목표를 살펴보면 **표 7-3**과 같다.

표 7-3 다문화가족정책 기본계획 비전 및 목표(제1차~제3차)

구분	1차	2차	3차
비전	열린 다문화 사회로 성숙한 세계국가 구현	활기찬 다문화가족, 함께하는 사회	참여와 공존의 열린 다문화 사회
목표	• 다문화가족의 삶의 질 향상 및 안정적인 정착 지원 • 다문화가족 자녀에 대한 지원 강화 및 글로벌 인재 육성	• 사회발전 동력으로서의 다문화가족 역량 강화 • 다양성이 존중되는 다문화 사회 구현	• 모두가 존중받는 차별 없는 다문화 사회 구현 • 다문화가족의 사회·경제적 참여 확대 • 다문화가족 자녀의 건강한 성장 도모
추진 과제	• 다문화가족지원정책 추진체계 정비	• 다문화가족 자녀의 성장과 발달 지원	• 다문화가족 장기정착 지원

	• 국제결혼중개 관리 및 입국전 검증시스템 강화 • 결혼이민자 정착 지원 및 자립역량 강화 • 다문화가족 자녀의 건강한 성장환경 조성 • 다문화에 대한 사회적 이해 제고	• 안정적인 가족생활 기반 구축 • 결혼이민자 사회경제적 진출 확대 • 다문화가족에 대한 사회적 수용성 제고 • 정책추진체계 정비	• 결혼이민자 다양한 사회참여 확대 • 다문화가족 자녀의 안정적 성장지원과 역량 강화 • 상호존중에 기반한 다문화 수용성 제고 • 협력적 다문화가족정책 운영을 위한 추진체계 강화

4) 다문화정책에 대한 평가

앞서 살펴본 다문화정책 유형에 따라 우리나라의 다문화정책이 어떤 유형인지에 해당하는지를 정리해 보면 외국인 기본계획을 중심으로 한 제도는 일부 배제형, 층화된 차별배제모형과 동화주의 모형, 자유주의적 방식, 국가주도 다문화주의, 약한 다문화주의, 다양화를 고려하지 않는 정책 등으로 평가할 수 있다. 한편 다문화가족 기본계획을 중심으로 한 제도를 살펴보면 일부배제형과 일부인정형, 동화주의와 다문화주의 모형, 다수의 자유주의적 방식과 약간의 조합주의적 방식, 온건한 방식, 다문화화 정책이 주가 되고 미약한 수준의 다제도화 정책, 다사회화 정책, 다평등화 정책이라고 할 수 있다. 이상의 내용을 정리하면 **표 7-4**와 같다.

표 7-4 외국인 및 다문화가족 다문화정책 유형

	외국인 정책	다문화가족정책
합법적 지위 부여 정도	일부 배제형	일부 인정형
이주민 수용방식	층화된 차별배제의 정책, 동화주의	동화주의와 다문화주의
이념적 양상과 수용방식	자유주의적 방식	자유주의적 방식, 조합주의적 다원주의
추진주체	국가주도, 시민주도(미약함)	국가주도 및 협력적 다문화주의
정책의 다양성 정도	약한 다문화정책	온건한 다문화정책
인종과 관련된 다문화 정책 내용	낮은 수준의 다문화화 정책 중심	낮은 수준의 다문화화 정책, 낮은 수준의 다사회화 정책

다문화 사회와 다문화주의를 이상으로 볼 때 여전히 우리의 정책 수준은 낮은 편이다. 하지만 외국인의 유입 증가, 다문화 사회로 전환되어 가는 과정, 낮은 다문화 수용성, 정치권의 담론 부재 등을 고려할 때 통합과 다양성 사이의 불가피한 조화와 균형이라고 볼 수 있다. 따라서 보수적 성향이 강한 법무부와 상대적으로 약한 여가부가 외국인 정책과 다문화가족정책을 총괄하는 것은 정책의 조화와 균형이라는 관점에서 적절하다는 평가를 내릴 수도 있다. 하지만 과연 이 정도 수준의 정책으로 외국인을 유치할 수 있을지, 그래서 인구 정책으로서 외국인 정책이 효과를 거둘 수 있을지, 사회적 갈등을 효과적으로 줄이는 준비를 할 수 있을지에 대해서는 회의적일 수밖에 없다.

하지만 이런 평가를 하기에 다문화정책을 추진하는 주체 측면에서 여러 가지 문제점이 발견된다. 우선 외국인정책은 법무부가 중심이고, 계획을 심의 조정하기 위한 외국인정책위원회가 있다. 다문화가족정책은 여가부과 중심이고, 계획을 심의 조정하기 위한 다문화정책위원회가 있다. 그리고 많은 과제들이 정부 각 부처에 흩어져 있고, 여러 부처가 협력이라는 이름하에 중복으로 과제를 수행하는 경우도 있다. 새로운 계획을 수립할 때마다 '효율성 제고'라는 과제가 등장하지만 크게 개선된 부분이 보이지 않는다. 이런 역할 분담으로 '다문화정책에 대한 전문성'이 제고되기 어렵다. 또한, 예산의 낭비도 충분히 예상된다. 예산·역할 분담·전문성이라는 차원에서 현재의 정책 추진 방식에 대해 개선이 필요하다고 생각된다.

다문화 사회의 현황을 보면 외국인과 이민자의 지역적 분포를 정책에서 고려할 필요가 있다. 현재의 상황을 본다면 다문화정책에 대한 수요는 앞으로 증가할 것으로 예상된다. 아직 우리의 다문화정책에서는 총괄부처 - 중앙부처 - 지자체 - 민간단체의 거버넌스 형태를 파악하기 어렵다. 즉, 외국인정책 기본계획 및 다문화가족정책 기본계획에서 지자체의 역할과 과제 수행은 거의 찾아보기 어렵다. 물론 지자체별로 다문화정책 기본계획을 발표하고 있다. 그렇다면 대부분 법률상 지자체의 다문화정책 사무는 고유사무가 거의 없이 위임사무라는 말이 된다. 이런 낮은 수준의 거버넌스로는 지역의 다문화 문제를 효과적으로 해결하기 어렵다. 가치를 지향하고 효율성을 높이기 위한 것이 거버넌스이다. 제대로 된 거버넌스의 도입과 실행이 필요하다. 그리고 다문화 영역 부분에서 지자체의 고유 사무의 범위를 넓히는 것이 앞으로 바람직할 것이다.

다문화정책 중 시급하게 도입이 필요한 것이 시행되고 있지 않다. 하나는 다문화교육 지원법이 없다는 것이다. 다문화수용성을 제고하기 위한 가장 중요한 정책적 수단임에도 불구하고 여전히 법률이 부재하다는 것은 현재의 상태를 안일하게 보고 있다는 것이다. 또 하나는 다문화 사회로의 전환을 알리는 다문화 2세들이 본격적으로 사회에 진출하고, 입영하는 수가 늘어나고 있다. 하지만 다문화 군대정책 역시 찾아보기 어렵다. 제3차 다문화가족 기본계획에서 다문화교육에 대한 과제나 내용은 있지만 다문화군대정책 관련 내용은 부재한 상태이다. 다문화 사회가 아닌 다문화 사회로 가는 중의 상황에서 발생하는 문제에 대처하고, 발생할 수 있는 문제를 예측해서 정책을 만드는 것은 불가피한 일이다. 그렇다면 다문화 사회에 대한 통합적 안목을 가진 전문가의 육성이 필요하다. 정책과 부처의 연관성이 떨어지는 과제를 분화하는 것만으로 효율성을 높일 수 없다. 다문화 사회로 이행하는 가운데 발생하고 예상하는 여러 문제는 종합적이고 통합적 성격을 가진 문제들이다. 부처 간의 업무를 분화할 수는 있지만 다문화전문성을 가진 컨트롤 타워 집단이 필요할 것이다.

마지막으로 다문화정책에 있어 명시적인 이념 또는 철학이나 통일적인 방향성이 여전히 결여되어 있다는 점이다. 정책의 기본계획의 목표 및 방향 등에 '국민 됨'을 강조하고, 인권, 다양성, 사회통합 등과 같은 가치를 강조하고 있다. 위에서 살펴본 바와 같이 동화의 수준은 흡수 및 동화의 성격이 강하다. 즉, 언어를 포함한 문화적 배경을 부정하지는 않지만 기본적으로 한국의 언어와 문화적 특성을 가질 수 있는 정책을 다수 시행하고 있기 때문이다. 이것은 이념적으로 공동체주의적 성격을 보여준다. 인권과 평등이라는 공동선을 제시하고 있다는 점에서 공동체주의적 성격도 나타나고 있다. 하지만 공동체주의로 다양한 인종과 문화가 등장하는 사회 현상을 쉽게 해결할 수 없다는 점을 고려하여 자유주의가 중시하는 가치를 지향하고 내세우고 있다. 이런 상황에서 다문화정책들은 사회통합이라는 가치를 중시하고 있다.

결론적으로 우리의 다문화주의가 어떤 가치와 이념을 전제로 해야 하는지에 대한 합의가 부재한 상태에서 '자유주의와 공동체주의', '국민 됨', '사회통합' 등에서 '근대성'을 중심으로 하는 이념과 가치들이 우리의 다문화정책에 혼재된 상태이다. 이런 양상은 정치권의 이해 및 관심 부족으로 인한 공론의 부재이다. 그리고 행정부의 다문화정책 주도적 양상의 문제이다. 다문화 사회로의 연착륙은 우리 정치, 경제, 사회, 문화 모든 측면과 관련된 중대한 문제이다. 당장 낮은 출산율의 문제도 외국인의 유입으로 완화시키고 있다. 그리고 인구의 문제는 경제의 문제이다. 경제의 문제는 정치와 사회에 다시 영향을 주게 된다. 이것은 전체 체제의 위기를 초래한다. 정치권에서 공론이 거의 부재하고, 행정부의 다문화정책의 주도는 결국 국민들의 다문화 사회에 대한 컨센서스 형성을 방해하게 된다. 정치와 정책의 방향은 결국 한 정치공동체의 컨센서스를 통해 결정되어야 한다.

다문화 사회의 운명은 관료나 시장이 결정해서는 안 된다. 정치권은 다문화에 대한 공론을 활성화시키고, 행정부는 시민 사회의 참여를 확대하여 정책의 효율성과 더불어 시민 사회에서도 다문화에 대한 담론과 관심을 높일 수 있도록 해야 한다. 그것이 행정 관료와 시장에 의해 다문화정책이 왜곡되거나 진전되지 못하는 것을 막고, 국민들의 컨센서스를 형성할 수 있는 방안이 될 것이다. 국민들이 컨센서스에는 이념이나 가치가 드러나야 한다. 그래서 마지막으로 대한민국의 정치와 경제라는 사회의 기본 체제에 중대한 영향을 미치는 다문화주의 및 정책이 어떤 이념과 가치를 전제로 해야 하는지에 대해 제안해 보고자 한다.

5 한국의 다문화정책에 대한 제언

근대 사회가 열리면서 시민들은 '사회'라는 유토피아를 설정하였다. 현대의 우리는 '다문화 사회'라는 유토피아와 마주하고 있다. 과연 '다문화 사회'는 유토피아일까? 우리는 먼 장래에 친절한 이웃들과 함께 살게 될까?, 원수 같은 이웃들과 살게 될까?, 서로 분리되고 무관심한 이웃들과 살게 될까? 우리는 과연 어떤 '다문화 사회'를 원하는 것일까? 다문화 사회에 대한 근본적인 질문이다. 다문화에 대한 논의가 본격적으로 시작된 지 어느덧 15년 정도가 경과하였다. 여전히 다문화 사회, 다문화주의, 다문화정책에 대한 합의를 찾기 어렵다. 그래서 다문화는 여전히 어렵다. 다문화 사회, 다문화주의, 다문화정책이라는 것은 우리 사회에서 여전히 동태적인 것들이다. 다인종·다민족이 함께 살아가야 하는 피할 수 없는 현실, 외국인의 유입이 필요한 상황들 속에서 우리는 가치와 규범을 정하고, 우리 삶의 조건을 스스로 결정할 권리를 가지고 있다. 이러한 것이 보장되는 나라, 그 나라가 민주주의 국가이다. 따라서 다문화에 대한 많은 담론이 우리의 생각을 발달시키겠지만, 다문화 사회라는 운명은 우리가 정하는 것이라고 할 수 있다.

다문화 사회에 우리의 운명을 걸 경우 우리가 우선 해야 할 일은 '근대성'에 바탕을 두고 기획된 정치 공동체의 극복이다. '근대성'의 특징을 간단히 언급하자면 국가와 민족, 국민의 기본권, 중심과 주변의 관계 설정 등이며, 이런 특징의 전제가 되는 이념이 자유주의, 공동체주의 등이다.

우리는 이런 근대성 극복을 통해서 다문화 사회로 가야 한다. 그러기 위해 다문화 사회라는 정치공동체의 성격과 이를 실현하기 위해 필요한 수단을 마련할 수 있는 이념적 근거를 우리의 다문화주의에 공급할 필요가 있다. 현재 우리의 다문화주의는 근대성에 바탕을 둔 자유주의와 공동체주의를 근거로 하고, 다수제 민주주의를 수단으로 삼는 것이라고 할 수 있다. 하지만 꽤 괜찮은 이웃과 평화롭고 협력적인 공존을 위해서는 근대성을 극복할 수 있는 공화주의 및 헌법적 애국주의라는 가치와 합의제 민주주의를 수단으로 삼는 것이라고 할 수 있다.

다인종·다민족이 우리와 함께 살고 갈등하는 것은 현실이다. 이 현실을 바람직한 방향으로 끌고 가는 것은 가치와 규범이다. 다문화주의와 관련된 여러 가치와 규범이 경쟁하고 있다. 대표적인 것이 자유주의이다. 자유주의는 다양성을 인정하고, 다른 것에 대해 관용이라는 미덕을 보인다는 점은 장점이다. 하지만 근대성과 결합하면서 자유주의가 가지게 된 문제점은 불평등과 자기 동일시 현상이다. 물론 자유주의는 불평등을 복지로 해소하려는 노력을 하기도 한다. 하지만 이 복지의 본질은 정부와 사회의 은혜이다. 언제든지 철회가 가능한 것이다. 또한, '나'라는 중심은 '나' 이외의 것을 자신이라는 표준에 맞춰내려고 하는 경향이 있다. 이 과정에서 '나'라는 중심 이외의 것을 종속시키려는 경향이 있다. 그리고 세상에 엄청나게 많은 '나'들이 존재함으로써 사회의 원리는 다원성을 가지게 되고, 다원성은 경쟁으로, 경쟁은 다시 갈등이라는 혼란을 초래할 수도 있다. 만약 다문화주의가 자유주의의 부정성을 제어하지 못할 경우 우리는 폭력적인 이웃이나 무관심한 이웃 둘 중 하나와 살아가게 될 것이다. 따라서 다문화 수용성은 '관용' 그 이상이 필요하다. 그런데 자유주의에 근거한 다문화주의의 문제를 해결하기 위해 정치공동체 모두의 공통된 원리나 기본가치를 내세울 경우에도 문제가 발생한다. 다양한 사회 문제를 하나의 가치나 공통된 가치로만 해결할 수 없기 때문이다. 결국 사회문제를 해결하기 위해 기본 원리를 강조하는 공동체주의 역시 가치를 앞세운 폭력성을 초래하게 될 것이다.

그렇다면 우리의 선택은 보편성과 다원성의 조화를 어떻게 이룰 것이냐로 귀결된다. 한국은 미국이나 캐나다와 같이 무관심한 이웃들과 살지 않을 수 있는 기회가 있다. 우리와 비슷한 상황에 있었던 영국이나 프랑스와 같은 나라의 실수를 보면서 서로를 인정하고 친절한 이웃들과 살아갈 수 있을 것이다. 그것은 결국 조화와 균형을 추구하는 것이 될 것이다. 즉 다문화주의가 어떤 가치와 원리를 선택하느냐에 따라 우리가 함께 살 이웃은 달라진다.

공화주의와 헌법적 애국주의는 자유주의와 공동체주의를 중심으로 하는 다문화주의의 한계를 극복할 수 있는 방향성을 제시할 수 있다. 공화주의는 주로 로마의 공화주의가 많이 소개되는 편이다. 로마 공화주의의 특징은 정치 세력의 균형과 조화를 강조하고, 대의제를 중심으로 전개되어 오다가 최근 Petitt의 비지배의 자유로 연결되어 왔다. 곽준혁(2008)은 대의제 민주주의 하에서 불평등을 해소하기 위한 현실적인 공화주의 도입 방안은 Petitt의 비지배의 자유라고 주장하기도 하였다. 한편 그리스의 공화주의는 민주정을 전제로 하는 공화주의이다. 참여는 단순한 선거를 한다는 의미가 아니다. 참여는 자신의 삶의 조건을 스스로 결정하고, 그 결정에 대해 책임을 진다는 의미도 포함하고 있다. 그리고 그 조건은 정의로워야 하며, 정의는 조화와 균형을 달성하는 상태이다. 즉, 이런 측면에서 그리스의 공화주의는 시민덕성을 대단히 강조하기도 한다. 이런 맥락은 루소의 공화주의에서도 비슷하게 등장한다. 사회 불평등을 해소하기 위한 공동선에 합의하거나 공감하는 자들이 능동적이고 주체적인 인민이고, 이 인민들이 공감하는 공동선이 일반의지이다. 따라서 일반의지에 따라 법을 만들고, 이 법은 일반의지를 존중하는 모든 인민의 자유를 보장해 준다. 법은 자유를 보장해 주기 위한 것이지, 자유를 박탈하기 위한 법이 아니다. 그리고 법 앞의 평등은 그 형식과 내용 모두 평등하게 이뤄지는 것이어야 한다. 정치공동체에서 모든 사람에게 동일하게 적용되는 법이 평등한 것은 아니다. 프랑스의 다문화정책에서 나온 부르카 금지 같은 것도 공화주의의 실질적 의미를 모르는 것에 기인한 바가 크다고 볼 수 있다. 마지막으로 공화주의의 자유에 주목할 필요가 있다. 자유주의의 자유와 공화주의의 자유가 다르다. 자유주의의 자유는 '간섭이 없는 상태'를 말한다. '간섭' 이 없다고 해서 자유롭다고 말할 수 있을까? 간섭이 없어도 지배가 일어날 수 있다. 하지만 공화주의적 자유는 '타인에게 지배를 받지 않을 자유'를 말한다. 간섭받지 않는 것 그 이상의 자유를 말한다. 이런 측면에서 공화주의는 다문화주의의 폭력성을 해소하고, 사회통합에 기여하지 못한다는 비판을 피할 수 있도록 한다.

헌법적 애국주의도 비슷한 맥락이다. 하버마스(Habermas) 등이 주장한 헌법적 애국주의는 적과 동지를 구분하는 근대성에 기한 국가주의, 민족주의적 의미가 아니다. 민족성이나 국가성이 아닌 보편적 인권을 헌법과 국가로 보자는 것이다. 그리고 서로 다른 집단들이 보편적 인권이라는 이름 앞에 통합하자는 것이 헌법적 애국주의의 핵심이다. 물론 이 부분에 대한 진보적 입장의 비판도 충분히 이해할 수 있다. 하지만 우리의 과제는 규범과 현실의 괴리를 좁히는 일이지 넓히는 일이 아니다. 그리고 그 사회의 지향하는 가치는 정치공동체 구성원들의 컨센서스를 통해 이뤄지는 동태적인 것이다. 이런 측면에서 다문화주의가 가져올 지도 모르는 사회통합의 부정적인 부분을 헌법적 애국주의는 해소할 수 있을 것이다.

공화주의와 헌법적 애국주의가 공통적으로 기여하는 바는 다문화주의를 하면서도 사회통합을 위한 보편성과 자율을 위한 개체성을 실현할 수 있는 가능성이 높다는 것이다. 한국의 경우 현재 '자유주의'를 전제로 하는 민주주의만이 지나치게 강조되어 왔다. 다문화 사회로 이행하는 가운데 그동안 주목받지 못한 공화주의에 대한 관심과 그 실질적 의미를 전달할 수 있는 시민교육으로서 헌법교육을 강조할 필요가 있다. 헌법애국주의라는 맥락에서는 인권교육이 제대로 시행되기를 기대한다. 인권교육은 단순히 헌법의 기본권 교육이 아니다. 이런 혼동은 하루 빨리 교과서 등에서 개선되기를 기대한다. 따라서 다문화교육을 구성할 때 단순히 문화의 다양성에 대한 이해를 넘어서 정치 교육, 법 교육 등을 포함시켜 다양하면서 통합적인 형태로 구성할 필요가 있다. 다문화 사회를 위한 다문화교육은 문화상대주의 교육 그 이상을 요구한다.

이제는 정치권의 역할 부분이다. 최근 한국 사회의 불평등 문제를 해소하기 위해 레이파트(Lijphart)의 합의 모델이 다시 주목받고 있다. 레이파트의 합의 모델의 핵심은 소수자의 권리를 보장한다는 것이다. 그리고 이를 위한 제도를 만든다는 것이다. 그래서 당연히 장기적인 정치제도의 방향은 레이파트가 제시한 양원제, 연방제, 비례대표제 등을 도입하고 준비하는 것이 될 것이다. 하지만 레이파트가 연구한 합의 모델의 국가들 중에는 무관심한 이웃의 형태로 살아가는 경우도 많다. 그가 연구한 대부분의 국가들이 자유주의를 전제로 하고 있다. 따라서 레이파트의 제안과 그 제안에 포함되어 있는 양원제, 연방제, 비례대표제 등은 분명히 소수자의 권리를 보장하는 제도인 것은 분명하다. 그리고 다문화정책과 친화성이 있는 제도인 것도 분명하다. 하지만 다문화정책에 대한 기계적인 적용은 반대한다. 양원제도 그 수준이 있고, 비례대표제도 그 수준이 있다. 우리 사회의 다문화적 상황과 그 맥락에 따라 제도의 강도를 정해야 하는 것이다.

이상으로 다문화 사회를 위한 다문화정책이 어떤 한국의 다문화주의 기획에 근거를 두어야 하는지에 대해 살펴보았다. 이런 기획이 성공하려면 내국인과 외국인 모두의 시민덕성이 매우 중요하다. 다문화 사회를 위한 다문화정책은 선택의 문제이고, 이 선택은 컨센서스의 과정이고, 이 두 과정은 언어를 통해 이뤄진다. 현재 한국 사회의 문제 중 하나가 실질적 문맹의 증가다. 책을 읽어도 맥락과 그 해석을 하지 못한다. 지금의 상황이라면 실질적 문맹은 더 증가하고, 다문화 사회로 진행될수록 더욱 악화될 가능성이 크다. 국어 교과에서는 이런 점을 고려하여 리터러시 교육을 해야 한다고 주장하고 있다. 언어는 문화다. 그래서 언어의 실질적 의미를 모르면 제대로 상호작용을 할 수 없다. 오해와 불신 그리고 다툼이 커질 우려가 있다. 따라서 언어 교육을 할 때 언어의 실질적 의미를 파악할 수 있는 교육을 단계적으로 구성할 필요가 있다. 임시변통적인 다문화정책도 좋다. 하지만 근대성을 극복할 수 있는 다문화주의 및 정책이 될 수 있는 이념이나 가치의 방향을 정해야 할 것이다. 그리고 이 방향에 따라 내국인 및 외국인 모두의 시민덕성을 높일 수 있는 다문화정책 및 교육이 활성화되어야 할 것이다.

Reference

참고문헌

강휘원. 2007. “한국의 다문화 사회 형성과 지방정부”, 『한국행정학회 춘계학술대회 발표논문집』, 2007(4):77-96.

공은숙. 2009. “다문화정책인가 동화정책인가: 한국에서의 다문화 개념에 대한 반성적 고찰”, 『건지인문학』 2:27-49.

곽준혁. 2008. “왜 그리고 어떤 공화주의인가”, 『아세아연구』, 51(1):133-163.

구견서. 2003. “다문화주의의 이론적 체계”, 『현상과 인식』, 27(3):29-53.

국무총리실, 관계부처 합동. 2010. 『다문화가족지원정책 기본계획』

권미경. 2009. 『다문화주의와 평생교육: 여성결혼이민과 한국 사회』. 경기: 한국학술정보.

김남국. 2005. “다문화 시대의 시민: 한국 사회의 시론”, 『국제정치논총』, 45(4):97-121.

김명성. 2009. “사회통합 차원에서의 다문화가족 지원정책의 현황과 개선 방안에 관한 연구”, 『사회복지실천』, 8:5-29.

김미나. 2008. “다문화정책의 변화과정과 정책기제: 중앙과 지방정부의 정책을 중심으로”, 『충청지역연구』, 1(1):126-149.

김민정. 2007. “프랑스 이민자정책: 공화주의적 동화정책의 성공과 실패”, 『세계지역 연구논총』, 25(3):5-34.

김비환. 2007. “한국 사회의 문화적 다양화와 사회통합: 다문화주의의 한국적 변용과 시민권 문제”, 『법철학연구』, 10(2):317-348.

김선화. 2009. “북한이탈 청소년 지원정책 분석: 다문화주의와 동화주의 관점에서”, 『사회복지실천』, 8:31-56.

김세훈. 2006. “다문화 사회의 문화정책”, 『한국행정학회 하계학술대회 발표논문집』, 2006(6):461-470.

김수진. 2018. “한국 다문화 사회에 관한 고찰: 다문화정책, 사회적 자본, 부패 중심으로”, 『한국부패학회보』, 23(1):95-120.

김원숙. 2010. “우리나라 외국인 정책의 역사적 전개에 관한 소고”, 외국인 정책본부 연구보고서.

김유경. 2010. “다문화가족의 복지욕구와 정책과제: 교육, 지원서비스 및 사회참여욕구를 중심으로”, 『보건복지포럼』, 165:58-73.
김이선, 김민정, 한건수. 2006. 『여성 결혼이민자의 문화적 갈등 경험과 소통증진을 위한 정책과제』. 서울: 한국여성개발원.
김태환. 2015. 『다문화 사회와 한국 이민정책의 이해』. 서울: 집사재.
김태원, 김유리. 2011. “다문화가족정책을 통한 사회통합수준 분석: Castles and Miller의 모형을 중심으로”, 『인문연구』 62:323-362.
김혜순. 2007. “한국적 다문화주의의 이론화”, 동북아시대위원회 연구자료.
남승연, 이승범. 2012. “다문화 사회와 복지국가 발달의 관계에 관한 연구: Fuzzy-set. 질적 비교분석을 이용하여”, 『한국공공관리학보』, 26(2): 137-165.
마르티니엘로. 윤진 역. 2002. 『현대 사회와 다문화주의-다르게. 평등하게 살기』. 서울: 한울아카데미.
문경희. 2008. “호주 다문화주의의 정치적 동학: 민족정체성 형성과 인종·문화 갈등”, 『국제정치논총』, 48(1):267-291.
박선희. 2010. “프랑스 이민정책과 사르코지(2002-2008년)”, 『국제정치논총』, 50(2),193-211.
박진경. 2010. “한국의 다문화주의와 다문화정책의 선택적 적용”, 『한국정책학회보』, 19(3),259-289.
박진경, 원숙연. 2010. “중앙정부 공무원의 다문화정책 정향성에 작용하는 영향요인”, 『한국행정학보』, 44(3), 191-217.
박채복. 2008. “한국이주자 사회통합정책의 방향과 과제”. 『한국동북아논총』, 13(1):253-274.
법무부. 2008. 『제1차 외국인정책 기본계획』
법무부. 2013. 『제2차 외국인정책 기본계획』
법무부. 2018. 『제3차 외국인정책 기본계획』
모리치오 비롤리. 김경희, 김동규 역. 2006. 『공화주의』. 서울: 인간사랑.
설동훈. 2010. “다문화가족정책의 현황과 과제”, 『복지동향 심층분석』, 138:13-17.
엄한진. 2009. “프랑스 이민통합 모델의 위기와 이민문제의 정치화”, 『한국 사회학』, 41(3):253-286.
여성가족부. 2018. 『제3차 다문화가족정책 기본계획』

여성가족부, 관계부처 합동(2012). 『제2차 다문화가족정책 기본계획』
오경석. 2007. 『한국에서의 다문화주의: 현실과 쟁점』. 서울: 한울.
오승호. 2011. "다문화 사회의 헌법교육 모색", 『법교육연구』, 6(1):77-111
오승호. 2014. "민주공화국과 헌법교육의 과제", 『법교육연구』, 9(3):41-67
원숙연. 2008. "다문화주의시대 소수자 정책의 차별적 포섭과 배제: 외국인 대상 정책을 중심으로 한 탐색적 접근", 『한국행정학보』, 42(3): 29-49.
원숙연, 박진경. 2009. "다문화 사회에 외국인정책에 대한 정향성분석; 중앙정부 공무원을 중심으로", 『행정논총』, 47(3):201-224.
윌 킴리카. 황민혁 역. 2010. 『다문화주의 시민권』. 경기: 동명사.
윤인진. 2008. "한국적 다문화주의의 전개와 특성: 국가와 시민 사회의 관계를 중심으로", 『한국 사회학』, 42(2):72-103.
이은경, 황현숙. 2016. "다문화정책 연구보고서-새로운 모색과 현장의 목소리를 중심으로". 희망제작소 연구보고서
이종열. 2008. "다문화정책과 민주주의: 미국사례", 『한국행정학회 추계학술대회발표 논문집』, 2008(10):51-65.
이종열, 황정원, 노지영. 2008. "다문화정책의 거버넌스적 접근: 인천광역시 사례를 중심으로", 『한국행정학회 하계학술대회 발표논문집』.
임동진, 박진경. 2011. 『다문화정책 실태분석 및 개선방안 연구』. 서울:한국행정연구원.
임형백. 2009. "한국과 서구의 다문화 사회의 차이와 정책비교", 『다문화사회연구』, 2(1):161-185.
장미혜. 2008. "다문화 사회의 미래와 정책적 대응방안", 『젠더리뷰』, 10(10):44-49.
장승진. 2010. "다문화주의에 대한 한국인들의 태도: 경제적 이해관계와 국가 정체성의 영향을 중심으로", 『한국정치학회보』, 44(3):97-119.
장진숙. 2010. "다문화주의와 국민국가 통합정책 비교고찰: 캐나다와 일본 사례를 중심으로", 『공법학연구』, 11(3):97-128.
전영평. 2008. "다문화시대의 소수자운동과 소수자 행정: 담론과 과제", 『한국행정학보』, 42(3):9-27.
정광호, 최슬, 장윤희. 2009. "다문화가정을 위한 사회서비스 전달과정 분석", 『한국공공관리학보』, 23(4):231-255.

정명주. 2010. “정책수단 분석을 통해 본 한국의 다문화정책의 특징: 제1차 외국인정책기본계획을 중심으로”, 『사회과학연구』, 26(2):275-295.

정상기. 2009. “다문화가족 지원사업의 효과적 운영방안-다문화가족지원센터를 중심으로”, 『한국행정학회 학술발표논문집』, 2009(12):1606-1623.

정상우. 2008. “호주의 다문화주의 정책과 법”, 『외국법제연구』, 10:85-99.

조정아. 2006. “새터민의 취업과 직장생활 갈등에 관한 질적 연구”, 『통일정책연구』, 15(2):163-192.

주성훈. 2010. 『다문화가족지원사업 문제점과 개선과제』. 서울: 국회예산정책처.

주효진. 2008. “아시아의 다문화정책에 대한 비교연구”, 『한국행정학회 학술발표논문집』, 2008(10):89-104.

차용호. 2009. “이민정책과 통합정책의 관계성 및 연계방안 연구: 결혼이민자 통합정책을 중심으로”, 『다문화와 평화』, 3(1):165-200.

채원호. 2007. “다문화주의와 에스닉 마이너리티에 대한 지원 정책: 일본과 영국사례를 중심으로”, 『한국행정학회 동계학술대회 발표논문집』.

최무현. 2008. “다문화시대의 소수자정책 수단에 관한 연구: 참여정부의 ‘다문화정책’을 중심으로”, 『한국행정학보』, 42(3):51-78.

최종렬 외. 2008. 『다문화주의의 이론적 패러다임과 국가별 유형비교』. 서울: 한국여성정책연구원.

통계청, 법무부. 2019. 『이민자 체류실태 및 고용조사』.

통계청, 법무부. 2019. 『출입국·외국인정책 통계연보』.

한건수, 설동훈. 2007. 『이주자가 본 한국의 정책과 제도』. 서울: 한국여성정책연구원.

한국 사회학회. 2008. 『이민자와 국민 대상 다문화 사회 시민교육제도의 정책제안』. 서울: 법무부.

한승준. 2008. “프랑스 동화주의 다문화정책의 위기와 재편에 관한 연구”, 『한국행정학보』, 42(3):463-486.

Alexander, J. 2002. “Theorizing the 'Modes of Incorporation': Assimilation, Hyphenation, and Multiculturalism as Varieties of Civil Participation.”, Sociological Theory, 19(3):237-249.

Barry, B. 2002. Culture and Equality. Cambridge: Polity Press.

참고문헌

Castles. S. and M. J. Miller. 2003. The Age of Migration: International Population Movements in the Modern World. 3rd Ed. NY: Guilford Press.

Kymlick W. & K. Banting. 2006. Multiculturalism and the Welfare State: Recognition and Redistribution in Contemporary Democracies. London: Oxford University Press.

Kymlica, Will. 1996. Multicultural Citizenship: A Liberal Theory of Minority Rights. Oxford: Oxford University Press.

Kymlica, Will. 2007. Multicultural Odysseys: Navigating the New International polotocs of Diversity. Oxford: Oxford University Press.

Inglis C. 1996. Multiculturalism: New policy response to diversity. Management of Social Transformations. Policy Paper-No 4. UNESCO.

국민일보 http://m.kmib.co.kr/(2019.4.22.)

진시원
고려대학교 철학과를 졸업하고, 영국 Kent 대학교에서 국제정치학(석사)을 그리고 영국 Warwick 대학교에서 정치학(박사)을 공부하였으며, 현재 부산대학교 사범대학 일반사회교육과 교수로 재직 중이다. 저서로는 『한국의 국제정치경제』, 『왜 시민주권인가?(공저)』, 『세계화 시대의 정치학(공저)』, 『세계화 시대의 국제정치경제학(공저)』, 『국제 사회의 이해(공저)』, 『남북한 통합의 새로운 이해(공저)』, 『통일교육(공저)』, 『국제이해교육의 이론과 실제(공저)』, 『고등학교 법과 정치(공저)』, 『고등학교 국제정치(공저)』, 『중학교 사회(공저)』 등이 있다.

오승호
사회과 교육 전공 박사를 취득하고 연세대학교 특임교수, 부산대학교 사회교육연구소 실장을 거쳐 현재 하제스트 교육연구소 소장으로 지낸다. 그리고 연세대와 부산대에 출강하고 있다. 사회과 내용적 지식을 정리하면서 사회과교사의 수업 전문성, 교수학습 방법을 발견 및 탐구중이다. '교사연습 시리즈'를 개시하고 사회과 수업 프로젝트를 계획하고 실행 중이다. 통합교육에 관심이 많아 앞으로 인문학과 사회과학, STS 교육과 관련된 내용 및 방법에 대해서 정리할 계획을 가지고 있다.

송승아
경희대학교 정치외교학과를 졸업하고, 부산대학교 사범대학 일반사회교육과에서 석사를 졸업했으며 동 대학원에서 박사과정을 수료하였다. 현재 가야고등학교에서 사회과 교사로 재직 중이며, 부산대학교에서 '국제 사회의 이해', '한국 사회의 이해' 등을 강의하였다. 쓴 글로는 "평화교육의 이론"이 있고, 저서로는 『국제이해교육의 이론과 실제(공저)』, 『중학교 사회 교과서(공저)』 등이 있다.

변진언
부산대학교 일반사회교육과를 졸업하고, 동 대학원 석사 졸업 및 박사과정을 수료하였다. 현재 부산대학교 일반사회교육과 조교로 일하고 있다. 논문으로는 '고등학교 정치교육에서 권력, 권위, 정당성 교육의 현황과 대안(공저)', '키워드 네트워크 분석을 통해 살펴본 정치교육 연구 동향'이 있다.

고은이
부산대학교 일반사회교육과를 졸업하고, 부산대학교 사범대학 교육학과에서 석사를 졸업했으며, 동 대학원 일반사회교육과 박사과정을 이수 중이다. 현재 부산국제고등학교 일반사회과 교사로 재직 중이다.

다문화주의 다문화교육 이데올로기 민주주의

초판 1쇄 발행 / 2020년 4월 15일
초판 2쇄 발행 / 2022년 9월 15일

•

공저자 / 진시원 · 오승호 · 송승아 · 변진언 · 고은이
발행인 / 이 중 수
발행처 / **동 문 사**

•

서울특별시 서대문구 홍제원 1길 12
(홍제동 137-8)
Tel : 02)736-3718(대), 736-3710, 3720
Fax : 02)736-3719
등록번호 : 1974.04.27 제9-17호
가격 : 18,000원

•

ISBN : 979-11-6328-191-7 (93370)
E-mail : dong736@naver.com
www.dongmunsa.com